"地的故事"

改革开放后
中国土地制度历史回顾

○ 罗玉辉 / 著

光明日报出版社

图书在版编目（CIP）数据

地的故事：改革开放后中国土地制度历史回顾／罗玉辉著 . -- 北京：光明日报出版社，2021.12

ISBN 978-7-5194-6269-7

Ⅰ.①地… Ⅱ.①罗… Ⅲ.①土地制度-经济史-研究-中国 Ⅳ.①F329

中国版本图书馆 CIP 数据核字（2021）第 262075 号

"地的故事"——改革开放后中国土地制度历史回顾
"DI DE GUSHI"——GAIGE KAIFANG HOU ZHONGGUO TUDI ZHIDU LISHI HUIGU

著　　者：	罗玉辉		
责任编辑：	郭思齐	责任校对：	蔡晓亮
封面设计：	小宝工作室	责任印制：	曹　诤

出版发行：光明日报出版社

地　　址：北京市西城区永安路 106 号，100050

电　　话：010-63169890（咨询），010-63131930（邮购）

传　　真：010-63131930

网　　址：http：//book.gmw.cn

E - mail：gmrbcbs@gmw.cn

法律顾问：北京市兰台律师事务所龚柳方律师

印　　刷：北京虎彩文化传播有限公司

装　　订：北京虎彩文化传播有限公司

本书如有破损、缺页、装订错误，请与本社联系调换，电话：010-63131930

开　　本：	170mm×240mm		
字　　数：	345 千字	印　　张：	20.25
版　　次：	2021 年 12 月第 1 版	印　　次：	2021 年 12 月第 1 次印刷
书　　号：	ISBN 978-7-5194-6269-7		
定　　价：	62.00 元		

版权所有　　翻印必究

内容简介

党的十一届三中全会以来,我国土地制度改革已走过40年的历程。本书以若干个历史人物的视角,重新审视这一场伟大而深刻的社会变革。

通过"土地"这个主题,本书呈现出改革开放以来中国大江南北的30个故事,通过关友江、张家财、王伟这些人民群众,全面回顾了中国土地制度改革的历史背景、政策内容和政策效果,形成了较为完整的历史脉络,深刻展现了土地制度改革对中国政治、经济、文化和社会等领域造成的若干影响,以及对人民生活方式、理念思想带来的长远变化,充分彰显了中国特色社会主义土地制度的优越性。

"人"是创造历史的根本力量,是农村土地制度改革中最活跃的因素,也是中国土地制度改革40年中一条闪耀着光芒的逻辑主线。人民群众是土地制度改革的见证者,也是亲历者和建设者。我国土地制度改革从一开始就围绕着人的解放与全面发展,不断满足人民群众对美好生活的向往。有了这一个个的历史人物,宏大的改革历史才显得生动而鲜活。也正是因为有了无数个个体创造的迸发,才支撑起了中国力量、中国速度和中国精神。

历史的发展从来不是一条平稳上升的直线。40年来,我国土地制度改革取得了较大的成就,累积了丰富经验,解决了不少问题,但摆在我们面前的难题不会更少,只会更多。正如习近平总书记所指出,我们现在所处的是一个船到中流浪更急、人到半山路更陡的时候;是一个愈进愈难、愈进愈险,而又不进则退、非进不可的时候。在这样一个关键的历史时刻,回顾改革开放以来我国土地制度改革的宝贵经验,对于下一步推动中国土地制度改革纵深发展具有重要意义。

本书面向的群体较为广泛,既包括对我国土地制度改革感兴趣的非专业读者,也包括从事相关研究的工作人员。

为什么我的眼里常含泪水
（代序）

土地是农民的命根子。千百年来，面朝黄土背朝天的农民，养活了中华民族，也养成了中华民族安土重迁、珍惜土地的性格和习惯。中国革命以土地革命为基，中国革命也可以叫作土地革命，可以说，土地革命贯穿着中国革命的始终。中国革命的首要任务就是要推翻压在农民头上的"三座大山"，中国的革命军队就是穿上军装的农民。中国革命的胜利和社会主义制度的确立，为中国一切发展进步奠定了制度基础和政治前提。

党是农民的主心骨。70年前，中国人民终于在中国共产党的领导下站起来了。但千百年来贫穷的问题并没有解决。40年前，18个小岗村农民的红手印开辟了农村土地改革的道路，也开辟了富起来的道路。从此，波澜壮阔的改革就以农村改革拉开序幕。农村改革是从调整农民和土地的关系开启的。"大包干，大包干，直来直去不拐弯。保证国家的，留足集体的，剩下都是自己的。"以此为开端和起点，中国农民在希望的田野上又开始了创造新历史的征程。

只有解决好土地问题，才能真正让农民吃上"定心丸"。一个时期以来，"谁来种地""地怎么种"的问题突出。习近平总书记明确指出：以解决好地怎么种为导向，加快构建新型农业经营体系。农村基本经营制度是党的农村政策的基石。坚持党的农村政策，首要的就是坚持农村基本经营制度。而坚持农村土地农民集体所有制，是坚持农村基本经营制度的"魂"。新时代深化农村改革，主线仍然是处理好农民和土地的关系。

"土地者，民之本也。"家家包地、户户务农，是农村基本经营制度的基本实现形式。坚持和完善农村基本经营制度是最大的政策。① 农村土地属于农民集体所有，这是农村最大的制度。农村土地制度改革是一个大事。坚持农村土地集体所有，坚持家庭经营基础性地位，坚持稳定土地承包关系，是我们党的大政策，是总结大历史得出的大经验和大策略。农村土地第二轮承包到期后再延长30年，这是保持土地承包关系长久不变的大举措，顺应了亿万农民保留土地承包权、流转土地经营权的期待，给农民吃下了一颗长效的大"定心丸"。

习近平总书记指出，我国小农生产有几千年的历史，"大国小农"是我们的基本国情、农情，小规模家庭经营是农业的本源性制度。② 人均一亩三分地、户均不过十亩田的小农生产方式，是我国农业发展需要长期面对的现实。土地所有权、承包权、经营权"三权分置"是重大制度创新和理论创新，这既是深化农村改革的成果，也是实施乡村振兴战略的前提。农村基本经营制度是乡村振兴的制度基础，而坚持农村土地集体所有、坚持家庭经营基础性地位、坚持稳定土地承包关系"三个坚持"，则是新时代实施乡村振兴战略的伟大征程的定盘星。

2020年初春，我们遭遇新冠肺炎疫情，在习近平总书记的亲自指挥下，我们打下一场漂亮的总体战、阻击战和人民战争。取得伟大斗争胜利的原因有很多条，但在我看来，我们最大的底气就两条：一条是党的集中统一领导，这是主心骨，因为有了主心骨，我们才能全国"一盘棋"，同心同德，有序不乱，取得奇迹般的结果；另一条是农村改革巨大成效，这是压舱石，"手里有粮，心里不慌"，人们相信不会再饿肚子了，因为自2004年以来我国粮食产量已经实现了创纪录的"十五连丰"，这是土地的功劳，也是农民的功劳，中

---

① 中共中央文献研究室. 十八大以来重要文献选编 [M]. 北京：中央文献出版社，2014：670.
② 做好新时代"三农"工作的行动指南 [N]. 人民日报，2018-07-16 (09).

国用不到世界9%的耕地养活了世界上近20%的人口，成功解决了14亿中国人吃饭的问题，这是人类历史的奇迹。

我常常想起上小学时读到的古诗《锄禾》：

春种一粒粟，秋收万颗子。

四海无闲田，农夫犹饿死。

锄禾日当午，汗滴禾下土。

谁知盘中餐，粒粒皆辛苦？

土地还是这块土地，农民还是这块土地上的农民，"往事越千年"，历史发生了翻天覆地的巨变。人们为了能够"创造历史"，必须能够生活。但是为了生活，首先就需要衣、食、住以及其他东西。因此，第一个历史活动就是生产满足这些需要的资料，即生产物质生活本身。这是马克思说的，而第一个历史活动的首要，就是土地。

历史是过去的故事。当我读到《"地的故事"——改革开放后中国土地制度历史回顾》的初稿时，便被它深深吸引，书中的故事都是我们熟知和经历的，但用这样的方式叙述却令人更感动且更引人入胜。作者玉辉是我年轻的同事，我惊讶且羡慕他的思想之活跃、研究之勤奋和出手之快。所以，半年前第一次读到这本书的"半成品"时，我就鼓励他尽快出版。现在，只有短短几个月时间，书就要出版了，玉辉要我写篇序，我自然非常高兴，欣然从命写这样几段话，却感到下面的这句话更能表达我的感受：

为什么我的眼里常含泪水？

因为我对这土地爱得深沉……

李　明

2020年5月1日

目　　录

绪　言 ·· 1

第一篇　农村农业用地

第一章　这里黎明静悄悄 ··· 11
- 第一则　小岗村的红手印 ··· 11
- 第二则　盼星盼月盼君来 ··· 21

第二章　风风火火闯九州 ··· 27
- 第三则　农民兄弟爱进城 ··· 27
- 第四则　城市喜迎新市民 ··· 35

第三章　迎接资本新时代 ··· 44
- 第五则　总书记走进合作社 ··· 44
- 第六则　农户家里添新证 ··· 55
- 第七则　小王多收一笔钱 ··· 64
- 第八则　银行走进新农村 ··· 75
- 第九则　种粮大户笑开颜 ··· 85
- 第十则　土地流转添新衣 ··· 95

第二篇　农村建设用地

第四章　华夏农民安居所 ······ 107
- 第十一则　家家住上四合院 ······ 107
- 第十二则　排排别墅铺满村 ······ 116

第五章　沉睡资产终觉醒 ······ 124
- 第十三则　农家乐，市民享 ······ 124
- 第十四则　农民拥抱房产证 ······ 133

第六章　大小公权两相争 ······ 142
- 第十五则　乡镇企业燎原野 ······ 142
- 第十六则　市场出现小产权 ······ 152
- 第十七则　土地财政难为继 ······ 161

第七章　平起平坐两兄弟 ······ 169
- 第十八则　集体土地允入市 ······ 169

第三篇　城市国有土地

第八章　市民捧上红本本 ······ 179
- 第十九则　划拨用地展头脚 ······ 179

第九章　城市出现商品房 ······ 187
- 第二十则　广州新湖建新村 ······ 187
- 第二十一则　超大社区回龙观 ······ 196

第十章　房产火爆二十年 ······ 203
- 第二十二则　市民买房添新器 ······ 203
- 第二十三则　炒房军团忙不停 ······ 210

第二十四则 保障房来市民爱	217
第二十五则 国家出台物权法	225
第二十六则 重庆探索房产税	232

第十一章 房住不炒新时代 240

第二十七则 共有产权新苗长	240
第二十八则 租售并举长效剂	251
第二十九则 雄安新区展宏图	259
第三十则 双山医院拔地起	268

中国共产党百年农村土地制度改革的"变与不变"
——献给中国共产党百年华诞 275

中国土地制度改革大事记（1978—2020） 294

参考文献 305

致 谢 308

绪 言

英国著名古典政治经济学家威廉·配第曾精辟地阐释："劳动是财富之父，土地是财富之母。"土地作为一种稀缺的生产要素，对人们的生产生活具有重大的影响。世界上任何一个国家都非常重视土地制度改革，以顺应各自国情下的生产力发展。中国作为一个社会主义国家，在如何构建一个"公平与效率"兼顾的土地制度上进行了孜孜不倦的探索，尤其是改革开放以后，中国农村土地和城市土地发生了巨大变化，实现了中国人民对土地制度较好的满意度。

一、农村土地

农民是中国人口占比最大的一个群体，是决定中国繁荣稳定的重要力量，农民利益的核心是土地权益，因此保护农民土地权益一直是中国土地制度发展的历史轴心，也是现实基础，是调节土地制度改革的"无形之手"。土地制度与社会稳定具有直接联系，中国2000多年的封建社会发展史就是一部土地制度改革史，不同时期的土地制度作为生产关系的一种制度安排，决定着朝代的更迭和经济社会的繁荣发展。[1] 在私有制的社会形态下，土地周期律[2]成为历史演进的魔咒，与之相伴的是农民响彻了千年的"均田均富"的口号，以及义无反顾的千年喋血，惨烈而痛彻，导致这一历史轮回的根本原因是农民阶

---

[1] 黄明元，金永忠. 土地的功能与我国土地制度的性质 [J]. 农业科技管理，2006 (2)：16-20.
[2] 此处是指中国古代封建王朝成立之初将土地分给农民，但土地私有制的本源，导致在社会发展中大量农民失地，产生地主阶级和农民阶级，在特定条件下两大阶级的矛盾日益尖锐，最终导致王朝覆亡和朝代更迭。

级对土地权益的诉求。中华人民共和国成立以后，以毛泽东同志为代表的无产阶级革命家高举马克思主义理论旗帜，在如何规避历史周期率的问题上找到了科学的答案。那就是必须在中国共产党英明领导下，充分吸取封建社会土地的地主所有制和一些资本主义社会土地私有制的教训，将劳动人民与生产资料结合起来，消除一切食利阶级存在，建立一个人人平等而自由发展的社会。中华人民共和国成立后的土地制度改革，发展和完善了具有中国特色的农村土地集体所有制度，并在实践中得到验证，向世界人民展示了这种新生的公有制经济的力量。

改革开放以后，农村经济体制改革是在坚持集体所有制的原则下给农民土地放权赋能，确保农村经济体制改革与大多数农民的愿望相一致，并促进农村经济发展。农村经济改革的原点是安徽省小岗村的"包干到户"试点，由此拉开了中国农村土地制度"家庭联产承包责任制"的历史大幕，极大地调动了农民个体的生产积极性，促进了农村生产力发展。此后，农村的改革进一步加码，出现了农民利用农村集体建设用地发展乡镇企业，成为中国工业经济的重要补充。新世纪以来，"三农"问题日渐突出，"人—地"矛盾再现，于是农村剩余劳动力前往城市发展，一部分成功转型为市民；另一部分过着城乡流动的"两栖生活"，这部分人群的土地便在农村内部流转，种粮大户、专业合作社等新型主体由此出现。

农民问题是中国最大的问题，中央政府高度重视"三农"问题。尤其是在党的十八大以后，以习近平同志为核心的党中央高度重视农村经济发展改革。习近平总书记强调，如果一边是越来越发达的城市，一边却是越来越萧条的乡村，那不能算是实现了中华民族的伟大复兴。能否处理好工农关系、城乡关系，关系全面建成小康社会和社会主义现代化的建设全局。① 在这场划时代的历史攻坚战中，农村土地制度改革成为至关重要的一环，我们开创了集体所有制下的另一种创新，即农村土地的"三权分置"。这项政策是希望依托土地流转实现中国规模农业、现代农业的发展，进而带动农民致富和乡村振兴。在这场影响中国繁荣复兴的土地制度创新中，其逻辑脉络如下：

一是从不开放到开放。中华人民共和国成立以后，为了建立高度统一的社会主义经济体制，农村地区探索"人民公社"制度。这一制度的核心是

---

① 2017年12月28日至29日，习近平总书记在中央农村工作会议上发表重要讲话中提出。

"一大二公,一平二调",人民公社在解决集中精力办大事方面做出了许多贡献,如这一时期修建了许多水利设施、水库沟渠等,这些设施至今仍为农民所用。但是,由于受"大跃进""浮夸风"等思想的影响,政治上的错误阻碍了生产力的发展,农民的土地权益遭到了损害。改革开放以后,国家对于这种高度统一的计划经济模式进行了改革,家庭联产承包责任制应运而生,实现了集体土地对集体内部成员个体的放开。这一放开极大地调动了农民个体生产的积极性,实现了20世纪八九十年代的农民收入的快速增长(见图0-1),粮食产量大幅提升(其中,自2004年起中国农村的粮食产量实现"15年连增")(见图0-2),乡镇企业蓬勃发展、异军突起(见图0-3、图0-4)等。

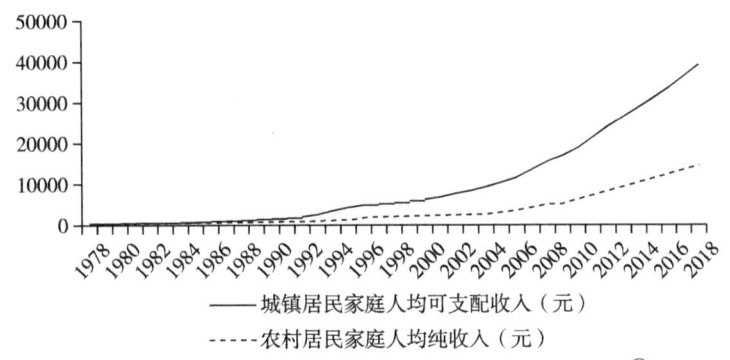

图0-1 改革开放以后中国城乡居民收入差距扩大图[①]

资料来源:中国乡镇统计年鉴。

图0-2 改革开放以后中国农业粮食产量情况

资料来源:中国乡镇统计年鉴。

---

① 数据来源:国家统计局官方网站。

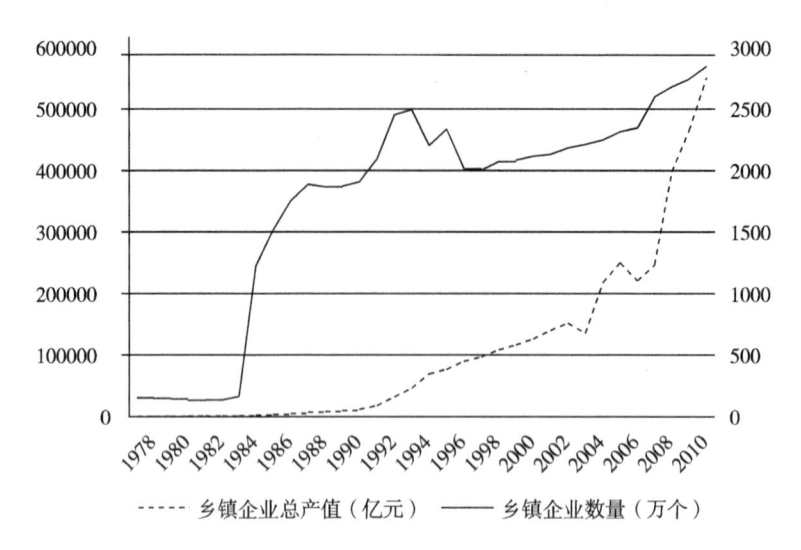

图0-3　1978—2011年我国乡镇企业数量及乡镇企业总产值

资料来源：中国乡镇统计年鉴。

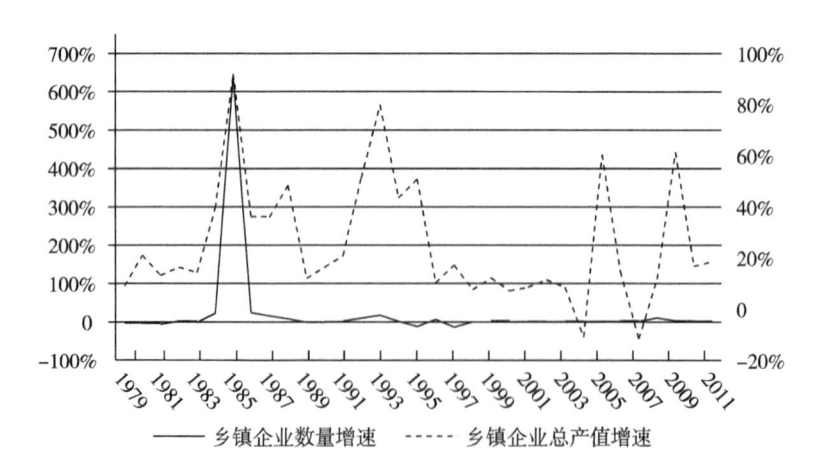

图0-4　1978—2011年我国乡镇企业数量及总产值增长率

资料来源：中国乡镇统计年鉴。

二是从内部开放到外部开放。中国的改革首先从农村破茧而出，家庭联产承包责任制打破了人民公社时期的"社—地"关系，重建了集体所有制下的"人—地"关系，这属于农村土地在集体内部的开放。到了21世纪，中国传统农业无法应对工业经济和国际规模农业的冲击，"三农"问题日益加剧，急需一场更大的改革实现农民富裕和现代农业发展。于是农村土地的对外开放开始了，在国家"土地确权""三权分置""土地流转"等政策的保障下，农村土地使用权向资本开放、向技术开放、向人才开放、向新商业模式开放，也向国际社会开放。实现这个开放的重要理论基础就是马克思主义的资本有机构成理论，通过引进农村地区短缺的资本、技术、人才、管理、市场、数据等要素，调整不变资本和可变资本的配比结构，进而提高中国农业的资本有机构成和农业生产效率。一时间，农村土地流转从农民内部之间的流转转变为向种粮大户、城市市民、社会资本、现代农业企业的流转，实现了农民土地资产向土地资本的华丽转变，已经并将继续为农民致富和农业发展做出巨大贡献。

三是从农民主导到政府主导。如果说农村改革的起点是安徽省小岗村18位村民的血手印，那么这就是一场自下而上式的诱致性制度改革。农民是理性的，正如著名发展经济学家舒尔茨所言："农民的理性不亚于任何资本家。"[①] 他们基于自身个体利益的表达，实现了集体的共同利益，得到了中国共产党和中国政府的认可，他们的首创精神打开了中国改革开放的国门。但是，随着世界经济一体化进程和中国城市化进程的日益加快，传统"面朝黄土背朝天"的耕作模式无法改变农民命运，农民不断加入非农产业，希望获得更多的家庭收入。在这个错综复杂的市场经济中，需要国家的力量协助农民实现共同富裕、推动现代农业发展和实现乡村振兴，此时的改革是政府强力介入。自2004年始，中央连续发布16个涉农一号文件，并为农民土地流转配置"土地确权"和"三权分置"的法规保障，制定了"乡村振兴"和"发展现代农业"的规划纲要，发挥着"有为"政府的积极作用。

此外，在农村建设用地方面，从之前的保障性转变为发展性，不管是"一户一宅"制度的诞生，还是农村土地的征收征用的制度，体现的是我国社会主义制度对农民的保障和稳定功能。在当前的改革中，农村集体建设用地被赋予更多的功能，如允许集体建设用地同权同价入市，克服了以前土地财政模式下国家大公权对集体小公权的侵占现象，逐步赋予农民的土地发展权，让农民依托土地资产获得更多、更好的经济收益。

---

① [美] 西奥多·W. 舒尔茨. 改造传统农业 [M]. 梁小民，译. 北京：商务印书馆，1987.

二、城市土地

改革开放从农村诞生，但在40年的改革历史中最为受益的还是城市。相比农村，城市的土地资源更为稀缺、珍贵，而与城市土地联系最为紧密的就是城市居民的房产。改革开放以后，我国的房地产制度发生了重大转变，首先是"文革"结束以后，清算"文革房"的历史遗留问题，保护了城市市民房产的私有合法性。在改革的红利下，中国城市经济蒸蒸日上，城市人口越发增多，住房市场化之路成为当时的改革方向。20世纪90年代，我国开始探索城市土地供应制度，从之前划拨为主转变为划拨与出让并重，并制定了商品房用地缴纳土地出让金制度，开启了中国市民从国家解决住房到个人承担住房问题的时代。在这场跨世纪的重大改革中，广州出现了第一个商品房，北京出现了亚洲最大的社区，华夏大地上出现一栋栋高大辉煌的楼宇，但也出现了温州炒房团、山西炒房团、太太炒房团等现象，这些现象都是中国房地产泡沫的映象。

资本的泡沫在社会主义的中国是危害绝大多数人民群众利益的，是绝不允许被疯狂发展的。党和政府为了遏制房地产泡沫，保障市民健康和谐的居住环境，因时因地采取了一系列政策，如住房公积金制度、保障房制度、廉租房制度、城市房产税试点、共有产权模式、雄安新区新探索等，逐步消除市场经济存在的内在缺陷。在这场城市房地产变革中可梳理出以下几点规律。

一是从计划到市场。改革之前，我国城市的住房由国家统一保障，城市工人阶级的住房主要由所属国有企事业单位统一建设，并实行分配制。到了20世纪90年代后，在国企改革的大潮中，城市的住房制度也跟随着改革，如探索市场化的住房制度，城市土地从划拨为主转变为出让为主，市民从坐等单位分房转变为自己筹资购买商品房。这一转变活跃了城市的房地产经济，出现了改革开放后房地产行业火爆20年的景象，造就了一批房地产富豪，如王健林、许家印、冯仑等，但也出现了一批靠炒房发家致富的投机客。

二是从房地产资本化到住房回归居住本质。改革开放后很长一段时间，住房仍旧发挥着城市居民的安家居住功能,但是到了21世纪以后,随着各地城市化进程的加快,在政策的助推和少部分人的非理性选择下,一批炒房客不断吹高城市房地产泡沫,出现了"有房无人住"和"有人无房住"的两种极端。针对这种经济怪象,以习近平同志为核心的党中央高度关注,不断出台新的政策遏制房价过快过猛上涨,严厉打击炒房行为,将房子从"资产"功能转变为"居住"功能,逐步引导中国房地产市场进入"房住不炒"的新时代。

三是从与民争利到让利于民。以习近平同志为核心的新一届党中央领导班子,高度关注中国城市住房制度,结合国际经验不断探索构建社会主义住房新模式。雄安新区的诞生,开启了中国新时代城市建设发展的新理念,打破了过去"土地财政""地王频出""房子与户籍挂钩""天价学区房""土地换社保"等不合理的现象。对此,中央对雄安新区寄予极大期望,定位为"千年大计、国家大事"。这体现了中央政府对当前发展模式的反思、对城市建设的新探索、对房地产炒作的不满,以及对无房百姓的关注、关爱、关切。雄安新区的战略意义已突破了经济范畴,上升到了更深层次。雄安新区的使命,就是为国家充当第一块社会主义住房市场的试验田,总结成功经验并复制推广,探索社会主义的新型城市建设新样板。

总结以上,农村土地制度改革和城市土地改革虽然侧重点不一样,但最终的目的都是一样的,即为中国人民提供一个舒适美好的居住环境和美丽和谐的自然生态,提高全体人民的生活幸福感,让中国的产业经济(农业产业和非农产业)在国际舞台上更具竞争力,让中国的人民富裕安康。在这种改革导向下,不管改革的动力源自人民的自发利益诉求,还是中央政府的审时度势、高屋建瓴,改革的目标都是明确的,中国人民与中国政府紧密配合,推动中国的土地制度改革始终沿着"以人民为中心"的方向前行。

"改革只有进行时,没有完成时",未来中国农村的改革依旧在路上,任重而道远。但只要在中国共产党的坚强领导下,坚持中国特色社会主义的正确发展道路,并始终将农民群众的利益放在第一位,那么我们改革的道路将是光明的。最后,我们期待:再过30年,到2050年前后,我国将全面建设成为一个富强、民主、文明、和谐、绿色的社会主义现代化国家。

第一篇　农村农业用地

第一章

这里黎明静悄悄

第一则　小岗村的红手印

题记：俗话说："民以食为天。"自古以来，历朝历代都将保障人民的粮食安全作为国家的重要任务，农民又是承担这一任务的重要载体。他们对土地充满热爱、对农业充满期望，他们希望有好的制度去实现他们的这种利益需要。下面所讲述的发生在安徽省小岗村的故事，就是最好的印证，18位村民的敢闯敢试，掀起了中华大地改革开放的第一幕，他们是真正的"敢为天下先"。

这里的黎明静悄悄

时光荏苒，回到1978年，那年黄淮平原春夏接连大旱，造成粮食大幅减产，给安徽人民带来了深重苦难。以前，凤阳以花鼓远近闻名，20世纪六七十年代，凤阳因外出乞讨的人多而出名。坐落于凤阳县的小岗村，与周边村庄别无二致，村民缺衣少食，口粮不足，甚至连野菜都寻觅不得。

秋风萧瑟中，坐在茅草屋外墙根处的村民，忍着饥肠辘辘，看着怀中嗷嗷待哺的孩子，望着门前每天都拖家带口外出乞讨的邻居，不知路在何方。近日来，气温逐渐降低，萧萧北风吹打着光秃秃的树枝。傍晚时分，村里袅袅炊烟逐渐稀疏，留在村里的村民嘀咕道："难啊，饿啊，有口粮谁愿意要饭呢？"

小岗村的村民关友江，不算村里最穷的，却也是穷得叮当响。那年，32

岁的关友江正值壮年，经常饿得直不起腰。全家 6 口人就挤在村里不显眼的两间破旧漏雨的茅草屋里。面对床上黑黢黢满是补丁的破棉絮，勤劳的媳妇都不敢去洗，一方面洗了没东西盖，另一方面洗破了都没有破布打补丁了。

那时的关友江和瘦削的媳妇，虽然空有一身力气，却整天两手空空，就如其他村民一样，围着稀落又没有生机的村落转悠，不知道干什么，也没事儿干，干什么都不允许，需要集体同意，更是不敢干。农活都是集体统一安排的，干多干少分的粮食都一样。时间久了，大家都知道，干得多，饿得快，而分的食物一样，干活多了反而更饿。

终于有一天夜里，村民打破了过往的死寂，他们在月朗星稀的黑夜偷偷地去捡遗落的粮食。关友江与其他村民一样，晚上安顿好孩子，偷偷地和媳妇一起，蹑手蹑脚绕了很大一圈子，悄悄去田里捡拾遗落的粮食。皎洁的月光下，田里散落着三三两两的村民。村民见面也不打招呼，心知肚明，默不作声地捡着遗落的粮食。周围的夜色，凉爽宜人，远处，白天吃饱的虫儿卖力地演奏着一首首乐曲。忙到月向西去，又匆匆地绕路赶回家。

慢慢地，少数村民开始思索着不饿肚子的办法、不去乞讨的办法。在生产队一起干活的几个人私下说："如果这块田包给我，肯定能让一家人吃得饱，不会出去乞讨了。"私下里，谈论包地分田的村民越来越多，可是怎么分、怎么包？没有经验，也没有明确的政策和说法，更没人敢带头。分田包地不是搞资本主义？要割资本主义的尾巴。一系列的疑问和难题摆在小岗村村民面前。

当时的艰辛远不止这些，村民要出去干活，还要得到生产队的批准，做点事非常麻烦，往往得不到批准。饥饿难耐，度日如年的壮年汉子们，实在忍受不了出去乞讨的艰辛，想着要分田。也许饥饿让大家的心更加默契，要想吃得好，只能分田干。

冬天来了，春天还会远吗

光明正大分田单干不行，只能暗里偷分。从社员到干部统一思想后，就开始琢磨这分田的事儿。当时也不知道分田以后能不能实现吃饱饭，能不能生产出更多的粮食。

没有政策支持，小岗村的村民主动走到了包产到户这条路上。1978 年 11 月 24 日晚上，在安徽省凤阳县小岗生产队的一间破草屋里，18 位农民借助一盏昏暗的煤油灯，面对一张契约，一个个神情庄重地按下血红的指印。分田到户，每户户主签字，每户保证按时足额上缴给国家和集体的粮食，不再吃国家救济粮。他们的这一创举就有了后来"缴足国家的、留够集体的、剩下全是自己的"的说法。

后来，县里知道小岗村分田的情况，也没有追究，大家都希望能多种田、多打粮，但谁也不知道如何才能多打粮食。从那时起，从上到下都对如何发展农村经济陷入了大讨论。小岗村的村民看到希望，积极性调动起来了，不分白天黑夜，披星戴月抓紧干，大家互相帮忙干。看着田里庄稼一天天拔高，长势喜人，小岗村村民面黄肌瘦的脸色开始闪现出笑脸。天道酬勤，风调雨顺，种什么成什么。每家每户都获得了好收成，稻谷几千斤（1 斤等于 500 克）、花生几千斤，芋头一挖一大堆。秋后统计，包产到户以前，同样的土地至多收获 4 万斤，包产到户第一年，同样的土地收获 13.3 万斤，足足提高了两三倍，油产量也大幅提升，人均收入突破了 400 元大关，是之前年份的十几倍[①]。收获的喜悦打破了人们的疑虑，小岗村的喜悦传遍了四面八方。

小岗村这份后来存于中国国家博物馆的大包干契约，被认为是中国农村改革的"第一枪"。天公作美，风调雨顺，再加上村民辛苦努力劳作，像看护自己的孩子一样，照顾着土地。1979 年，小岗村实现了大丰收，第一次向国家缴了公粮，还了贷款。

在当时的安徽省委书记万里的强力支持下，小岗村的大包干经验一夜之间在安徽全境遍地推广。此后，以"家庭联产承包责任制"命名的中国农村改革迅速火遍全国，给中国农村带来了举世瞩目的新变化，极大地激发了农民的生产积极性，显著地提高了农村的生产效率。

1978 年 12 月 18—22 日召开的中共十一届三中全会指示要把全党的工作中心转移到经济建设上来。以经济建设为中心，改革的春风传遍了大江南北、神州大地。小岗村的纯朴农民，早在一个月前，同样走上了改革的道路，他们选择了包产到户，希望激发农业生产的积极性和责任感。

改革开放的春风，拂绿了田间地头。家庭联产承包责任制的改革，给农业生产带来了前进的方向。亿万农民带着前所未有的热情，投入农业生产、

---

① 姚元述. 从农村巨变看改革开放 40 年 [J]. 清江论坛，2018 (4)：34-36，49.

农村发展中。

1978年改革开放以来，小岗村获得了快速发展。以前的贫困村在政府的关心和支持下，发展成为中国"十大名村"中的一员，闻名海内外。现在小岗村隶属于安徽省凤阳县小溪河镇，位于凤阳县城东部约40千米处，距宁洛高速（G36）凤阳出口仅16千米。小岗村是中国农村改革的发源地，也是国家AAAA级旅游景区。截至2018年，小岗村辖23个村民组，940户，4173人，村域面积15平方千米，其中可耕土地面积1.45万亩。2014年，小岗村工农业总产值达7.38亿元。2017年，小岗村人均可支配收入达到18106元。

源自改革，兴于改革。持续不断地改革，是小岗村获得发展的原动力。今日小岗村已成为中国幸福村、中国乡村红色遗产名村、全国红色旅游经典景区、全国旅游名村、全国干部教育培训基地、全国研学旅游示范基地、中国美丽休闲乡村、国内知名的特色小镇、全国大学生假期社会实践教育基地等。

政策分析

一、政策背景

1978年以前，中国农村实行"一大二公、一平二调"的人民公社制度。这项制度的初衷是好的，是我们党在总结2000多年来中国小农经济发展的弊端及土地私有制对农民阶级的迫害的基础上，结合马克思主义集体所有制理论而进行的一场探索实践。从理论层面来看，人民公社制度是一种先进生产关系的体现，只是在当时的生产力发展水平上，这项制度的优势没有充分展现出来。人的劳动力这个可变资本在农业生产的总资本中占据较大比例，在缺乏科学合理的激励设计的情况下，无法充分激活劳动者的积极性，导致人—地关系紧张，土地成为一种没有被唤醒的资产。数据显示，1958年到1978年，农林牧副渔生产总值平均增速仅为3%。同时，由于在农业生产上急功近利，在三年困难时期的打击下，农业粮食产量在多个年份均有不同程度的下降，在20年的农业发展中，粮食产量在总体上没有大的增长。在这个背景下，农民急切要求对土地制度进行改革，以增强他们对土地的自主经营权，实现吃饱穿暖。

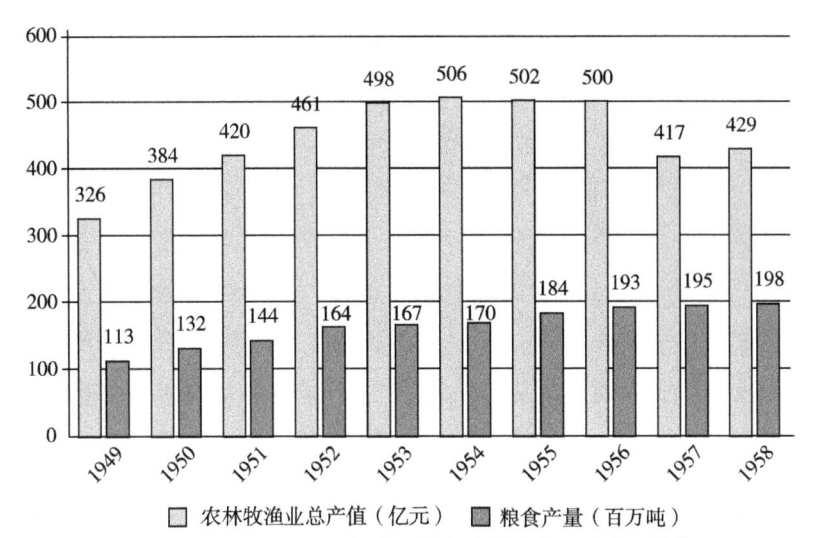

图 1-1　1949—1958 年我国粮食产量及农业生产总值①

资料来源：中国统计年鉴。

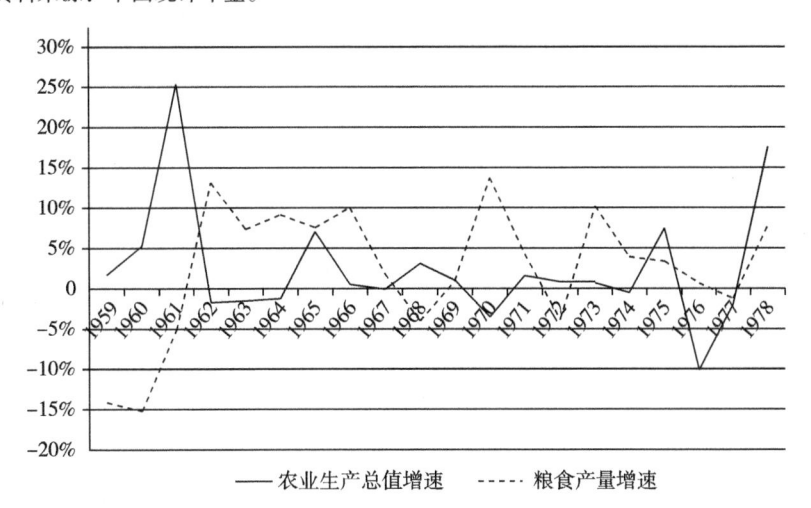

图 1-2　1959—1978 年我国粮食产量及农业生产总值增速

资料来源：中国统计年鉴。

---

① 注：农林牧渔业总产值以 1952 年为基期年，其他年份生产总值按照农林牧渔业总产值指数换算得到。

二、政策内容

源于小岗村的包干到户,掀起了中国改革开放的大幕,在这以后的过程中,我国政府推出了如下的政策改革内容。

第一,1980年9月27日,中共中央印发《关于进一步加强和完善农业生产责任制的几个问题》的通知是我国推行家庭联产承包责任制的纲领性文件。其中提到:党的十一届三中全会以来,全国各地清除极左路线的影响,落实中央两个农业文件,从价格、税收、信贷和农副产品收购方面调整了农业政策,适当地放宽了对自留地、家庭副业和集市贸易的限制。特别是尊重生产队的自主权,因地制宜地发展多种经营,普遍建立各种形式的生产责任制,改进劳动计酬办法,初步纠正了生产指导上的主观主义和分配中的平均主义。这些措施有效地调动了农民的积极性,使农业生产得到比较迅速的恢复和发展,绝大多数农民的收入有所增加,农村的形势越来越好。

在党的十一届三中全会精神的鼓舞下,两年来,各地干部和社员群众从实际出发,解放思想,大胆探索,建立了多种形式的生产责任制,总结起来可分为两类:一类是小段包工,定额计酬;一类是包工包产,联产计酬。实行结果,多数增产,并且摸索出一些新的经验。特别是出现了专业承包联产计酬责任制,更为社员所欢迎,这是一个很好的开端。各级领导,应当和广大群众一道总结正、反两个方面的经验,帮助社队把生产责任制加以完善和提高,把集体经济的管理工作大大推进一步。

第二,1982年发布《全国农村工作会议纪要》,我国第一个关于农村工作的一号文件正式出台,部分内容如下。

关于农业生产责任制:

(一)截至目前,全国农村已有90%以上的生产队建立了不同形式的农业生产责任制;大规模的变动已经过去,现在,已经转入了总结、完善、稳定阶段。

建立农业生产责任制的工作,获得如此迅速的进展,反映了亿万农民要求按照中国农村的实际状况来发展社会主义农业的强烈愿望。生产责任制的建立，不但克服了集体经济中长期存在的"吃大锅饭"的弊病，而且通过劳动组织、计酬方法等环节的改进，带动了生产关系的部分调整，纠正了管理集中、经营方式单一的缺点，使之更加适合我国农村的经济状况。目前，我国农村的主体经济形式是组织规模不等、经营方式不同的集体经济。与它并存的，还有国营农场和作为辅助的家庭经济。这样一种多样化的社会主义农业经济结构，有利于促进社会生产力的更快发展和社会主义制度优越性的充分发挥。它必将给农村经济建设和社会发展带来广阔的前景。实践证明，党在十一届三中全会以来所制定和实行的农村政策是完全正确的，各地各级党组织在这方面所做的工作是卓有成效的、具有深远意义的。

这是一场牵动亿万群众的深刻而复杂的变革，时间短，任务重，经验不足，在工作中存在这样那样的问题是难免的。需要我们采取积极而又慎重的态度，毫不松懈地做好生产责任制的完善工作。因此，从现在起，除少部分地区和社队外，从全局来讲，应当稳定下来。各级领导，包括省、地、县、社的主要负责同志，要深入基层，调查研究，有计划地培训干部，总结经验，统一认识，解决实际问题，使现行的农业生产责任制，包括农、林、牧、副、渔各业的责任制能够进一步完善起来。

（二）各级党的领导应向干部和群众进行宣传解释，说明：我国农业必须坚持社会主义集体化的道路，土地等基本生产资料公有制是长期不变的，集体经济要建立生产责任制也是长期不变的。目前实行的各种责任制，包括小段包工定额计酬，专业承包联产计酬，联产到劳，包产到户、到组，包干到户、到组等，都是社会主义集体经济的生产责任制。不论采取什么形式，只要群众不要求改变，就不要变动。

三、政策效果

农村改革提高了中国粮食的总产量。数据显示，中国农村的粮食总产量从1978年的30476.5万吨，增长到1997年的49417.1万吨，在第一轮家庭联产承包责任制时期，中国粮食产量的增长幅度高达62.1%，这个增长速度在世界范围内都较罕见。1978年，小岗村18位村民的敢闯敢试激活了中国农村经济的发展活力，实现了粮食产量大幅提高（见图1-3、1-4）。中国农民是这场改革的最大受益者,农民家庭人均收入从 1978 年的 133.9 元增长至 1997 年的 2090.1 元(见图 1-5),农民的家庭生活更加富裕,实现了每家每户通了电,买了彩电,骑上了摩托车。在农民的食品结构中,肉奶消费量逐渐增多,标志着人们过上了幸福的小康生活。

图 1-3 1978—1997 年我国粮食总产量情况

资料来源:中国统计年鉴。

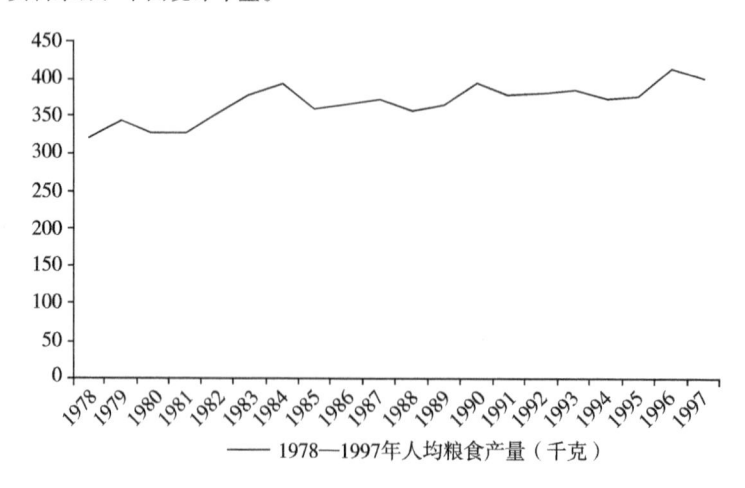

图 1-4 1978—1997 年我国人均粮食产量情况

资料来源:中国统计年鉴。

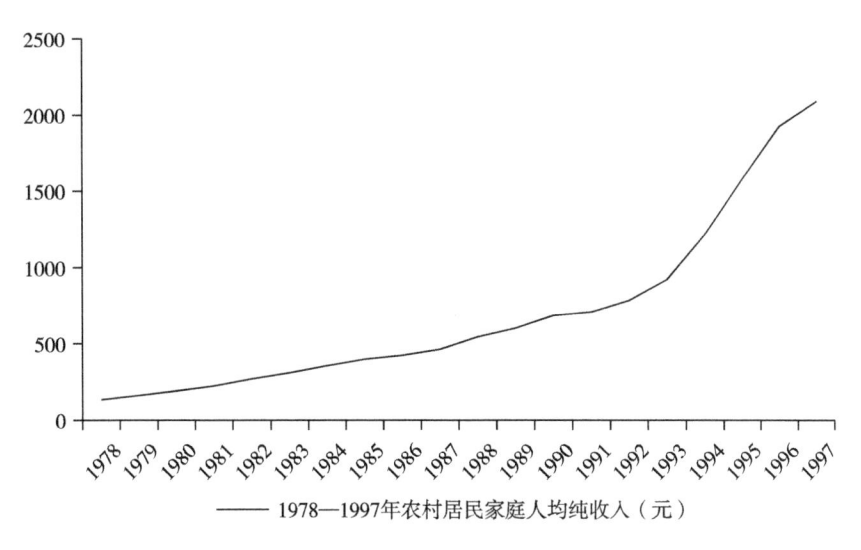

图 1-5　1978—1997 年我国农村居民家庭人均纯收入情况

资料来源：中国统计年鉴。

结语与思考

以前吃不饱、穿不暖、没钱花的小岗村，通过实施包产到户的家庭联产承包责任制，变成了吃得饱、穿得好、有余粮的农业生产先进村。小岗村包产到户改革的成功，使得小岗村成为全国闻名的生产队。[①] 小岗村的改革，也引起党和国家领导人的关注与思考。改革开放总设计师邓小平同志在谈话中讲到，农村政策放宽以后，一些适宜搞包产到户的地方搞了包产到户，效果很好，变化很快。可以肯定的是，只要生产发展了，农村的社会分工和商品经济发展了，低水平的集体化就会发展到高水平的集体化，集体经济不巩固的也会巩固起来。关键是发展生产力，要在这方面为集体化的进一步发展创造条件。[②]

[①] 陆益龙，王成龙. 社会主义新农村建设的模式比较——凤阳县小岗村和赵庄的经验 [J]. 江淮论坛，2007（4）：49-54.

[②] 张鼎良. 正确理解邓小平的"两个飞跃"——关于中国社会主义农业改革和发展 [J]. 中国集体经济，2008（9）：28-29.

小岗村这种敢为天下先的敢闯精神，为中国改革开放的到来带来了福音。① 这次改革不是自上而下的，而是生产力发展本身所必然提出来的要求。小岗村的故事充分说明，中国人民是最富有创造力的群体，也是最朴实勤劳的群体。② 小岗村通过自身努力，勇于创新，改革了束缚生产力发展的制度，充分调动了农民的生产积极性，③ 对1978年后中国推动的农村经济改革和实施家庭联产承包责任制等产生了巨大的示范意义。这个故事也充分反映出实践是检验真理的唯一标准，实事求是是中国共产党的一贯优良作风。

---

① 李锦柱. 继续发扬敢闯敢试、敢为人先的小岗精神 [J]. 党建，2018 (4)：12–13.
② 中共安徽省委宣传部、安徽省社会科学院调查组. 改革是人民群众的伟大创造——小岗村农业"大包干"的启示 [J]. 求是，1998 (23)：2–6.
③ 张谋贵. 小岗村改革的新制度经济学解释——纪念改革开放30周年 [J]. 经济理论与经济管理，2008 (8)：40–44.

第二则　盼星盼月盼君来

题记：邓小平说过："我们的改革和开放是从经济方面开始的，首先是从农村开始的。农村改革的成功增加了我们的信心，我们把农村改革的经验运用到城市，进行了以城市为重点的全面经济体制改革。"农民用自己的智慧推动政府进行制度改革，并享受这一变革带来的制度红利。本文讲述了一个山沟沟里的农民像盼星星盼月亮一样盼望着家庭承包经营体制的出现，正是这一制度的出现给他们的生活带来了翻天覆地的变化。

做土地真正的主人

这是大巴东山的一个古老村庄，是古庸国通往四川挑盐的必经之路，古时候，这里勤劳朴实的乡民谱写出了一个个蜀道挑夫的感人故事，那座好汉山至今令多少好汉景仰。

党的十一届三中全会后，农村改革的春风吹遍了祖国的大江南北，也吹醒了沉睡的张家村。回想起当时承包土地到户时的情景，大家记忆犹新。那天，阳光明媚，3月的天气，全村老少都拥向了村南头大队部的门前。村里的老支书宣传了中共中央关于农村土地家庭联产承包责任制改革的会议精神的好消息。接踵而至的是，大队部的墙壁上张贴出了《张家村家庭联产承包责任制的实施方案》等相关的土地承包的措施及办法，全场的男女老少欢呼雀跃，村民们家家户户喜气洋洋，敲起了大鼓，打起了大锣，扭起了秧歌，那场景如此热烈，全村老少云集，至今令人难以忘怀。

这一天，村里举行了百家宴，邀请全村的人一起庆贺《张家村家庭联产承包责任制的实施方案》的出台，全村人吃好喝好，在弥漫鞭炮味道的空气中美美地睡了一晚，此情此景唯有山里人才可独享。山青水美的张家村又开始了新的一天的喧闹。

第一年，土地承包到户，就让全村人尝到了甜头，家家户户粮食满囤。

吃不完的粮食可以变卖，上缴国家，还可以抵农特两税。农民的干劲越来越大，村里没有闲置的一分田地，连原来的旱地田埂也被翻挖成地了，各地大规模开荒种田，每家每户承包的田间地头都开阔、敞亮，农民们真正体会到"女人的鞋边，男人的地边"这句话的含意，更加体味到一碗土地一碗粮的道理。

说起这事，其中有一人不得不提，他叫张家财。他家经常吃了上顿，没了下顿，饥寒起盗心。一天月黑夜深的时候，张家财夫妻俩趁着夜深人静，偷偷地向生产队里粮食保管屋的方向走去。公社派出所的民警挨家搜查，不到一天的工夫，队里的偷盗案就告捷破获了。自然，张家财没逃过判刑这一劫，那时的盗窃犯是罪不可赦的，就这样，他锒铛入狱了，在当地的劳改农场里一待就是6年，这都是穷给害的。这6年里，他悔过自新，重新做人。

正值队里实行家庭联产承包责任制那年，张家财刑满释放了，已经步入知命之年的他如同壮年，领着几个儿子拼命地向土地要金子。过去是没有机会甩手干，现在有这么好的政策，土地属于自己经营，想种啥就是啥。他要领着全家人勤劳致富，靠自己的双手换来幸福。几年下来，张家财成为全村的种地能手，全村人都投来羡慕的眼光，张家人还乐意向村邻传授种田秘籍。从此，没有人想起他的过去，大伙都愿意和他交往，他成了全村的香饽饽。

精彩从此开始

在家庭联产承包责任制的推动下，家家户户农民种地都赚了钱。为了过上更好的日子，张家村想到了发展问题。这几年的家庭联产承包责任制，农民种地攒了不少粮，换来不少钱。对于搭建电路，村民们都比较赞成。各家都积极出资，很快全村的电网搭建起来了。每到夜晚，张家村家家户户亮起了明亮的电灯，在黑暗的夜晚衬托出乡村独特的美。物质生活提高以后，全村人想着精神生活，将以前破败的学校翻新一番，引进几个新老师，在他们心里，还是希望孩子们能更有出息，走出山沟沟。村里的努力没有白费，走出了第一个大学生，就是张家财的第三个小子——张出息。这小家伙是张家财出狱后第二年生的娃，在家排行老三，比前面两个哥哥小不少，但非常聪明，上学期间年年考试全班第一，最后读了清华大学桥梁隧道专业，毕业后分配到中铁十三局。他最大的梦想就是改变村里的交通状况，将村里的山挖通，建一条通往市区的快捷道路，最后这个梦想也实现了。

在家庭联产承包责任制下，农民的工作时间更加灵活了，可以自主安排生产时间。当地农民充分利用农闲时间，有的在山里挖蘑菇，拿到城里卖，赚些零花钱；有的把种粮食的地换成种经济作物，种些花生、大豆、红薯等，这比人民公社时期的灵活性更强了，农民更自由了，完全是怎么赚钱就怎么来；还有一些年轻人，经不住外面社会的诱惑，跑到城里打工。有个年轻人叫张狗子，从小调皮捣蛋，不爱种地，这要是在大锅饭时期，不种地是拿不到工分的。家庭联产承包责任制推行以后，狗子家分了8亩地，父母身体还好，基本上种这些地没困难。狗子一看家里不需要自己，就跑到城里贩卖水果，几年下来，竟然发了小财，还领了个水灵灵的大姑娘回来，让村里人刮目相看。类似以上"乌鸡变凤凰"的事还有很多，张家村的村民都感激家庭联产承包责任制的好政策，让村民切实尝到了幸福生活的味道。

政策分析

上述小故事告诉我们中国农民在历史发展中充满着艰辛与坎坷，同时也展现出他们的智慧。中国共产党是代表工农阶级利益的政党，农民的这种智慧便是统治阶级的智慧，在改革开放中农民的利益表达通过一系列政策和法律予以实现。[①] 对于"家庭联产承包责任制"，其政策变迁过程如下。

1980年5月31日，邓小平在一次重要谈话中公开肯定了小岗村"大包干"的做法。当时国务院主管农业的副总理万里和改革开放总设计师邓小平对这一举动表示的支持传达了一个明确的信息：农村改革势在必行。

1982年1月1日，中共中央批转《全国农村工作会议纪要》，指出农村实行的各种责任制，包括小段包工定额计酬，专业承包联产计酬，联产到劳，包产到户、到组，包干到户、到组等，都是社会主义集体经济的生产责任制。

1983年，中央下发文件，指出联产承包制是在党的领导下我国农民的伟

---

① 王朝明，徐成波. 中国农业生产经营体制创新的历史逻辑及路径选择——基于马克思恩格斯农业发展思想的视角 [J]. 当代经济研究，2013 (11)：40-46, 93.

大创造，是马克思主义农业合作化理论在我国实践中的新发展。家庭联产承包责任制的实质是打破了人民公社体制下土地集体所有、集体经营的旧的农业耕作模式，实现了土地集体所有权与经营权的分离，确立了土地集体所有制基础上以户为单位的家庭承包经营的新型农业耕作模式。

1984年修订版宪法中规定了农村集体享有农村土地所有权，农民以集体成员身份获得农村土地的家庭承包权和使用权，对家庭联产承包责任制用法律予以规范和明确，增强了农民对土地承包经营的信心，具有重要的时代意义。同时，1984年的中央一号文件第一次规定的承包期限是15年，赋予了农民较长时间的土地支配权。

1986年6月通过的《中华人民共和国土地管理法》，使这一制度更加明确，它规定："集体所有的土地按照法律规定属于村民集体所有，由村农业生产合作社等农业集体经济组织或村民委员会经营、管理。"这种土地制度并没有从根本上改变土地的集体所有的性质，只是将土地的所有权、经营权分开了。但在当时，对于调动农民的积极性、解决农民的温饱问题来说，的确取得了很大的成就。

1991年11月25—29日举行的中共十三届八中全会通过了《中共中央关于进一步加强农业和农村工作的决定》。《决定》提出把以家庭联产承包为主的责任制、统分结合的双层经营体制作为我国乡村集体经济组织的一项基本制度长期稳定下来，并不断充实完善。家庭联产承包责任制作为农村经济体制改革第一步，突破了"一大二公""大锅饭"的旧体制。

1993年，中共中央办公厅、国务院办公厅《关于进一步稳定和完善农村土地承包关系的通知》规定：土地承包期再延长30年不变，营造林地和四荒地治理等开发性生产的承包期可以更长。土地承包期再延长30年，是指家庭土地承包的期限。土地承包期再延长30年，是在第一轮土地承包的基础上保持稳定。

《中华人民共和国农村土地承包法》自2003年3月1日起施行。至此，家庭联产承包经营制发展到成熟阶段，用完善的法律法规约束和规范农民享有的权利和义务，并以此为依据处理现实中的纠纷。

表1-1 改革开放初期中国农村土地制度改革的政策掠影

时间	文件	内容
1979年	《中共中央关于加快农业发展若干问题的决定》	规定"不许分田单干,除某些副业生产的特殊需要和边远山区、交通不便的单家独户外,也不要包产到户"。这表明对于"包产到户",国家在政策上有所放松。
1980年	《关于进一步加强和完善农业生产责任制的几个问题》	这是第一个肯定包产到户的中央文件,对解决"包干到户""包产到户"问题的争论及推动农业体系改革产生了重要的影响。
1982年	《全国农村工作会议纪要》	第一次明确包产到户的社会主义性质,明确指出包产到户、包干到户或大包干都是社会主义生产责任制,其不同于合作化以前的小私有的个体经济,包产到户是社会主义农业经济的组成部分。
1983年	《当前农村经济政策若干问题》	该文件对家庭联产承包责任制做出了高度评价,赞扬它是"党的领导下中国农民的伟大创造,是马克思主义关于合作化理论在我国实践中的新发展"。
1984年	《关于1984年农村工作的通知》	将土地承包期政策明确规定为延长15年不变。
1986年	《中华人民共和国土地管理法》	以法律的形式确立了家庭联产承包责任制度。
1991年	《关于进一步加强农业和农村工作的决定》	第一次明确把以家庭联产承包为主的责任制、统分结合的双层经营体制,作为我国乡村集体经济组织的一项基本制度长期稳定下来。
1993年	《宪法》修正案	将家庭联产承包责任制作为一项国家的基本经济制度。
1997年	《关于进一步稳定和完善农村土地承包关系的通知》	规定第二轮土地承包期再延长30年。
2001年	《关于做好农户承包地使用权流转工作的通知》	允许土地使用权的合法流转。
2002年	《中华人民共和国农村土地承包法》	第一部以法律形式对土地承包中涉及的重要问题进行明确和规范的专门法律。

来源:作者绘制。

结语与思考

家庭联产承包责任制在中国农村已经实施了 40 年，它从根本上体现了农民与生产资料的直接的、高效的结合关系。而这一直接结合的特殊形式符合社会主义公有制的应有之义，农村土地所有权仍归集体组织所有。① 马克思认为："不论社会生产形式如何，劳动者与生产资料始终是生产的要素……凡要进行生产，就必须使它们结合起来，实行这种结合的特殊方式和方法，使社会结构区分为不同的经济时期。"② 在阶级社会里，生产资料私有制决定了劳动者与生产资料的分离。作为阶级社会最后社会形态的资本主义社会也是如此，也恰是资本主义私有制规定着的劳动者与生产资料的分离，使资本主义的生产社会性与资本主义私人占有形式之间的基本矛盾不断激化，导致了一次又一次的资本主义社会的全面危机。③

家庭联产承包责任制是中国农民的伟大创造④，充分解放了我国农村的生产力，开创了我国农业发展史上的第二个黄金时代，充分体现了社会主义公有制的优越性，也让西方社会对中国公有制经济体制的改革与创新刮目相看。在这种公有制体制下，中国粮食总产量从 1978 年的 6595 亿斤，增至 2019 年的 13277 亿斤，是改革初期的 2 倍多。⑤ 中国农业不仅以占世界 9%的耕地养活了占世界近 20%的人口，还让中国人民吃得越来越好，为中国国民经济的发展奠定了坚实的基础。

---

① 本刊记者. 科学理解马克思主义所有制理论——访中国人民大学周新城教授 [J]. 马克思主义研究, 2018（4）: 14 - 23, 43.
② 马克思恩格斯全集: 第 24 卷 [M]. 北京: 人民出版社, 1972. 44.
③ 邓正阳. 论农村土地产权制度与家庭联产承包责任制 [J]. 社会主义研究, 2016（1）: 98 - 104.
④ 吴江, 张艳丽. 家庭联产承包责任制研究 30 年回顾 [J]. 经济理论与经济管理, 2008（11）: 43 - 47.
⑤ 数据来源于国家统计局官方网站。

第二章

风风火火闯九州

第三则 农民兄弟爱进城

题记：J.K. 罗琳在哈佛大学毕业典礼上曾问道："在这个世界上过着十分优越生活的人们，有没有从生活最困难的人们身上学到一些东西？"而这一问题并不是语言上的修辞，你必须用行动来回答。在中国的改革开放中，城市要回答乡村，城市人要回答农民和农民工。7亿中国农民，在中国的建筑行业中占80%，在制造业中占60%，在服务业中占50%，总体数量高达2.3亿人。[①] 不仅如此，农民兄弟还是我们日常生活物资的供给者，是被忽略的中国骄子。本文讲述了两个农民兄弟进城打工的故事，他们是农民工群体中的普通一员，但中国经济的腾飞正是由这样的无数渺小个体造就的，他们是最可爱的人！

候鸟式打工

20世纪80年代中后期，中华大地兴起这样一种风潮，农民兄弟喜气洋洋地奔赴长三角、珠三角等东南沿海经济发达的地方。王伟就是其中一例，他来自河南省中部的农村，在老乡大鹏的介绍下，带着梦想来到了广东珠海的

---

① 我国内需不足的根本原因：权力分配失衡[C]//中国社会保险学会，台湾社会福利学会. 第四届"海峡两岸农村社会保险理论与实践——社会养老服务"研讨会会议文集，内部资料，2014：21.

一家电子厂。这是小王首次离开家乡,而且一走就是上千公里,他和大鹏买的是站票,坐上绿皮火车,经过16个小时,再转两次大巴才能来到工厂。一路上疲惫不堪,他很想倒地就睡,但到处都是人,连落脚的空地都没有。春节期间这趟去广东的列车的旅客真是太多了,这趟车从河南省省会郑州始发,到了他的家乡驻马店就已经满员了,而且一路上经过湖北、江西,陆陆续续有人上车,到了广东地界,这些人陆陆续续下车。

进入珠海市区,已是夜晚,他们坐上公交车前往工厂,宽敞的马路两侧灯光明亮,高楼大厦耸立。小王此时倦意全无,他看呆了,这里和他家的小乡村是天壤之别。他第一次看到电灯,看到汽车,看到高楼,看到穿着时尚的人们。他的老乡大鹏告诉他,让他好好干,这里比种田强多了。大鹏说他去年一年就赚了3000多元,比一般城市工人的工资还高。他准备再干两年,把家里的土坯房换成砖瓦房,给父母建个宽敞的房子。

经过半个小时的车程,他俩来到了工厂,一排排车间整齐划一,操着各种口音的打工者在工厂周边散步、聊天。他们来到了宿舍,一间大约10平方米的平房里住了6个小伙子,年龄都在20岁至30岁之间。床铺是上下铺,他的老乡大鹏住在他的上铺,其他四位室友有两个来自四川,一个广东本地的,还有一个来自甘肃,他们都是初中毕业,没有考上高中,在家种庄稼又心有不甘,于是寻求机会前往城市淘金。他们在一起聊得很投机,就是大侃如何赚钱、实现自己的梦想、改变家庭贫困状况,他们相处得很融洽。

大鹏因为在家上过技工学校,被安排到电路焊接车间。小王刚来到这里,被安排到成品包装车间,其他几位室友也被安排到不同的车间,如切割车间、组装车间等。这家工厂在珠海属于中等规模,厂子的老板是香港人,主要生产电子钟表、小型无线电设备等,产品主要出口到印度及东南亚地区,销路很好。

到了年底,小王和大鹏带着丰收的果实回家过年。小王赚了1500元,这个数目在当年农村算是大钱了,比当地的一般技术工人都高很多。工厂只批给他们7天假,因为厂子订单很多,老板让他们及早赶回,并给他们安排了一项特殊的任务,就是拉一些懂技术、耐吃苦的老乡来厂子里干活。每介绍一个人,老板给200元奖励,而这200元顶小王一个月的工资。

春节过后,小王喊上自己的表弟一起踏上了南下的火车,他们打工的队伍越来越大。而且，随着父母年龄的增长，家里的农田也需要他们照理，每到播种和收割季节，他们都得请一周多的假，回去帮助父母干些重活。这种候鸟式的打工日子年复一年，直到有一天，厂子老板说现在电子技术发展得太快，厂子的产品无法应对高新技术的竞争压力，实在扛不住了，就把大家解散了，每人发些补偿费便各自回老家了。

此时的小王回到老家，和父母短暂而幸福地团聚后，便又背上行囊前往另一座城市，追寻他的梦想，重复着候鸟式的打工生活。

路从来不止一条

20世纪90年代中期，小马从老家河北沧州的某个村庄来到北京，将家里的几亩地转给亲戚种了。文化底子薄又有点内向的他，思来想去还是要学门技术在手。就这样，他跟随同村的师傅一起进入了汽车维修行业，从前期苦活累活都干的学徒，到后来在一家4S店工作。那时候，4S店包吃包住，每月工资4500元左右，可为了攒钱，小马一整年只花了不到300元。

5年以后，他和老家的亲戚借了10万块钱，在五环外一家汽配城里，租了一个小小的门面，置办了器械，自己做汽车修理，老板是自己，员工也是自己。最初的时候只能接一些车辆保养的小活，小马是个老实人，给人做保养从不以次充好，这让他的利润微薄，每单也就挣个20来块钱。每天能有个七八单，恐怕都是运气特别好的时候了，最初日子的艰难可想而知。

慢慢地，因为口碑好，来找小马的客户越来越多，有时候4S店查不出来的问题，到小马这里也能手到擒来。经过这几年的发展，他手里已经有了稳定的客户群，在北京的日子好像就可以这么安稳下来了。

小马在老家结识的妻子跟随他一起来到北京，很快就怀孕了。妻子并没有工作，而是一直负责照顾孩子。如今他们的儿子已经4岁了，一家三口租住在汽配城附近一间小小的自建民房中。开店前几年的结余比较少，用了3年时间，小马还完了开店所欠下的债务。稳定后，小马平均每月的净收入大约有1万元，因为日子过得节约，每月可以攒下大部分。

本以为日子就这么越过越好，可就在去年，小马的父亲得了一场病，治疗费用就花去了十几万元。小马的哥哥一直在老家务农，手里根本没有什么存款，这笔钱几乎都是小马支付的。小马本来答应了要休假十几天，带着妻子、孩子出门旅游一趟，而今年可能他们期盼已久的旅游计划又要泡汤了，因为他们赖以生存的汽配城要拆迁了……

"接下来怎么办？还要留在北京吗？"妻子哭着问道。"还要留在北京，再找店面接着干！"小马回答得坚定又有力。但提起新店面的寻找，其实还是问题多多。"新店位置不能离这儿太远，否则老客户肯定就不会再来了。"同时，如今门面的租金也让人望而却步。但如果回老家，生存仍旧是一个问题。县城生活水准低，汽修很难有发展空间。如果没有北京的几年，父亲治病的钱恐怕会是一家的难题。所以，尽管面临诸多困难，还是要留在北京，这是小马的必然选择。

而让小马高兴的是，开店这些年认识的一些老客户，听说他要重新开店，出于对他的信任和对汽修行业的看好，纷纷表示愿意投资入股，这下子最困难的资金问题竟然迎刃而解了！最终，一个搞建筑的老乡答应小马，用他的底商当作店面，前一年租金免除，让小马稳定客户并克服家庭困难；后续利润按四六开，小马拿六成。小马对这个老乡甚是感激，决定要好好奋斗，不辜负老乡对他的信任。

经过几年的发展，小马现在已经变成马老板，在北京有房有车，并且成为全村人的榜样。每每过年，马老板都非常慷慨，邀请全村人一起吃年夜饭，并鼓励村里的年轻人要敢闯敢拼，人生的路不止一条，只要努力就会有收获。

政策分析

一、政策背景

自20世纪80年代，我国进入改革开放新时期以来，农民工的兴起和发展经历了曲折、漫长的过程。大体可分为5个阶段[①]：从严禁农民流向城市到允许农民进城，再到控制农民流转规模及合理引导农民流动，到最后的放开并支持鼓励农民自由流动。每一个阶段都是基于当时独特的经济背景，国家

---

① 盛昕. 改革开放30年中国农民工政策的演进及发展[J]. 学术交流，2008（4）：21-24.

也出台了相应的政策制度并予以实施。

表2-1 农民工进城政策回顾

五个阶段	经济背景	政策措施
严禁农民随意流动	一大批青年知识分子返回城市，同时大批下放职工落实政策，全国约2000万人亟须就业。	国家出台政策，要严格控制农村的劳动力流入城市，严格控制对农村劳动力的使用，同时严格控制农村人口转为非农村人口。
允许农民自由流动	城镇经济逐渐恢复，随之而来的是人民生活水平的提高。产业结构也由偏重工业向轻工业和服务业转化，使农民有了更多的就业机会，在这一阶段，农民收入增长比较缓慢。农村呈现出大量的剩余劳动力，因此如何实现就业就变得更加迫切。	国家明确规定，指出要在各级政府的统一管理下，使农民进城开店放开，包括兴办服务业，提供各种劳务等。
严格控制农民流动	在这一时期，城市经济呈现出过热现象，主要表现为乡镇企业发展缓慢，农村生产滞后，1989年仅一年时间就有三四千万农民拥入城市。	1990年4月，国务院发布通知，要求对农民进城务工人员实行有效控制和严格的管理，并开始建立起临时务工许可证和就业登记制度，以防止农村劳动力盲目流入城市。
引导农村农民流动	1992年，邓小平进行了"南方谈话"，提出建立社会主义市场经济体制，而劳动力作为市场的重要因素，在市场的条件下可以进行自由流动。	除了鼓励和引导农村的剩余劳动力向非农产业转移，能自由流动之外，公安、劳动等部门又同时放开了户籍管理、流动人口管理和劳动就业的一些规定，使农民进入城市的数量急剧增加，到1998年已多达1亿人左右。
彻底放松农村农民流动	党的十六大以来，农村劳动力的转移进入了一个高速、健康、正确发展的轨道之上，由之前农民自发、无序地转移变为在政府的组织、支持和指导下，积极有序地进行转移。	从中央到地方，经过出台诸多政策，加之采取措施和逐步改革，逐渐取消农民工进城的障碍，为农民进城务工和定居创造了有利的条件。近年来，中央已经把农民工的相关问题作为劳动政策的主要内容，并将其纳入政策的范畴，以维护农民工的正当权益，并出台了相关政策。

来源：作者绘制。

二、政策内容

进入 21 世纪以来,我国政府对农民工进城务工高度重视,颁布了一系列的政策法规来保护农民工的相关权益,包括以下几个方面。

第一,2003 年 1 月,国务院发布《关于做好农民进城务工就业管理和服务工作的通知》(国办发〔2003〕1 号)文件,文件中提出"公平对待、合理引导、完善管理、搞好服务"的政策原则,规定了包括以下 6 个方面的政策内容:①要取消针对农民工的一些歧视性政策规定以及对其不合理的收费等;②注重解决拖欠克扣农民工工资的问题,着重保障农民工的合法权益;③要注重解决好农民工子女义务教育的问题;④要对农民工进行专业职业的培训;⑤注重改善农民工在城市里的居住条件和工作环境;⑥农民工进入城市务工以后,要对其搞好跟踪服务,保障好各方面权益。在这一政策之后,国务院又发布了"国办发 78 号""国办发 79 号"文件,对以上文件进行补充,主要是对农民工子女的义务教育和农民工技能培训等问题做了专门的规定。

第二,2004 年,"进城就业的农村劳动力已经成为产业工人的重要组成部分"在中央一号文件中被首次提出,正式把农民工列入产业工人队伍。11 月 10 日,温家宝同志主持召开国务院常务会议,听取了劳动和社会保障部门关于要进一步做好改善农民进城就业环境的工作汇报。会议提出,各级政府要把改善农民工的就业环境作为一项重要职责,在实际生活中切实维护农民工的合法权益。

第三,2005 年,国务院进一步发布改善农民工进城务工就业环境的相关文件。同时,国务院领导围绕着解决农民工问题做出重要批示,要求国务院研究室对农民工问题进行全面、系统、深入的调查研究。在此之后,有关部委先后到 11 个省区市进行相关调研。在实际考察中,对企业和居住地、农民工培训场所、劳动力市场、社会保险经办机构等地方召开各种类型的座谈会,经过十个多月,在深入调查、集思广益的基础上形成了《中国农民工调研报告》。这一报告通过总结近年来我国各地各部门加强农民工管理和服务的相关做法和经验,探讨了解决农民工问题的基本原则和政策建议。

第四,2006 年,中共中央国务院发布一号文件《关于推进社会主义新农村建设的若干意见》，提出要"保障务工农民的合法权益"。3月27日，国务院颁布《关于解决农民工问题的若干意见》，这一关于农民工的第一份系统的全面的政策文件，涉及农民工工资、就业、技能培训、劳动保护、社会保障、公共管理和服务、户籍管理制度改革、土地承包权益等多方面的政策措施，提出了解决农民工问题的七大主要政策：①抓紧解决农民工工资偏低和拖欠问题；②依法规范农民工劳动管理；③搞好农民工就业服务和职业技能培训；④积极稳妥地解决农民工社会保障问题；⑤切实为农民工提供相关公共服务；⑥健全维护农民工权益的保障机制；⑦促进农村劳动力就地转移。

同时，规定了6个方面的配套服务，包括：①取消针对农民工的歧视性政策规定以及不合理收费等；②解决拖欠扣留农民工工资问题，保障农民工权益；③解决农民工子女义务教育问题；④对农民工进行职业培训；⑤改善农民工在城市的生活居住条件和工作环境；⑥对农民工进城务工搞好跟踪服务。

第五，2014年，国务院印发《关于进一步做好为农民工服务工作的意见》（国发〔2014〕40号），强调在以下4个方面重点做好工作：①着力稳定和扩大农民工就业创业；②着力维护农民工的劳动保障权益；③着力推动农民工逐步实现平等享受城镇基本公共服务和在城镇落户；④着力促进农民工社会融合。

第六，2016年1月，国务院办公厅印发《关于全面治理拖欠农民工工资问题的意见》。意见要求，要以建筑市政、交通、水利等工程建设领域和劳动密集型加工制造、餐饮服务等易发生拖欠工资问题的行业为重点，健全源头预防、动态监管、失信惩戒相结合的制度保障体系，完善市场主体自律、政府依法监管、社会协同监督、司法联动惩处的工作体系。到2020年，形成制度完备、责任落实、监管有力的治理格局，使拖欠农民工工资问题得到根本遏制，努力实现基本无拖欠。

三、政策效果

这一系列的政策措施使农民工进城务工就业有了一定的保障，农民的收入也由此增加，并且通过将农民工列入产业工人队伍，显著改善了农民工的就业环境，提高了农民工的生活水平，切实维护了农民工的合法权益。① 同时，农业经济结构实现了进一步调整，城镇化得到了进一步发展，城市经济和社会持续繁荣发展，使我国的国民经济保持了快速健康的发展趋势。随着经济社会的发展以及面临的不同问题，相关政策也不断出台和完善，为合理、规范、有序地推进农民工市民化提供了有效保障。

结语与思考

邓小平曾经指出，任何一个民族、一个国家，都需要学习别的民族、别的国家的长处，学习人家的先进科学技术。② 正是在这种理念的指导下，我们成功走上了改革开放的道路，干出了一番伟大的事业，开启了建设具有中国特色社会主义的建设之路。农民在这场改革运动中扮演着重要角色③，他们既在做关系人民温饱的米袋子的建设，也在为城市经济和第二、三产业做钱袋子的建设。他们在伴随中国经济增长的同时，也享受着中国经济的丰收果实。④ 从之前的贫困生活变成现在的小康生活，他们的历史足迹演绎出改革开放后中国农民风风火火闯九州的美好画卷。

在改革开放40年的历史进程中，我国的农民工对社会发展做出了充分贡献，主要体现在以下几个方面。第一，改变了千百年来农民依靠农牧业为主的收入结构，实现依靠打工获得收入，并且这种现象在不断增长。⑤ 第二，农民工成为城市财富的重要创造者之一，从城市中的高楼大厦，到纵横交错的道路桥梁，都是由农民工所建造，他们为改革开放创造了无限活力。同时，农民工也迅速融入城市服务行业中。第三，农民工成为我国人口活力的主要承载者，他们以劳动力低成本为显著优势，支撑起了中国制造⑥，并在一定程度上参与了世界经济的发展。

---

① 王绍光. 大转型：1980年代以来中国的双向运动 [J]. 中国社会科学, 2008 (1)：129-148, 207.
② 中共中央文献研究室. 邓小平思想年编：1975—1997 [M]. 北京：中央文献出版社, 2011：111.
③ 李刘艳. 改革开放40年我国农民市民化的演进机理研究 [J]. 经济体制改革, 2019 (1)：16-24.
④ 蔡丽华, 周柏春. 共享发展与农民工权利保障探析 [J]. 学术交流, 2016 (9)：58-61.
⑤ 杨华. 中国农村的"半工半耕"结构 [J]. 农业经济问题, 2015, 36 (9)：19-32.
⑥ 甘满堂. 低成本劳动力时代的终结 [J]. 福建论坛（人文社会科学版）, 2010 (2)：147-151.

第四则　城市喜迎新市民

题记：在市场经济环境下，人们都会以经济收益作为择业和生活的标尺，哪里工资高就去哪里工作，哪里生活美就去哪里定居。本文中的小郭见证了中国经济的发展，从亲身经历感受到自己身份的变化、自己亲人身份的变化。"小郭"是千万中国农民市民化中的普通一员，虽路径方式有所不同，但他们的选择是勇敢的、明智的，他们的这种行为推动了中国经济的滚滚大潮不断向前发展。

风雨过后是彩虹[①]

郭宏是天津市周边郊区的农民，他爷爷那辈从山东迁至天津，从此他们家就在天津扎了根。小郭的爷爷、父亲都是地地道道的农民，小郭的母亲是天津本地农家人，看小郭的父亲勤劳朴实就嫁给了他，一家三口过得和和美美。小郭所在的村子叫作"张家窝"，这里的土地是沙地，种植别的庄稼收成少，只好种植沙窝萝卜。也正是这种土壤造就了当地萝卜清脆、甘甜的口感，名誉四方。

21世纪初，天津的城市化进程和全国其他地区一样，开展得如火如荼。但是，城市发展需要土地，城市的土地资源有限，且早已被开发用尽。然而，城市化进程也不能停，毕竟是国家经济的发动机，那么向周边的郊区要土地便不可避免。

那时，正好是2003年5月，全国笼罩在"非典"疫情的阴影下，人心惶惶。"张家窝"的农民百姓，在这一个月更是惆怅和迷茫。因为按照市里规划，他们这边要建一个国家级经济开发区，重点发展高新技术产业，帮助天津经济结构转型。按照要求，"张家窝"村民必须在2003年5月30日前全部

[①] 本故事系结合当时经济背景编撰，地名、人名属虚构。

迁移，政府在附近为农民修建了保障性住房，享受当地市民待遇。等开发区建设完成后，政府优先考虑解决这些村民的就业和发展问题。

但是，村里的老人们对这一举措持有不同意见。他们认为村里人都是老老实实的农民，不会经商做生意，更没有技术去当工人。土地是他们唯一的饭碗，丢了地就等于要让他们饿死。他们坚决反对拆迁和土地征收。

小郭的父亲就是这些反对派中的一员。小郭虽然是农民出身，毕竟也接受过教育，在大城市里闯荡过。他高中毕业以后，没有考上大学，先在村里和父亲种了两年地，但是坚持不下来，他认为种地太辛苦，还赚不到钱。他的几位同学在市里随便找个活儿，几个月工资就赶上全家一年的收入了。小郭在同学的推荐下，考了驾驶证，在市里一家出租车公司干起来了。小郭年轻能干，每天跑不下10个小时，一个月也能赚到6000多元，比他家那几亩地一年的收入都高。

见过世面的小郭就劝父亲，他说："国家看中咱'张家窝'是咱们的福分，你想现在全国都在搞经济建设，只有经济发展了我们老百姓的日子才能好起来，为啥村里人没有城市人有钱，就是因为我们土地种庄稼卖不上好价钱，不值钱。而且，国家也没亏待咱，拆迁以后，基本每家每户都能分到2套房子，这些房子要在市区卖可是好几十万元呢。这些钱可是咱一辈子不敢想的哦。另外，政府每年给予每家按人口数2000元的生活补贴，直至协助找到工作，这些钱足够我们一家生活了。"

小郭的这番话，说到了点子上，老郭略微地点点头，心想：社会变了，我们的心也得跟着变，我们活着不就是为了下一代好吗？但老郭还是故意板着脸说："你这小王八羔子，老子都是为你们考虑，以后你要是没地了，养不活自己别怪你老子没提醒你，这事你可得想好了。"小郭一看老爹说这话，自然明白他的意思。

后来，村里在小郭等一批年轻人的带领下，顺利地说服了家里的老人。"张家窝"拆迁工作如期完成，保障了国家级经济技术开发园区的建设。

几年以后，这里的园区建成了。就在"张家窝"社区的旁边，政府还为"张家窝"修建一个漂亮的湿地公园，老人们每天在这里散步、打拳、下棋，俨然一副城市居民退休生活的状态。这里入驻了好多企业，村里人按照政府的安排都过去打工了。虽然干的都是一些累活，但收入毕竟比种地多很多，家家户户的生活都比以前改善了。

每到过年，村里人都要举办一次百家宴，全村老老幼幼聚在一起。村支书也换了称呼，叫张家街道办主任了，"张家窝"改称张家社区了。每次宴会上老村长都要唠叨两句："我们张家窝要感谢党的政策啊，国家发展了，我们小家才幸福，这几年我们张家窝人的日子一天比一天幸福，后代们也都有闯劲，我们看到希望了。"

夜幕下，人们走到这里，看到一排排高大的楼房耸立着，门口挂着"张家社区"，但谁曾想到数年前这里还是一片萝卜地。真是天翻地覆的变化啊！

不远千里来寻亲

2006年的春节，小郭开着新买的小汽车带着家人回到山东泰安老家过新春。这些年来，由于家里事忙，很少回老家过年。记得上一次回老家还是小郭上初中的时候。

经过近4个小时的车程，小郭终于和家人回到了自己的家乡泰安郭家寨。这个村子里80%以上的人家都姓郭。相传唐朝末年，郭氏祖先来此定居，到现在已经有1100多年了。

郭家寨在泰山山脚下，其先祖们在山脚下开辟了一块平整的土地，经过世代培育，这里已经是物产丰富的小乡村了。虽然每家地不多，但正像老祖宗说的，"靠山吃山，靠海吃海"。郭家的先祖们发现一条财路，就是给上山下山的游客挑行李，这也是泰山旅游的一大特色："挑山工"。

小郭小时候就跟父亲来过这里，自打爷爷过世以后，他和父亲便很少回来。爷爷临走时告诉他，一定要多回郭家寨看看，那里是你们的根，你有能力要多照顾你的族人。近十年没回，当小郭看到老家的模样时，他的心里五味杂陈，这里还是一片砖瓦房，道路还是崎岖而泥泞，近十年来基本没有太大改观。当问及同辈干啥时，他发现这里的工作机会很少，好多年轻人都在家闲着，偶尔去城里干干散工，也不是经常有好机会。

待了几天，小郭实在待不下去，就提前回去了。在城市生活惯了，感觉这里的一切都那么不方便、不舒服，交通不方便、吃喝不丰富，就连上厕所都感觉是城市里的好。走时，小郭和同辈相互留了联系方式，小郭告诉他们，在家里待厌了，可以去天津走一走，到时他请客。

春节过后，小郭的远房堂弟说想来天津找活干，小郭爽快地答应了。来了以后，小郭给他介绍当地的一个钢管加工厂，先从临时工干起，后来堂弟踏实认真，转为正式工了，收入也上来了。这几年，赶上国家大兴基建，厂子效益不错，小郭的堂弟美美地赚了一笔钱，已经开始琢磨在天津买房了，加入天津的蓝印户口，也方便孩子将来考大学。于是他就把父母、孩子都接了过来，泰安老家的土地就流转给了他的邻居，自己彻底变为了天津的城市人。

小郭老家一位叫哥哥的亲戚，他家的孩子有出息，考上了天津的南开大学。父母非常高兴，陪同孩子来天津打工，一方面可以照顾孩子，另一方面可以打点工。来了以后，托小郭的福在学校周边经营了一家小卖部，老两口每月都能赚3000多元，比家里种地强不少。

这个小孩大学毕业以后，进入天津一家国企工作，找了一位天津本地媳妇。这下父母可乐坏了，踏踏实实跟定儿子在天津过了，回去以后就把家里承包的土地退给集体，拿到一笔补助金扩充了店面，和儿子、儿媳妇安安心心地过上了城市生活。

在小郭的指引和帮助下，郭家寨的村里人陆陆续续来到城市发展，有的扎了根，有的赚了钱回去继续过乡土生活。

类似小郭这样的故事，在全国各个地方不断地上演着，这些微观群体的迁徙就业编织出一幅幅中国城市化的壮美画卷。

政策分析

一、政策背景

改革开放以来，国家已经出台了一系列户籍制度改革的政策措施[①]，这些政策措施取得了一定的成效，但并未能解决许多长期在城镇稳定就业的农业

---

① 王美艳，蔡昉. 户籍制度改革的历程与展望 [J]. 广东社会科学，2008 (6)：19-26.

转移人口和一些其他常住人口的落户问题，使得他们在教育、就业、医疗、住房等方面未能享受到与城镇居民同等的服务，由此社会对户籍制度的改革提出了强烈要求。① 为贯彻党的十八大以来关于进一步推进户籍制度改革的要求，实现在城镇稳定就业和常住人口的市民化，实现城镇基本公共服务常住人口的全覆盖，我国开启了新一轮户籍制度的改革。②

二、政策内容

我国政府充分借鉴国际经验，大力发展城市化和工业经济。改革开放 40 年，既是中国经济发展的 40 年，又是中国城市化的 40 年。③ 在这个过程中，我国政府不断调整政策，推进中国城市化进程。具体措施如下。

（一）户籍、社保制度改革

取消农业与非农业户口性质的区分，推行居住证制度。2014 年国务院发布《关于进一步推进户籍制度改革的意见》，其中提出，取消农业户口与非农业户口性质的区分，统一城乡户口登记制度，以及全面实行居住证制度，推进居住证制度覆盖全部未落户城镇常住人口，保障居住证持有人享有国家规定的各项基本公共服务和办事便利。取消农业户口与非农业户口性质区分，从名义上消除了城乡二元户籍壁垒，居住证制度的推广弱化了户籍的概念，减轻户籍制度对人口流动造成的阻碍。④

（二）统一城乡居民养老和医疗保险

2009 年和 2011 年，我国先后启动实施新型农村社会养老保险（新农保）和城镇居民基本医疗保险（城居保）试点，2014 年，统一为城乡居民社会养老保险（城乡居保）。2016 年开始，整合城镇居民基本医疗保险（城镇居民医保）和新型农村合作医疗（新农合），建立统一的城乡居民基本医疗保险

---

① 王瑜. 户籍制度改革的困境：理性利益主体的视角 [J]. 贵州社会科学，2017（3）：147 - 154.
② 欧阳慧. 新一轮户籍制度改革实践中的落户困境与突破 [J]. 经济纵横，2020（9）：57 - 62.
③ 肖金成，刘保奎. 改革开放 40 年中国城镇化回顾与展望 [J]. 宏观经济研究，2018（12）：18 - 29，132.
④ 黄庆畅. 全国取消农业非农业户口区分 [N]. 人民日报，2014 - 07 - 31（02）.

（城乡居民医保）。统一城乡居民养老保险和医疗保险迈出了统一城乡社保的第一步，提升了社保体系的公平，不断完善农民的医养保障。

（三）财政对社保等民生支出力度加大

各级财政对新农合人均补助标准从2009年的80元提高到2020年的550元[1]，2015年，全国城乡居民养老保险基础养老金最低标准由每月55元提高至70元，中央财政补贴标准相应提高。2016年，财政对教育、医疗、社会保障、住房保障等民生领域支出合计6.9万亿元，占财政总支出的37%。财政对民生支出占GDP的比例从2007年的5.4%上升到2016年的9.3%，财政在转移支付方面的作用日益凸显。[2]

（四）土地确权促进农业人口进城落户

新一轮农村土地制度改革实行"三权分置"。改革开放初期，我国在农村实行家庭联产承包责任制，将土地所有权和承包经营权分设，所有权归集体，承包经营权归农户。现阶段农村土地制度改革进一步深化，将农村土地承包经营权分为承包权和经营权，实行所有权、承包权、经营权三权分置。

2013年中央一号文件提出对农村土地进行确权，农村土地承包经营权确权在2018年基本完成。实行农村土地"三权分置"首先要确认权利主体。2013年中央一号文件提出用5年时间基本完成农村土地承包经营权确权登记颁证工作，加快包括农村宅基地在内的农村集体土地所有权和建设用地使用权地籍调查，尽快完成确权登记颁证工作。

土地确权促进土地流转加快进行。截至2016年年底，全国2582个县（市、区）开展了农村土地承包经营权确权试点，确权面积达8.5亿亩，约占农村家庭承包经营耕地面积的三分之二。[3] 农村土地确权、登记、颁证让农村土地产权更清晰，有助于减少纠纷，降低交易成本，促进土地流转。农村土地流转比例逐年上升，2016年农村家庭承包经营耕地流转比例超过35%。2016年10月30日，中共中央办公厅、国务院办公厅发布《关于完善农村土

---

[1] 数据来源于国家医疗保障局官方网站。
[2] 数据来源于国家统计局官方网站。
[3] 全面深化改革大数据（下）[J]. 领导决策信息，2017（32）：28-31.

地所有权承包权经营权分置办法的意见》，其中要求，不得以退出土地承包权作为农民进城落户的条件，以打消农业人口进城落户的顾虑。

未来人口转移方式将发生转变，除农民工进城务工之外，城镇新增人口还有其他几个来源。

（1）农村青少年进城读书。进城读书的农村青少年包括随迁子女和大学生。2010—2015年进城务工人员随迁子女从1167万人增长到1367万人，农村留守儿童从2272万人下降到2019万人，随迁子女相对于留守儿童比例从51.4%上升到67.7%。[1]

（2）城镇人口自然增长。农村青年人口不断转移到城镇，给城镇带来了更多新生儿。尽管农村存量人口转移变慢，城镇人口自然增长人数却比之前有所增加。2016年开始实行全面二孩政策，当年全国出生人口比2015年增加了131万人，创2000年以来新高。[2] 二孩政策主要影响城镇地区，将会提高城镇人口的出生率和人口增长率，未来新生儿将成为城镇人口的增长更重要的来源。

（3）城镇行政区划扩大。20世纪80年代开始，我国开始进行大规模撤县设市等行政区划调整。1978—2015年，地级市从98个增加到291个，县级市从92个增长到361个。行政区划调整推动了城市化率的上升。1997年国务院暂停了县改市申请，2000年以后，行政区划调整逐步减少，但2010年以来又开始了新一轮的撤县设区。

2015年新年伊始，历时30年的"暂住证"宣告退出历史，"居住证"制度全面实施，开启了农民工华丽转身的大幕。[3] 当2.5亿以农民工为主体的外来常住人口在城市奔波、奉献却又彷徨无着时，中央的一系列重大部署正在为他们中越来越多的人实现美丽而可触摸的"市民梦"。

2017年4月1日，中央设立雄安新区，标志着我国开始探索社会主义的城市建设新模式，必将为促进我国城乡融合、工农融合提供一个新样板。

---

[1] 数据来源于教育部官方网站。
[2] 数据来源于国家统计局官方网站。
[3] 钱雪亚，胡琼，苏东冉. 公共服务享有、居住证积分与农民工市民化观察[J]. 中国经济问题，2017 (5)：47–57.

三、政策效果

以上的利好政策表明：农民工融入城市的藩篱正在加快拆除，新老市民的待遇鸿沟可望逐渐被填平，以人为核心的城镇化正在提质升级。

表2-2 城乡融合政策简要回顾

时间	政策文件	内容
2009年	《国务院关于开展新型农村社会养老保险试点的指导意见》（新医保试点启动）	不断推进医疗服务体系改革、医药供应领域改革、医药保障领域改革。
2011年	《国务院关于开展城镇居民社会养老保险试点的指导意见》（城居保试点启动）	城镇居民养老保险制度实行社会统筹和个人账户相结合，这意味着城镇非从业居民"老有所养"有了制度保障。
2013年	《中共中央国务院关于加快发展现代农业进一步增强农村发展活力的若干意见》	进行土地确权，计划用5年时间基本完成农村土地承包经营权确权登记颁证工作。
2014年	《关于进一步推进户籍制度改革的意见》	取消农业户口与非农业户口性质区分，从名义上取消了城乡二元户籍壁垒。
2014年	《国务院关于建立统一的城乡居民基本养老保险制度的意见》	覆盖城镇户籍非从业人员，城居保的资金来源除个人缴费外，还有政府对参保人缴费给予的补贴。
2016年	《国务院关于整合城乡居民基本医疗保险制度的意见》	提出整合城镇居民基本医疗保险和新型农村合作医疗两项制度，建立统一的城乡居民基本医疗保险制度。
2016年	《关于完善农村土地所有权承包权经营权分置办法的意见》	不得以退出土地承包权作为农民进城落户的条件，以打消农业人口进城落户的顾虑。

来源：作者绘制。

结语与思考

这是新城市文明崛起的时代，开放共生是这个时代的主题。城市正以开放的姿态迎接新市民。新老市民之间日渐呈现出一种共生互荣的关系。① 这是城市活力的释放，也是新城市文明包容性发展的表征。

拥抱新市民，城市相关制度安排须配套设置，稳步优化、精化、细化。② 目前，全国 31 个省区市均已出台居住证制度，超过 20 个省区市已明确提出从居住证到户口通道的制度设计。然而，在推进公共服务均等化的过程中，城市资源承载力的有限性与城市文明的公平性之间的矛盾将凸显出来。为此，城市发展的制度设计应着眼长远，精细实施，以梯度赋权为路径渐次提高居住证的含金量和福利起点，统筹推进土地、财政、教育、就业、医疗、养老、住房保障等领域配套改革。③ 放宽新市民准入门槛，在保证公共服务水平稳步提升的基础上，实现对全体居民平等的"市民待遇"。④

拥抱新市民，还需要探索社会化、人文化的"暖政"，让新市民能真正融入城市，最终找到精神家园。较早探索积分制落户的广州市最近又启动了"来穗人员融合计划"，创建来穗人员共治议事会等⑤；宁波市向新市民发出学习总动员，给每个市民素质工程点都设立了一个流动读书站，实施 5 年来已使许多新市民在阵阵书香中不断缩小文明的差距。⑥ 无疑，诸如此类的创新之举有助于增强新市民的归属感和责任感，体现城市的精神维度和人性温度。

拥抱新市民，共建并共享，生活更圆梦！

---

① 刘康．关于城乡统筹中如何促进新老市民和谐相处的思考［J］．探索，2008（5）：116 – 119.
② 徐振强．我国"新市民"政策沿革及其促进中小城市实现人口规模化集聚的启示［J］．小城镇建设，2014（6）：61 – 68.
③ 张玮，王琼，缪艳萍，等．大城市外来人口离"市民待遇"还有多远？——以上海市居住证制度为背景［J］．人口与发展，2008（4）：52 – 56，20.
④ 张明斗，王姿雯．新型城镇化中的城乡社保制度统筹发展研究［J］．当代经济管理，2017，39（5）：42 – 46.
⑤ 生活在广州 感受零距离服务［J］．国际人才交流，2016（9）：43 – 45，72.
⑥ 华东杰．城市公共阅读体系建设研究——以宁波市为例［J］．图书情报导刊，2018，3（8）：16 – 19.

第三章

迎接资本新时代

第五则　总书记走进合作社

题记：我国的农业生产力随着科技的发展取得了长远进步，而"两权分置"下的"家庭联产承包经营制"却固守着小农生产模式，影响了我国的规模农业、现代农业的发展。本文通过习近平总书记近几年的调研足迹，捋清我们农村改革的路线，依托土地流转路径发展农业合作社等，才能尽早实现我国的规模农业、现代农业，进而圆了农民的富裕梦、国家的强农梦。

总书记心系农和地[①]

2013年7月22日，湖北武汉阴雨绵绵。这个季节对于武汉这座水城来说，下雨就是家常便饭，尤其是到了夏季，这里经常雷雨交加，水患不断，不下雨时这里是全国有名的火炉。

习近平总书记来武汉之前，其行程早已确定。其中重要一站是前往武汉农村综合产权交易所进行考察。这一综合产权交易所是在武汉市人民政府的批准下依法设立的，主要为农村各类产权流转交易提供重要的场所、设施，为发布信息、组织交易等提供服务，并履行产权交易鉴证职能等，为当地农

---

① 本故事中的人名和具体细节均为结合当时的经济背景虚构的。

村经济的发展和农民土地房产的流转提供了极大的便利。①

李明是武汉农村综合产权交易所的一名工作人员，他负责给习近平总书记讲解农交所的工作情况。今天，小李穿着笔挺的西装，系上深红色领带，一双黑皮鞋擦得锃亮，看起来很帅很精神。小李将所里的情况向习近平总书记进行汇报，重点介绍了所里的业务模式。小李说：现在交易所主要有十大业务形态，包括农村承包土地经营权；农村集体经济组织"四荒地"使用权；农村集体经济组织养殖水面承包经营权；农村集体林地使用权和林木所有权；农业类知识产权；农村集体经济组织股权；农村房屋所有权；农村闲置宅基地使用权；农业生产性设施使用权、二手农机具所有权等产权交易。

李明指出，本市所辖农村集体产权依法转让、出租、入股、抵押或以其他方式流转交易的，必须在农交所进行，鼓励农民个人产权进场流转交易。

习近平总书记听完了农村产权交易所的基本情况之后，同工作人员和前来办理产权流转交易鉴证手续的农民进行了一番交谈，通过详细询问这一交易的具体流程，认为这是一个积极有益的探索。习近平总书记强调，进一步深化农村改革，完善农村基本经营制度，必须深入细致地研究农村土地所有权、承包权、经营权三者之间的关系，在土地流转过程中要充分尊重农民的意愿，保障基本农田和粮食安全，要朝着有利于增加农民收入的方向进行。②

当天下午，习近平总书记深入鄂州市水稻育种基地，向科技人员了解水稻新品种培育和推广情况。随后，习近平总书记来到长港镇峒山村，了解城乡一体化建设情况，并同部分村民进行座谈。③ 6位村民代表笑逐颜开、踊跃发言，把自己对农业、农村和农地的想法和总书记诉说。习近平总书记和他们亲切地沟通交流，探讨农地流转和农业发展经营。

习近平总书记此次武汉之行，主要想了解农地产权流转情况，这次出行

---

① 李军晶. 探索中的市场路径选择 [J]. 中国地产市场，2011（10）：64-65.
② 黄向东. 全面深化改革的理论基础与行动指南——学习中共中央习近平总书记考察湖北的一系列重要讲话 [J]. 湖北省社会主义学院学报，2013（5）：70-71.
③ 习近平：坚定不移全面深化改革开放 脚踏实地推动经济社会发展 [EB/OL]. 新华网，2013-07-23.

为当前的"土地确权"和"三权分置"的政策做了摸底工作。

再进小岗村取经

40余年前,小岗村一下子成为全国的焦点、各地农村的学习榜样,原因就是小岗村的18位村民冒着生命的危险,掀起了中华大地"家庭联产承包责任制"的大幕。①

在农村土地流转的新时代,国家领导人没有忘记小岗村,小岗村的发展依然被习近平总书记牵挂着。2016年春,习近平总书记再次前往农村调研,这一站他选择了安徽省凤阳县小岗村。在安徽调研期间,习近平总书记和当地市、县领导,小岗村"两委"班子的成员、带头人以及村民代表进行了密切的交谈。

在充分听取大家意见的基础上,习近平总书记发表重要讲话,指出小岗村是农村改革的重要发源地,在小岗村大包干等农业生产责任基础上所形成的以家庭承包经营为基础、统分结合的双层经营体制,是我们党在农村政策的重要基石。

习近平总书记指出,当前现代化建设的短板仍然在农村,不仅如此,农村还是全面建成小康社会的短板,因此,全党必须高度重视农业、农村、农民问题,全面做好"三农"工作,在解决"三农"问题的过程中,使农业、农村、农民展现出新的成效。当前,解决农业农村发展的各类矛盾和问题,最根本要靠深化改革,而新形势下全面深化农村改革,处理好农民和土地的关系是一条主线。我们的政策,最根本的就是必须坚持和完善农村基本经营制度、坚持农村土地集体所有、坚持家庭经营基础性地位、坚持稳定土地承包关系,将土地承包经营权登记制度抓紧落实,使农民能够真正吃上"定心丸"。

习近平总书记强调,坚持完善农村基本经营制度,要坚持顺应农民的自身意愿,包括保留土地承包权、流转土地经营权等,要实现承包权和经营权的分置并行,在农民意愿的基础上,把农民土地承包经营权分为承包

---

① 王郁昭. 中国改革从农村突破:包产到户及其引申 [J]. 改革, 2008 (8): 5-13.

权和经营权两个部分。这体现了在农村改革中的一次重大制度创新。同时，放活土地经营权，推动土地经营权有序流转，必须把握好流转、集中、规模经营的度，要实现其与城镇化进程和农村劳动力转移规模相适应、与农业科技进步和生产手段改进程度相适应，与农业社会化服务水平提高相适应。必须尊重农民的意愿并在此基础上切实维护农民的根本利益，要把选择权交到农民手中，由农民自主进行选择。党和政府可以进行示范或者领导，但不能进行强制性的命令、不能搞一刀切。总而言之，必须坚持由农村集体所有制来进行改革，无论具体怎么去改，都不能改变农村集体所有制、不能减少耕地、不能削弱粮食的生产能力、不能损害农民的利益。① 这就是后来我们所说的农村经济体制改革的底线——"四个不能"。

在座的村民心里感到阵阵暖流，习近平总书记的话给了他们更大的信心，小岗村继续发扬敢拼敢闯的勇立潮头精神，在"土地确权"和"三权分置"政策保障下，小岗村做好土地流转工作，以提高农业发展为导向，以提升家庭经济收益为目标，引进农村短缺的资本、技术、管理等短板，力争早日实现农业的规模化、现代化。②

总书记走进玖成社③

2016年5月，中国东北的抚远市喜庆洋洋，虽然是春寒料峭、乍暖还寒的季节，但人们心中热浪滚滚，因为他们迎来了一位来自北京的重要人物，这位重要人物就是习近平总书记。

老张是这些人中最开心的，因为一会儿他会和习近平总书记面对面交流玖成合作社的运作情况。老张这辈子没有见过什么大人物，见过的最大的官也就是村里的村长，他这辈子连做梦都没有想到有可能与习近平总书记握手。想起过去，老张感谢现在的好生活，感谢党的好政策。他小的时候正赶上三年困难时期，他的家乡虽然影响小，但挡不住浮夸风的影响，村里的粮食基本上都上缴了，留给每家每户的并不多，那几年一直没有吃

---

① 源自2016年4月28日习近平主持召开农村改革座谈会上的讲话。
② 李锦柱. 继续发扬敢闯敢试、敢为人先的小岗精神[J]. 党建，2018(4)：12-13.
③ 本故事根据相关新闻改编，人物和情节均属虚构。

饱过。这些童年的阴影一直留在他记忆中，挥之不去。改革开放以后，他已经成了家，赶上村里承包土地，他家四口人分了不少地，一家的日子过得一天比一天红火。

等孩子长大了，老张感觉用钱的地方太多了，孩子上学、父母养老，还有孩子要成家买房子，这些负担压在老张身上，使老张感觉生活的压力越来越大。这几年，粮食虽然丰收，但收入却没怎么增加，其他商品的价格一直在涨，尤其是现在村里兴起在城里给孩子买套房子，这些事让老张这些年一直没睡好觉。

突然有一天，几个农民拉上老张喝酒，说现在国家提倡发展农业合作社，走规模农业、现代农业的发展路子，外面有些地方的效益还不错，当地有企业要流转我们的土地，让我们拿土地入社，一起搞农业现代化，我们几个要不试一试？这事正中老张下怀，现在的生活就像死水一潭，死马就当活马医，说不定还能干成点啥。于是说干就干，老张把自家的土地流转至玖成合作社，这是一家专门从事水稻种植的专业合作社，加上现代化的科技手段和机械化生产工具，玖成水稻种植合作社还真干出来个样儿。合作社有专业化人才，懂生产、会经营，每年的效益比传统种植手段高出30%～50%，而且是规模化生产，每位社员分到的钱比自己承包单干的效益要高不少。

玖成合作社在当地小露头角，方圆百里都在跟他们学着做合作社，今年连习近平总书记都过来调研了，这可把老张给高兴坏了。一会儿总书记还要亲自问他呢！

见到习近平总书记，老张的心突然间安静了很多。总书记看上去是那么朴实、和蔼，上来就和老张握手，问老张合作社是什么时候成立的，有多少亩地，社员多少，种植什么，经济效益如何，生产方面有没有困难等。这些问题对老张来说都倒背如流，自己天天干的事，记得最清楚。老张自豪地说："现在种地可方便了，都是高科技，种子育苗是机器操作，插秧也换成机器了，收割也是大型收割机，高效快捷。我们农民已经不再是面朝黄土背朝天了，大部分累活都可以让机器来干，现在感觉做农民真的很幸福！"

习近平总书记还问："今后有什么打算？"这个可难住了老张，他生怕说错话，但又不能不回答习近平总书记的问题。于是他就说："撸起袖子好好干，一天更比一天欢。"在场的人听到一阵哈哈大笑，原来这老张的政治觉悟还挺高。

最后，习近平总书记和社里的领导、市里的相关人员进行会谈，详细了解了当地土地流转和农业发展的现状。习近平总书记强调，黑龙江作为一个农业大省，首先必须注重经济的多元化发展，要在多元发展中使农民的生活水平不断提高。其次，要注重做好农业的精准补贴工作，将去库存、补短板有机结合起来。最后，在东北地区进行规模化的经营和发展，要坚持农业合作社的发展方向，只有坚持这一方向，才能把农业现代化的路子走得稳、步子迈得开。

习近平总书记调研完以后，全社的人都非常开心，没想到自己还能得到国家领导人的关心，这使得他们的干劲更足、拼劲更强。这也拉动了全市农民在这片黑土地上绘制出一幅社会主义农业合作社的现代化农业发展画卷。

习近平总书记的这次调研，也为中国农村土地流转模式指明了方向，农业合作社在实现中国规模农业、现代农业方面大有可为。

政策分析

一、政策背景

新世纪以来，尤其是中国加入世界贸易组织以后，中国农业在全球竞争中处于劣势[①]，主要表现在人均产量低、机械化水平低、化学农业和土壤污染等，这些劣势无法应对全球规模农业、现代农业、科技农业的发展趋势。"家庭承包经营制"下的"两权分置"（土地所有权归集体，土地承包经营权归农户）固化了"家庭小农"模式，且"集体所有制"和"家庭承包经营制"

---

① 马红坤，李言，毛世平. 提升小农竞争力：中国农业突围的现实选择及日韩典型经验 [J]. 经济学家，2020（2）：99-108.

已经将"家庭经营"的效率推向历史顶峰①,中国亟待寻求新的"人—地"模式,以实现农业规模化、现代化。

中国各地均在试点中探索,主要依托土地流转路径进行土地资源整合,为农业生产引进技术、资本、知识等。前文提及的农业合作社,是当前许多地方进行探索的一种模式,科学地处理了"人—地""农村—城市""农业—工业"的关系,在实践中取得了很好效果,获得了上下的一致认可。

二、政策内容

中央政府及各级地方政府高度重视土地流转工作和农业发展方向。本文以农业合作社的案例来说明,国家出台一系列政策来保障这种模式的发展,具体政策如下:

第一,加强规范化建设。对合作社加强"审查",对有名无实的农民合作社劝其申请注销退出,达不到规范化要求的合作社,不得承担财政投资项目,不得享受政府相关扶持政策。清理那些没有开展业务的合作社(僵尸合作社)、空壳合作社等,坚持农业合作社服务于农的正确方针。

第二,加强服务能力建设。鼓励发展联合社,扩大合作社信用合作试点,大力发展专业合作、股份合作等多元化多类型合作社。合作社发展信用合作,把农户的钱集中起来,可以解决农业发展所需的资金问题。因此,必须联合农民力量创新农业合作社模式,培育农民发展现代农业的"造血功能"。

第三,加强农业产业链建设。发挥合作社的组织功能,开展农产品加工流通、农业休闲观光业务,积极运用"互联网+"发展电子商务,注重培育农产品品牌,提高农产品附加值。在传统农业基础上,将科学技术、社会资本、文化理念、消费习惯等多种元素融入农业生产中去,打造一批特色农业、观光农业、休闲农业、农业生产体验等多种形式的现代农业新模式。

除以上外,还有税收优惠政策、金融支持政策、财政支持政策、涉农项目支持政策、农产品流通政策、人才支持政策等。

---

① 罗玉辉. 新中国成立70年农村土地制度改革的历史经验与未来思考[J]. 经济学家,2020(2):109-116.

表 3-1 合作社政策简要回顾

时间	政策文件	内容
2006 年	《农民专业合作社法》	支持、引导农民专业合作社的发展。
2006 年	中央一号文件	积极引导和支持农民发展各类专业合作经济组织,加快立法进程,加大扶持力度,建立有利于农民合作经济组织发展的信贷、财税和登记等制度。
2007 年	中央一号文件	各地要加快制定推动农民专业合作社发展的实施细则。
2008 年	中央一号文件	抓紧出台配套法规政策,尽快制定税收优惠办法,清理取消不合理收费。
2009 年	中央一号文件	加快发展农民专业合作社,开展示范社建设行动。加强合作社人员培训,各级财政给予经费支持。
2010 年	中央一号文件	大力发展农民专业合作社,深入推进示范社建设行动,对服务能力强、民主管理好的合作社给予补助。
2012 年	中央一号文件	充分发挥农民专业合作社组织农民进入市场、应用先进技术、发展现代农业的积极作用。
2013 年	中央一号文件	鼓励农民兴办专业合作和股份合作等多元化、多类型合作社。
2014 年	中央一号文件	鼓励发展专业合作、股份合作等多种形式的农民合作社,引导规范运行,着力加强能力建设。
2014 年	《农民专业合作社年度报告公示暂行办法》	合作社将实行年度报告制度,有利于农民专业合作社积累商业信誉,促进公平竞争。
2014 年	《关于引导和促进农民合作社规范发展的意见》	要求各级各有关部门把加强农民合作社规范化建设摆在更加突出的位置,把运行规范的农民合作社作为政策扶持重点。
2015 年	《关于加大改革创新力度加快农业现代化建设的若干意见》	积极探索新型农村合作金融发展的有效途径,稳妥开展农民合作社内部资金互助试点,落实地方政府监管责任。

续表

时间	政策文件	内容
2016年	《中华人民共和国国民经济和社会发展第十三个五年规划纲要》	稳妥开展农民合作社内部资金互助试点。
2016年	中央一号文件	加快构建多层次、广覆盖、可持续的农村金融服务体系,发展农村普惠金融,降低融资成本,全面激活农村金融服务链条。
2017年	中央一号文件	规范发展农村资金互助组织,严格落实监管主体和责任。
2017年	《关于加快构建政策体系培育新型农业经营主体的意见》	鼓励农民以土地、林权、资金、劳动、技术、产品为纽带,开展多种形式的合作与联合,积极发展生产、供销、信用"三位一体"综合合作,依法组建农民合作社联合社。

来源:作者绘制。

三、政策效果

通过一系列的政策措施,有效实现了支持、引导农业专业合作社的发展,同时进一步规范了农民专业合作社的组织和行为,使农民专业合作社及其成员的合法权益得到了有效保障,农业和农村经济的发展也得到了进一步推动。对农民来说,合法权益得到了有效维护,同时为农民提供了更低成本的便利化服务,因此极大地调动了农民的积极性、主动性和创造性。对农民合作社来说,有利于引导和促进农民合作社加快发展,增强了农民合作社的吸引力、凝聚力和向心力,推动构建新型农业经营体系,为现代农业提供坚实的组织支撑。对国家发展来说,实现农民合作社的规范发展,不仅有利于承接国家涉农项目、创新财政支农方式,也为国际经验提供了成功的借鉴。在政策的支持下,我国农业专业合作社数量不断攀升,2017年,据原国家工商总局统计,全国农民专业合作社数量有193.3万家,平均每个村有3家合作社,入社农户超过1亿户,占全国农户的46.8%。农民专业合作社已成为重要的新型农业经营主体和现代农业建设的中坚力量。2015年，农民承包土地流转至专业合作社的面积为9736.91万亩，占总流转面积的21.79%。[1] 从数据来看，农业生产合作社作为专业性和技术性较强的农业组织，其在农村土地流转上占据着较为重要的位置。

结语与思考

这是一个最好的时代，这是一个开放的时代，这是一个人类共同发展、互通有无的时代，这是一个人类命运共同体的时代。勤劳的农民在朴实的土地上勾画出一幅幅美丽的画卷，正如一首诗写道：

> 希望在土地上桃李满园芳；
> 用智慧用汗水收获美丽的秋光；
> 千年的风韵沧海碧波漾。
> 我寻觅我寻觅；
> 这厚重的土地沧桑的过往。
>
> 春潮一声声奏响青春的乐章；
> 鸟儿它告诉我幸福就在土地上；
> 沙暖睡鸳鸯鱼游水中央；
> 我们手牵手坚强不彷徨。
>
> 未来在土地上美好闪星光；
> 用激情用双手创造今天的辉煌。

而且，历史、现在与未来都永远见证一个规律："生产关系一定要适应生产力的发展。"过去，中国很弱、很穷，科技不发达，只能靠农民的汗水浇筑

---

[1] 数据来源：《中国农村经营管理统计年报2015》。

丰收的果实①；而今中国发展了，科技水平提高了，农业生产器具机械化了，那么农民就不用再靠畜力、人力了，这种高效率的生产工具必然要求与之相适应的土地组合模式，通过土地流转和农业合作社等路径予以实现。② 加强农业生产社会化服务，正是将科技、资本、技术、资金、技术等现代生产要素融入传统农业生产的全过程、全阶段，引领小规模农户步入现代化农业发展轨道、向现代小农户转变的重要途径。③ 建设现代农业，就是要构建新型农业经营体系，培养一支高素质"三农"人才队伍，解决农村土地"谁来种"的问题，并不断提高我国农业规模化、产业化、组织化、现代化和集约化程度，实现从农业大国到农业强国的转变。④ 在不久的将来，我们会看到："厉害了，我们的农业！厉害了，我们的国家！"

---

① 于金富，胡泊. 从小农经营到现代农业：经营方式变革 [J]. 当代经济研究, 2014 (10)：47-52, 97.

② 申红卫. 现阶段我国农村土地制度创新研究 [J]. 青海社会科学, 2012 (5)：25-29.

③ 刘合光. 乡村振兴战略的关键点、发展路径与风险规避 [J]. 新疆师范大学学报（哲学社会科学版），2018, 39 (3)：25-33.

④ 张秀生，单娇. 加快推进农业现代化背景下新型农业经营主体培育研究 [J]. 湘潭大学学报（哲学社会科学版），2014, 38 (3)：17-24.

第六则　农户家里添新证

题记：为什么我的眼里常含泪水，因为我对这土地爱得深沉。我相信："最理解农村土地的就是世世代代耕作的农民，他们和土地亦师亦友，相依为伴；他们安土重迁，不舍乡情。"本文故事中的老胡就是这些普通农民中的一员，他经历了中华人民共和国成立后土地的所有变化，这些变化决定着他们家庭的生活和乡村的命运，他对土地的理解是深沉的、透彻的。

深爱土地的老胡

胡老汉是陕西汉中一个山村的农民，他刚好在新中国成立的那年寒冬出生，父母给他起了一个名字叫胡建国。可以说，老胡见证了新中国成立后的种种变化。虽在这山沟沟里，家乡经历的变化却也不少。

说起汉中，或许知道的人不多，但这里却是一个文化历史悠久的名城。胡老汉挺喜欢自己的家乡，这里人文朴实，有山有水。胡老汉小的时候，赶上新中国的成立，村里农业生产年年有余，风调雨顺，自己家分的那几亩地，爷爷、父亲打理得很好，他们全家都能吃饱、穿暖。

那时候胡老汉虽然不知道什么叫好生活，但他依稀记得他的爷爷讲过："小宝（胡老汉的乳名）啊，你现在赶上好年代了，国泰民安，有吃有穿，天天睡安稳觉。你爷爷那年头啊，整天兵荒马乱、土匪强盗骚扰村民，土地荒芜，种的粮食都被当税收了。那时候吃野菜树皮，勉强维持生计，还整天提心吊胆，怕哪天就没命了。"

等到20世纪50年代末，老胡长大了、记事了，忽然有一段时间发现公社的人经常来村里考察，当时村里的大树上或屋顶上挂着大喇叭，喊道：

"激动人心的时刻到来了，××村亩产1万斤小麦！"

"新的纪录被突破了，××村小麦亩产12万斤！！！"

"××村皮棉亩产5千斤！"

"××村1亩山药120万斤！"

那时，老胡还天天去看热闹，看到村里贴的都是红标语，虽然不怎么认识字，但感觉这事挺好玩的。只是，没过多久，老胡就高兴不起来了，因为家里没饭吃了，不仅他们家，村里的其他家也都没有粮食吃，家家户户过着喝粥的生活。那时候，老胡突然感觉到了恐惧，他意识到了死亡的可怕。有一天，他和父亲去地里挖野菜，看到地里的场景，仿佛明白了什么。他问父亲，为啥我们不种吃的？让地里长野菜，野菜这么难吃。他童真的眼睛湿润了父亲的双颊。那一刻，老胡认为土地是个坏东西，让他们全村人没的吃。

短短几年过去了，村里的境况改善了，大伙一起去修水渠、建水库、拓荒开垦，这时已经长到一米五的老胡也跟随父母一起劳动，去赚取每天的工分，拿着粮票去队里食堂领饭。那时候的他，虽然人长高了，但还是"傻"，这是一个大他几岁的大哥哥给他的评价，这个评价令他至今记忆犹新。

后来，老胡又长了几岁，对于很多事情，他从不明白到好像理解了什么。有一天，队里组织村民挖沟，老胡也是其中一员，这一天老胡肚子有点不舒服，挖了一会儿就扛不住了，找个旁边的大树躺着。到了太阳晒醒他的时候，他看了看大家，好多人也东躺西坐地闲聊，不一会儿他们抬头看看太阳，一人喊道："中午了，开饭了，我们去吃饭了。"那一刻，老胡深深地看着这土地。

后来，到了20岁的时候，老胡和邻村的翠花结了婚，生了两个娃，大的是个女娃，小的是个男娃。这本该是一个幸福的家庭，但老胡整天闷闷不乐，他经常坐在地里发呆，思考着什么，他仿佛看到他的娃将来和他一样的生活。但他不希望，他期待着新生活的开始。

突然有一天，村里敲锣打鼓地喊村民开会，要求每户必须参加。等到村长宣读会议内容的时候，村民沸腾了。这一年正好是1983年，家家户户领到了承包合同，上面写着"承包期限15年"。回到家里，老胡美美地喝了一顿。

在连续的几年里，老胡家里的粮仓渐渐地满了，还换了不少钱，供两个娃娃上学，老胡觉得越来越有希望。这样的日子重复了一年又一年，老胡已经习惯了，他已经对这种生活满意了，至少和他爷爷相比，他是幸福的。

两个孩子长大以后，在当地成了家，家里就剩下老胡老两口，平常种粮孩子回来帮帮忙，收完以后他们就又出去打工了。好几次，儿子让老胡把土地流转出去，拿点土地租金就算了，别那么辛苦。老胡始终不同意，因为他对这土地理解得很透彻，也很爱家乡的这片土地。

土地有了身份证

到了2015年，已是古稀之年的老胡被一则消息震醒了。这一消息就是汉中市发放了首批农村土地承包经营权证，该市向全体村民发放烫金红色的"土地身份证"，老胡家就是其中之一。

确权那天，来了5个人，首先和老胡攀谈，问问老胡家里的情况、农业生产情况。其中一个戴着眼镜的小伙子告诉老胡，说中央又给农民出惠农政策了，给农民的土地承包经营权确权，让农民在土地流转经营、抵押贷款、入股分红等方面获得更多的收益，有利于开展适度规模经营，大力发展农业特色产业，实现农民增收致富梦想。另外一个女同志是本地人，好像是乡里派来协助确权的。她告诉老胡，工作人员已经收集了二轮承包台账、户籍、行政边界、1:2000数字正射影像数据、基础测绘成果、基本农田范围线、地力登记划分成果、国有用地红线、林权界线、土地调查成果、集体土地确权成果等资料。现在，工作人员正在进村入户开展摸底调查，收集核实二轮承包农户户籍、二轮承包台账等信息，并逐户签字认可。如果您有不明白的可以在这个环节向工作人员咨询；如果您没有异议，后续我们将进行实地勘量。

老胡听他们这么一说，似乎很快就明白了，因为他仿佛已经看到了这一天的到来。没过几个月，村长送来了老胡家的确权证，老胡将它紧紧地揣在怀里，对着老伴说了一句："我们要相信党，儿孙迎来好时代，儿孙自有儿孙福。我们也该为自己清闲几年了，让土地找他真正的主人吧……"

政策分析

一、政策背景

在推进第一、第二轮土地承包责任制的过程中，我国并没有建立起较为清晰完善、系统规范的法律来对我国农村的土地产权关系进行保障，导致在土地流转的过程中严重损害了农民的利益。① 经梳理，目前我国农村承包地地籍管理混乱的现状包括以下几个方面：

第一，没有一个清晰的登记农村土地的账目和一个有效的图账对应的农村地籍信息管理系统，政府无法清楚地掌握农用地的空间信息。

第二，村民之间、集体与个人之间不少遗留问题关系错综复杂，造成权属信息不明确。

第三，农村居民对其土地的产权没有证书依据。

二、政策内容

为夯实农村产权制度改革的地基，需要理顺农村现有产权关系。② 只有在厘清国家与集体经济组织、集体经济组织与村民之间的财产权利界限的基础上，才能构建起完整的农村资产财产权益体系，盘活农村生产要素，解放农村生产力。因此，对农村土地与房产的大规模确权登记，是农村产权制度改革的首要任务。在21世纪始，自《物权法》颁布以来，农村产权制度改革一直在路上。

第一，2008年10月，中国共产党十七届三中全会发布《中共中央关于推进农村改革发展若干重大问题的决定》，明确提出"健全严格规范的农村土地管理制度"，要求"搞好农村土地确权、登记、颁证工作"。

第二，2011年2月，农经发〔2011〕2号文件《关于开展农村承包经营权登记试点工作意见》发布，文件明确指出了承包经营权登记的主要任务，即"查清承包地块的面积和空间位置，建立健全土地承包经营权登记簿，妥善解决承包地块面积不准、四至不清、空间位置不明确、登记簿不健全等问题，把承包地块、面积、合同、权属证书全面落实到户，依法赋予农民更加充分而有保障的土地承包经营权"。

3月16日，"十二五"规划纲要发布，提出要搞好农村土地确权、登记

---

① 成金秀. 大通县开展土地确权登记工作的几点体会［J］. 农村经济与科技，2014，25（3）：43-44，72.
② 关锐捷，李伟毅. 以农村土地确权促进集体产权制度改革［J］. 毛泽东邓小平理论研究，2015（1）：1-3，90.

和颁证等相关工作，逐渐完善土地承包经营权权能，切实保障农民对承包土地的占有、使用和收益等权利。同时，在依法自愿有偿和进一步加强服务的基础上，完善土地承包经营权流转市场，多种形式地发展适度规模经营，并提出了"坚持最严格的耕地保护制度，划定永久基本农田，建立保护补偿机制，从严控制各类建设占用耕地，落实耕地占补平衡，实行先补后占，确保耕地保有量不减少"。

第三，2013年，中央一号文件《中共中央、国务院关于加快发展现代农业，进一步增强农村发展活力的若干意见》发布，提出要全面开展农村土地确权登记颁证工作。要求健全农村土地承包经营权登记制度，强化对农村现有耕地、林地等各类土地承包经营权的物权保护。提出要在5年时间内完成农村土地承包经营权确权登记颁证工作，并要求妥善解决好农户承包土地的面积不准、四至不清等问题，同时要求尽快进行农村集体土地所有权以及建设用地使用权的地籍调查，其中包括农村宅基地等，加快确权登记颁证工作的进度。

备受关注的土地承包经营权确权登记颁证试点于2015年再度扩容。根据部署，湖南、湖北、江西、江苏、甘肃、宁夏、吉林、河南、贵州9省区被纳入土地确权登记颁证试点范围。

表3-2 土地确权政策掠影

时间	政策文件	内容
2008年10月	中共十七届三中全会通过《中共中央关于推进农村改革发展若干重大问题的决定》	明确提出农村土地确权。
2009年	中央一号文件	稳步开展土地承包经营权登记试点。
2010年	中央一号文件	土地确权工作经费纳入财政预算。
2011年	《关于加快推进农村集体土地确权登记发证工作的通知》	力争在2012年年底完成农村集体土地确权工作。

续表

时间	政策文件	内容
2012 年	中央一号文件	稳步扩大农村土地承包经营权登记试点。
2013 年	中央一号文件	用5年时间完成土地确权工作。
2014 年	中央一号文件	可确权确地，也可确权确股不确地。
2015 年	中央一号文件	要确地到户，掌握确权确股不确地的范围。
2016 年	中央一号文件	继续扩大农村承包地确权登记颁证整省推进试点。

来源：作者绘制。

中国农村土地确权绝不是心血来潮，而是经过顶层制度的周密设计，坚持科学、规范、有序原则依次展开确权。经梳理，实践中的农村土地确权包括以下13个步骤：

1. 成立机构

省、市、县、镇成立农村土地确权登记颁证工作领导小组，村成立工作实施小组。农民朋友可以向所在地的镇、村相应机构了解土地确权进展情况。

2. 制订方案

各级结合当地实际，制订本地区确权登记颁证工作方案。村制订具体实施方案，并经本村集体经济组织成员会议表决通过后，在村务公开栏进行公示，公示期为7天，无异议后再具体实施。农民朋友请留意公示的实施方案，有异议的务必在公示期内提出。

3. 宣传培训

农民朋友可通过电视、广播、报纸、网站、公开信、宣传单、海报等多种方式了解农村土地确权的目的、意义及有关的政策、法规，积极支持、配合土地确权工作，争取自己应有的合法权益。

4. 收集资料

工作人员组织收集二轮承包台账、户籍、行政边界、1∶2000数字正射影像数据、基础测绘成果、基本农田范围线、地力登记划分成果、国有用地红线、林权界线、土地调查成果、集体土地确权成果等资料。

5. 摸底调查

工作人员进村入户开展摸底调查，收集核实二轮承包农户户籍、二轮承包台账等信息，并逐户签字认可。农民朋友可以在这个环节对不明白的政策性问题向工作人员咨询。

6. 制作底图

以集体经济组织为单位，勾绘农户承包地的权属边界，制作打印工作底图。

7. 外业调查

由镇、村工作组人员共同组成农户承包地指界小组，与承包户主或代理人现场共同指界确认承包户所属地块，形成有地类、地块编号、地块面积等信息的草图。

8. 内业处理

对外业调查数据和图件进行检查后，制作地块分布图（确认图）、农户承包地块空间方位示意图等、公示结果归户表、登记簿、合同等资料。

9. 张榜公示

集体经济组织将地块分布图、公示表盖章后进行公示，公示期限不少于7天。在公示期间，发包方和承包方提出异议的，工作小组会及时进行核实、修正，并再次进行公示，公示期限不少于7天。

10. 签印确认

公示无异议的，由发包方、承包方（代表）在农村土地承包经营权公示结果归户表和地块分布图（确认图）有关资料上进行签字盖章或签字按手印确认。

11. 审核颁证

村集体经济组织将有关资料逐级上报审核通过后，由县级农业行政部门向农户颁发加盖县级人民政府印章的农村土地承包经营权证书，并登记造册。

12. 归档建库

相关部门将确权登记颁证相关资料进行归档并集中保管，建立"农村土地承包经营权信息管理系统平台"。

13. 检查验收

确权登记颁证工作结束后，县（市、区）自行检查验收，地级以上市进行检查验收，省组织抽查。

三、政策效果

老胡的人生发展轨迹告诉我们：农民是智慧的，土地是朴实的，我们的政策改革应充分协调好"人—地"关系。土地确权是乡村振兴的战略基础，是解决"三农"问题的重要举措。[①] 这不是一场政治秀，中央政府拿出 300 多亿元财政专项补贴，是对土地确权寄予极高期望的。土地确权颁证之后，将可能为农民带来以下四大好处。

一是有利于强化物权保障。一经确权，农民就是土地承包经营权的物权利人，有利于依法保障农民的土地承包权益。

二是有利于强化承包农户的市场主体地位和家庭承包经营的基础地位，为巩固农村基本经营制度提供强有力的制度保障。

三是农民可用自己的权证进行抵押贷款。当前，因部分农民无法提供担保、没有足够的抵押物，贷款难问题较为突出。而确权登记颁证以后，随着相关政策的陆续出台，农民就可用自己的权证进行抵押贷款。

四是有利于明确土地承包经营权归属，为解决土地承包经营纠纷、维护农民土地承包的各项合法权益提供强有力的原始依据。

结语与思考

农村土地确权对促进乡村振兴和农业农村现代化有着重要意义。[②] 农村土地的确权颁证会促进土地的流转，土地逐步流入、聚集到种植大户、种植能手的手中，就会培育出一批家庭农场，这是以农户为主体的，也会催生出一

---

① 朱新山．中国农村土地确权进程、问题破解与乡村振兴［J］．毛泽东邓小平理论研究，2019 (12)：26-33，103．

② 关江华，张安录．农地确权背景下土地流转对农户福利的影响［J］．华中农业大学学报（社会科学版），2020 (5)：143-150，175．

批农业龙头企业开展经营。① 权属关系的稳定、财产权利保护的完善、土地流转中契约交易行为的规范降低了流转各方的风险，减少了流转过程中的模糊环节，增强了流转的稳定性。流转的周期也会更长一些，规模也会更大一些，参与流转的覆盖面也会更广一些，确权工作等于为这些产业主体的发展奠定了一个非常重要的基础和起点。新一轮的土地确权，必须给予农户清晰稳定的产权预期，激励农业生产者进行持续稳健的高水平的农业投资。② 在这个过程中，越来越多的农业劳动力将会被释放出来，投入非农业部门之中，实现农户劳动力的优化配置③，要准确把握和充分尊重土地流转中各方主体的利益诉求，找到矛盾焦点并解决问题④。

---

① 王士海，王秀丽. 农村土地承包经营权确权强化了农户的禀赋效应吗？——基于山东省117个县（市、区）农户的实证研究 [J]. 农业经济问题，2018 (5)：92-102.
② 应瑞瑶，何在中，周南，等. 农地确权、产权状态与农业长期投资——基于新一轮确权改革的再检验 [J]. 中国农村观察，2018 (3)：110-127.
③ 李江一. 农地确权对农民非农业劳动参与的影响 [J]. 经济科学，2020 (1)：113-126.
④ 李俊高，李俊松. 新一轮的农村土地流转：理论争论、实践困境与机制创新 [J]. 农村经济，2016 (1)：39-43.

第七则　小王多收一笔钱

题记：费孝通在《乡土中国》中写道："我们的格局不是一捆一捆扎清楚的柴，而是好像把一块石头丢在水面上所发生的一圈圈推出去的波纹。每个人都是他社会影响所推出去的圈子的中心。被圈子的波纹所推及的就发生联系。每个人在某一时间某一地点所动用的圈子不一定是相同的。"现在，农村的社区逐渐从之前的封闭变成现在的开放，从单一变得融合，新注入的血液通过圈子的力量与农民发生关系。下文讲的就是这个圈子里发生的土地关系，给农民带来了美好生活。

喜上加喜[①]

湖南省邵东县牛马司镇的江宏村宏模片区，多年前还是泥潭遍布，环境质量差，如今已呈现出一派美丽的景象。小王就是这个村里的村民，虽然外出打工多年，但家里的父母、儿时的玩伴、家乡的饭菜仍是他在外最牵挂的。小王目前在圆通快递上海分公司上班，这几年赶上网商的快速崛起，小王在老乡的介绍下进入了这个行业。由于快递行业在年底非常忙，所以他已经5年没有回家过年了。今年老板从老家调来几个年轻力壮的小伙子，特意给小王批了一周的年假，这不，腊月二十六小王就开车回家了。

说起今年过年，小王可真高兴了，家里的喜事一个接一个，真可谓喜上加喜。下面就让我们看看小王为啥这么高兴。

第一个喜

小王开着老板的汽车回到家乡，进入村口，就被家乡的变化惊呆了，涌入他心头的是无尽的喜悦，他不由自主地说了句："家乡变美了。"那我们就

[①] 本故事系结合当时的经济背景编写而来，人物、地点均属虚构。

陪同小王看看他的家乡有哪些变化。

小王走进了宏模片区，宽敞整洁的水泥道路映入他的眼帘。马路两旁，栽种了许多花草和香樟树，竖着一排排路灯。小王回忆道："以前我们这里全是泥土路，一下雨就没地方落脚，现在马路铺了水泥，强多了。"小王知道老家冬季雨水较多，害怕自己的车开不进去，眼前的景象让他的疑虑全部消失了。

回到家，小王发现家里安装了自来水管。他就问老爹，家里安装自来水管需要多少钱——他心疼老爹没钱，这几年他给父母的关照太少了。老爹笑着告诉他说："党的政策好，村里为保障居民用水方便，该片区家家户户都安装了自来水，既方便，而且水质好、口感好！"小王回想到过去，在他外出打工之前，水管还没有进入宏模，他家喝水要先走200多米路，到清水井打水用。如今，安装自来水管都是免费的，用水非常方便，一拧开关，水就"哗哗"地流出来了。小王看着这清澈的水流，心里暖洋洋的。

到了晚上，小王和父母吃晚饭。今天的小王非常高兴，就和老爹喝了点当地的浏阳河酒，家乡的饭菜、家乡的美酒、家乡的井水，让小王饱饱地美餐了一顿。饭后，小王看到母亲换了件宽松的衣服出门，纳闷了，禁不住地问了句："妈，你有啥事啊，这么着急出门？"母亲告诉他说："儿啊，我和你二婶她们晚上约好跳广场舞，现在村活动中心建得很漂亮，你一会儿也去溜达会儿哈。"听了这话，小王的脸上再次显露出笑容，他抽了根烟，慢慢地往活动中心走去。不远处，看到一群中老年妇女在跳广场舞，音乐是那么熟悉："我种下一颗种子，终于长出了果实，今天是个伟大日子。……你是我的小呀小苹果，就像天边最美的云朵，春天又来到了，花开满山坡，种下希望就会收获。"这是他初到上海时，在黄埔江畔看到市民阿姨们在跳广场舞时所放的音乐。不知不觉地，小王也加入了跳舞的队伍。

以前家乡的住房多为土坯散居平房，居住条件很差，现在大多数居民盖了漂亮舒适的新楼房，新楼房外的春联和大红灯笼格外显眼。小王今年回来，发现宏模变化真大，现在户户建新楼，过年特别热闹，大家都开着小车回老家过年。小王也准备给父母盖一栋两层的小洋楼，让父母幸福地安享晚年。

现在的宏模真是亮丽，一派现代气息，人人脸上挂着笑容，昂首挺胸地迎接新的明天。

第二个喜

腊月二十八这天,小王听到手机嘀嘀地响了两声,打开一看,是来短信息了。上面显示是中国农业银行,小王的第一反应是,这是条广告信息,推荐理财的。等小王仔细一看,他怔住了,上面写道:"尊敬的×××,你收到邵东县××农业科技公司的汇款,金额为6500元。"看到这儿,小王哈哈地笑了,因为他在大城市见得多了,这是诈骗短信,只要你电话打过去,对方就通过各种手段,骗取你的银行卡密码。小王心想:我才不上你这当呢!放到一边不管吧,因为这张卡是前几年办新农合时申领的,这几年出门在外,一直没碰过,也没有什么钱,他就交给父母保管了。

没过多久,他就看见隔壁的朱阿姨来家里借东西,顺嘴问了一句小王的母亲:"我们家那口子去银行取钱去了,今年的土地流转租金发了,我们家还指望那钱办年货呢,你们家发了多少啊?"

此时的小王,噌的一声从板凳上站了起来,喊着说:"收到了,收到了!"小王大步流星地跑到母亲面前说:"妈哎,我刚才收到短信了,说收到6500元,您看是这个数吗?"母亲告诉小王:"这个要问你爹,差不多就是这些,我们家6亩多地,今年比去年还多收了一些呢。"

小王紧接着说:"妈哎,你们怎么把地租给别人了?这么大的事也和我商量下啊,你们要是被骗了怎么办?"母亲笑着说:"孩啊,放心吧,这是乡政府派人来的,我们村和县里的农业公司签的集体合同,不是我们一户,而且乡政府还要求企业在土地流转中心存放保证金,这些保证金够我们村一年的租金,要是企业不支付,那么乡里的土地流转中心就给我们预付了。我们吃不了亏的,现在政策向着我们农民呢。"说完,母子俩开心地哈哈大笑。

于是,小王细细地和母亲聊起了家里土地的事。母亲娓娓道来:"前几年啊,我们家的地和房子都发了证,现在你们年轻人都出门闯荡了,我们年龄大了,地也种不动了。而且,这么多年,我们一直种地,也种烦了,每年都是那些作物,收益也很普通。这不,去年一个农业科技公司看中我们这块地,说靠近小河,水源充沛,想搞个现代农业技术公司,生产一些生态大米。他们给我们的租金也很高,比我们自己种粮赚得多,全村人也都同意。于是一拍即合，在乡政府土地流转中心的牵头下，我们去年签了合同。那时，你不在家，你二伯、二婶、三叔他们都说没问题，也就没联系你，就是登记收款留的是你的银行卡号。这不年底呢，家里都准备高兴过年了，我把收钱这事给忘了，要不是你隔壁阿姨提醒，恐怕这段我都想不起来了。"

小王还没等母亲把话说完，就抢着说："妈，以后过年我都回来陪您，以后我提醒你们哈。你们这钱我现在就去取出来，你们自己在家慢慢花。"

母亲接话道："孩啊，我和你爸每年还能在前院后院种点吃的，这钱你留着，你喜欢大城市，我们不拦你。在外面好好照顾身体，别让爸妈担心！"

此时的小王，看着母亲满头的白发，那句"儿行千里母担忧"的诗句不禁在他心头响起。他发誓在外一定好好工作，将来赚钱后给父母盖新房子，让父母享受和市民一样的退休生活。

转眼间，春节的假期结束了，小王看到家里的一切，心里美美的，安心地开着那辆上海牌照的小车穿过亮丽的村子，渐渐地消失在远方。正如学者所说的那样，农二代、农三代是乡村留不住的。

政策分析

一、政策背景

随着我国经济社会发展进入快速转型期，农村的发展环境将更加复杂[①]，面临的困难和挑战也逐渐增多。伴随着工业化、信息化、城镇化的快速发展，农业农村现代化的要求变得更加紧迫[②]，与此同时，保障粮食等重要农产品的供给与当前的资源环境承载力之间的矛盾日益尖锐，创新农村社会管理成为亟待解决的问题。[③] 针对解放思想、改革创新，破除农村发展体制机制的弊端，加快推进农业农村现代化进程，党中央颁布了一系列政策并提出了相

---

① 徐子凤，杨忠伟，王震. 多元发展诉求耦合下的农村城镇化路径——基于家庭农场发展实践的探讨 [J]. 现代城市研究，2015（10）：70–75.

② 胡伟斌，毛迎春. 大力实施乡村振兴战略 加快推进农业农村现代化——中国农业经济学会2017年学术年会综述 [J]. 农业经济问题，2018（2）：127–130.

③ 李志强. 转型期农村社会管理创新研究新视野——"结构—功能"理论框架下农村社会组织分析维度 [J]. 社会主义研究，2014（4）：118–124.

应措施。

二、政策内容

经梳理，近年来的土地流转政策包括以下内容：

（一）中共中央、国务院会议及文件

（1）2014年1月19日，中共中央、国务院颁布《关于全面深化农村改革加快推进农业现代化的若干意见》（2014年中央一号文件），进一步为展开集体建设用地入市改革工作明确了主体思路：①完善农村土地承包政策。②引导和规范农村集体经营性建设用地入市。③发展多种形式规模经营。

（2）2014年4月中旬，中共中央、国务院印发《国家新型城镇规划》，提出：允许农村集体经营性建设用地出让、租赁、入股，实行与国有土地同等入市、同权同价。

（3）2014年9月30日，中共中央全面深化改革领导小组第五次会议第一次明确提出在坚持农村土地集体所有制的前提下，促使承包权、经营权分离，形成所有权、承包权、经营权三权分置的新格局，为未来农地改革的制度创新奠定了基础。

（4）2014年10月26—29日，中国共产党第十八届中央委员会第五次全体会议通过了《中共中央关于制定国民经济和社会发展第十三个五年规划的建议》，其中指出：①大力推进农业现代化。②推动城乡协调发展。

（5）2014年12月2日，中共中央全面深化改革领导小组第七次会议提出：土地制度改革要在坚持土地公有制性质不改变、耕地红线不突破、农民利益不受损这三条底线的基础上有序推进。

（6）2014年12月9—11日，中央经济工作会议在北京举行。会议提出了2015年经济工作的主要任务，其中包括加快转变农业发展方式。要完善农村土地经营权流转政策，搞好土地承包经营权确权登记颁证工作，健全公开规范的土地流转市场。

（7）2014年12月22—23日，中央农村工作会议提出：积极发展多种形式适度规模经营。这是农业现代化的必由之路，也是农民群众的自觉选择。

要引导和规范土地经营权有序流转，发展各类新型农业经营主体，坚持以粮食和农业为主，避免"非粮化"，坚决禁止耕地"非农化"。

（8）2015年2月1日，中共中央、国务院印发的《关于加大改革创新力度加快农业现代化建设的若干意见》（2015年中央一号文件），其中提出：①加快构建新型农业经营体系。②推进农村集体产权制度改革。③稳步推进农村土地制度改革试点。④推进农村金融体制改革。做好承包土地的经营权和农民住房财产权抵押担保贷款试点工作。⑤健全农村产权保护法律制度。

（9）2015年5月8日，国务院以国发〔2015〕26号批转国家发展改革委《关于2015年深化经济体制改革重点工作的意见》，其中指出：制订深化农村改革实施方案。推进农村土地承包经营权确权登记颁证，新增9个省份开展整省试点，其他省份扩大开展以县为单位的整体试点。研究提出落实土地承包关系长久不变的意见。分类开展农村土地征收、集体经营性建设用地入市、宅基地制度改革试点。开展工业用地市场化配置改革试点。开展积极发展农民股份合作、赋予农民对集体资产股份权能改革试点，探索赋予农民更多财产权利。制定推进农村集体产权制度改革指导意见。开展农村承包土地经营权和农民住房财产权抵押担保贷款试点。

（10）2016年1月27日，中共中央、国务院印发《关于落实发展新理念加快农业现代化实现全面小康目标的若干意见》（2016年中央一号文件），其中提出：①发挥多种形式农业适度规模经营引领作用。②完善农业产业链与农民的利益联结机制。③推进农村劳动力转移就业创业和农民工市民化。④推动金融资源更多向农村倾斜。⑤深化农村集体产权制度改革。

（二）各部委文件

（1）2014年2月24日，农业部以农经发〔2014〕1号文件印发《关于促进家庭农场发展的指导意见》，其中提出要充分认识促进家庭农场发展的重要意义，要坚持农村基本经营制度，以家庭承包经营为基础，在土地承包经营权有序流转的基础上，结合培育新型农业经营主体和发展农业适度规模经营，通过政策扶持、示范引导、完善服务，积极稳妥地加以推进，引导承包土地向家庭农场流转。

（2）2014年8月1日，国土资源部、财政部、住房和城乡建设部、农业部、国家林业局联合下发《关于进一步加快推进宅基地和集体建设用地使用权确权登记发证工作的通知》，明确将宅基地和集体建设用地使用权确权登记发证纳入不动产统一登记制度的实施进程，强调要为建立城乡统一的建设用地市场奠定产权基础。

（3）2014年11月20日，中共中央办公厅、国务院办公厅印发《关于引导农村土地经营权有序流转发展农业适度规模经营的意见》（农业部牵头制定），提出土地流转和适度规模经营是发展现代农业的必由之路，引导农村土地（指承包耕地）经营权有序流转、发展农业适度规模经营。

（4）2015年1月，中共中央办公厅和国务院办公厅联合印发了《关于农村土地征收、集体经营性建设用地入市、宅基地制度改革试点工作的意见》（国土资源部主导制定），标志着我国农村土地制度改革即将进入试点阶段。

（5）2015年1月22日，国务院办公厅印发《关于引导农村产权流转交易市场健康发展的意见》，其中指出：引导农村产权流转交易市场健康发展，事关农村改革发展稳定大局，有利于保障农民和农村集体经济组织的财产权益，有利于提高农村要素资源配置和利用效率，有利于加快推进农业现代化。要坚持公益性为主、公开公正规范、因地制宜、稳步推进的基本原则，以坚持和完善农村基本经营制度为前提，以保障农民和农村集体经济组织的财产权益为根本，以规范流转交易行为和完善服务功能为重点，扎实做好农村产权流转交易市场建设工作。

（6）2015年1月27日，农业部、中央农村工作领导小组办公室、财政部、国土部、国务院法制办、国家档案局六部门以农经发〔2015〕2号联合印发《关于认真做好农村土地承包经营权确权登记颁证工作的意见》，开展农村土地承包经营权确权登记颁证，核心是确权，重点在登记，关键在权属调查，各地要从实际出发，一个环节一个环节地做好工作。

（7）2015年11月2日，中共中央办公厅、国务院办公厅印发《深化农村改革综合性实施方案》，提出深化农村集体产权制度改革：①深化农村土地制度改革。②分类推进农村集体资产确权到户和股份合作制改革。③推动土地经营权规范有序流转。

(8) 2016年1月4日，国务院办公厅印发《关于推进农村一二三产业融合发展的指导意见》，其中提出：①鼓励发展股份合作。②强化工商企业社会责任。③健全风险防范机制。④搭建公共服务平台。

以上政策简介只是说明国家对农村土地流转及其配套工作的重视，在土地流转深入推进的过程中，国家推出了更多有利于农民增收、农业增产及新型农业经营主体增效的政策新举措。

表3-3 土地流转政策回顾

时间	文件/会议	内容
2004年	《关于妥善解决当前农村土地承包纠纷的紧急通知》	明确要尊重和保障外出务工农民的土地承包权和经营自主权，严格禁止违背农民意愿强迫流转承包地。
2007年	《物权法》	明确农村土地承包经营权为用益物权，土地承包经营权人依照农村土地承包法的规定，有权将土地承包经营权采取转包、互换、转让等方式流转。
2008年	《关于推进农村改革发展若干问题的决定》	要赋予农民更加充分而有保障的土地承包经营权，现有土地承包关系要保持稳定并长久不变；完善土地承包经营权权能，依法保障农民对承包土地占有、使用、收益等权利；加强土地承包经营权流转管理和服务，建立健全土地承包经营权流转市场；按照依法自愿有偿原则，允许农民以转包、出租、互换、转让、股份合作等形式流转土地承包经营权，发展多种形式的适度规模经营。
2010年	《农村土地承包经营纠纷调解仲裁法》	明确了调解和仲裁是解决农村土地承包纠纷的法律渠道。
2013年	《关于确定2013年全国农村土地承包经营权登记试点地区的通知》	确定北京市平谷区等105个县（市、区）为2013年全国农村土地承包经营权登记试点地区，逐步展开农村土地承包经营权登记。
2014年	《关于全面深化农村改革加快推进农业现代化的若干意见》	为展开集体建设用地入市改革工作明确了主体思路。

续表

时间	文件/会议	内容
2014年	《国家新型城镇规划》	允许农村集体经营性建设用地出让、租赁、入股，实行与国有土地同等入市、同权同价。
2014年	《关于引导农村土地经营权有序流转发展农业适度规模经营的意见》	放活土地经营权，推进土地承包经营权确权登记颁证工作；鼓励创新土地流转形式；探索新的集体经营方式。
2014年	中共中央全面深化改革领导小组第五次会议	第一次明确提出在坚持农村土地集体所有制前提下，促使承包权、经营权分离，形成所有权、承包权、经营权三权分置的新格局。
2014年	《中共中央关于制定国民经济和社会发展第十三个五年规划的建议》	稳定农村土地承包关系，完善土地所有权、承包权、经营权分置办法，依法推进土地经营权有序流转，构建培育新型农业经营主体的政策体系。
2014年	中共中央全面深化改革领导小组第七次会议	土地制度改革要在坚持土地公有制性质不改变、耕地红线不突破、农民利益不受损这三条底线的基础上有序推进。
2014年	中央经济工作会议	要完善农村土地经营权流转政策，搞好土地承包经营权确权登记颁证工作，健全公开规范的土地流转市场。
2015年	《关于加大改革创新力度加快农业现代化建设的若干意见》	引导土地经营权规范有序流转，创新土地流转和规模经营方式，积极发展多种形式适度规模经营。
2015年	《关于2015年深化经济体制改革重点工作的意见》	制订深化农村改革实施方案。推进农村土地承包经营权确权登记颁证，新增9个省份开展整省试点，其他省份扩大开展以县为单位的整体试点。
2015年	《关于认真做好农村土地承包经营权确权登记颁证工作的意见》	继续扩大试点范围；并提出要坚持稳定土地承包关系，现阶段农村土地工作坚持以确权确地为主。
2015年	《国务院关于稳定和完善农村土地承包关系情况的报告》	延包后续完善工作扎实推进，使农村土地承包关系进一步稳定。
2016年	《关于落实发展新理念加快农业现代化实现全面小康目标的若干意见》	稳定农村土地承包关系，到2020年基本完成土地等农村集体资源性资产确权登记颁证。

来源：作者绘制。

三、政策效果

据原农业部数据显示,截至2016年年底,中国农村地区共有20883个乡(镇)、559702个村委会;乡村人口数量为58972.6万,其中从业人员数量为36175.0万;农村居民人均可支配收入为12363.4元,这一指标较2013年的8895.9元增长了38.99个百分点,年均增长近8个百分点。农民经济收入呈持续增长态势。

在农业生产方面,2016年农村地区机耕面积达到121017.65千公顷,基本实现耕种机械化模式;机播面积达到87917.83千公顷,机收面积达到91722.35千公顷,机械植保面积达到68452.16千公顷。以上数据显示,当前农村地区机械率已经达到较高水平。

在耕地经营管理方面,截至2016年,中国农村承包耕地面积为3194.72万公顷,共有2.28亿农户家庭。其中签订承包合同的数量为2.19亿份,占全部农户数量的89.04%。总体来看,农村土地承包规范性较好,土地确权工作实施的进度较快。[①]

结语与思考

小王过年回家喜事连连,家乡的变化让小王高兴不已。其中,最让小王高兴的是家里的地能够生钱了,不用父母再辛辛苦苦地种地了,这对小王来说是一件大喜事。其实,小王的大喜事是国家鼓励土地流转政策带给农民的实惠,这是一件决定未来农业发展方向和农民经济变化的大事、好事。

著名农业经济学家罗必良认为,一项"好制度"必须满足几个基本要求:"服务于主流价值目标的实现、获得法律赋权的正当性及形成有效的激励机制。"[②] 从小王的故事来看,当前集体所有制下"三权分置"的产权模式毋庸

---

① 2013年12月25日,农业部部长韩长赋在全国农业工作会议上说,要用5年时间基本完成农村土地承包经营权确权登记颁证。

② 罗必良,凌莎,钟文晶.制度的有效性评价:理论框架与实证检验——以家庭承包经营制度为例[J].江海学刊,2014(5):70-78,238.

置疑是符合农民利益的。因为对农民来说，土地所有权归农村集体所有（主体虚幻化，在实践中没有起到应有的作用）①，土地承包权归集体成员（农民）所有，农民依据集体赋予的承包权进一步享有对土地的使用权（经营权）。承包权和经营权在不同的经济背景下，可以由同一主体享有，也可以分属不同主体，但农民始终享有集体赋予其成员身份的"承包权"。在这项制度的保障下，农民可以放心大胆地流转土地，并解放双手从事非农就业，或自己成立家庭农场搞规模农业，进而实现更好的经济效益。②

我们相信，随着农村地区土地流转进程的不断加快，会有越来越多类似小王的家庭多收了一笔钱，那时不仅小王自己高兴，还会有越来越多的农民兄弟喜上眉梢，享受土地流转带给他们的美好生活。

---

① 郑万军. 城镇化背景下农民土地权益保障：制度困境与机制创新 [J]. 农村经济, 2014 (11)：22-25.
② 冒佩华, 徐骥. 农地制度、土地经营权流转与农民收入增长 [J]. 管理世界, 2015 (5)：63-74, 88.

第八则　银行走进新农村

题记：金融成为现代经济发展的血液。习近平总书记曾说："金融活，经济活；金融稳，经济稳。"诚然，中国改革开放的40年，也是中国金融开放发展的40年，金融的发展为经济的发展做出了巨大贡献。但不可否认，农村经济在很长一个阶段仍旧是"人—地"模式，金融资源没有有效介入农业发展和农村建设，这是农村落后的一个重要原因。在新农村建设的道路上，我们党和政府日渐认识到金融对化解"三农"危机的重要作用，并将发展农村金融作为农村经济工作的重要举措。下文就讲述了一些发生在农村的金融故事，让我们看看农村金融的发展变化。

故事一：老张的愿望

张忠诚是湖北山区的一个农民，49岁那年，对老张来说是极不平凡的一年。那一年，老张家里发生了太多的变故，让这个知天命的汉子感觉现实是这么冷酷和残忍。

故事是这样的。那一年开春，老张的母亲经过与病痛多年的斗争，还是离开了人世。在湖北农村，老人过世要好好办理后事，以显示对老人的尊重和自己的孝心。老张也是地地道道的农民，农村的这个"丧事喜办"的习俗早已在他的心里留下了烙印。

虽然这么多年的积蓄都花在了母亲看病上，现在家里已经基本入不敷出了，但老张还是咬咬牙，和村里几个要好的发小借了5000块钱，和别人家一样风风光光地料理好母亲的后事。

办理完后事，还没等老张缓过神来，家乡的春耕又开始了。想到购买种子、地膜、化肥等农资大约还得花6000块钱，还有两个娃上学也要钱，这下可把老张愁坏了。他的老伴说，听说咱村的小虎子开了个厂子，他从银行贷了一笔钱救急，现在家里能借的都借了，没有别的路子了，你也去银行问问吧，看看有什么政策。

这对老张来说的确有点挑战。当了一辈子农民，很少和银行打交道。他记不清有多少年没有来银行了，之前来银行都是存钱，从来没过问过贷款，也不敢过问，害怕银行的人嘲笑他。

这一天，老张特意换了一身干净衣服，刮了刮胡子，穿上很久没穿的旧皮鞋，骑着结婚那年买的自行车来到县城的中国农业银行。走进营业大厅，发现人流拥挤，排队等候的时候根本没地方坐。在他身旁，是一个开着车来的手里拎着老板包的有钱人，他和银行的客户经理说自己想贷款40万元，他家开的水泥厂想上一些新设备……站在旁边的老张眼睛直盯盯地看着他们，希望奇迹能发生在自己身上。

不知等了多久，轮到老张的号了。和接待的客户经理说明来意后，他被一连串的金融名词弄得有些惶恐。几经辗转，最终老张被告知由于没有土地、房屋作为抵押，也没有符合条件的担保人，贷款申请无法批准。

故事二：小李贷款记

小李是浙江农村的一个普通村民。他初中毕业后就没再上学了，在社会上打拼，卖过卤菜，干过运输，做过个体商贩，自己赚了一点小钱。他看到外地的种植大户和养殖大户都赚了钱，觉得这是个新的商机，前几年回家承包了几百亩地，打算回乡创业，和别人合伙种水稻，效益越来越好。他想把粮食种植规模做大，这需要大量的资金投入，但是小李和合伙的兄弟们毕竟还是普通农民，自己家庭没有底子，自身也没有多少积蓄。尽管小李吃苦耐劳、为人实诚，但是他确实没有抵押物，县城里的银行都不愿意借款给他。

一看拿不到银行的贷款，小李开始着急了。他回想起以前收到的关于贷款的各种小卡片和墙上印刷的广告，病急乱投医地决定试一试。但是令他感到伤心的是，这些电话要么打不通，要么利息非常高，有着诸多的限制条件，除此之外还要收取杂七杂八的费用。小李隐约觉得这是违法的，于是他再也没有联系过这些公司。为了找到一个志同道合的投资方，小李把自己的想法发在本地的一个论坛上。几天后，小李接到一个陌生人的电话，电话那头自称是某公司负责信贷业务的廖经理。廖经理向小李详细地展示了他们公司的财务状况和信誉实力,并且利息相对较低。这让小李突然动了心,他感觉这个公司和之前遇到的公司都不一样,是一家正规的、信得过的贷款公司。

为了尽快拿到这笔贷款,小李和廖经理约好三天后在某个咖啡厅见面。小李拿出了被银行拒绝的申请贷款的材料,可在廖经理看来,这些材料一点问题也没有,可以为小李尽快发放贷款。但廖经理没有准备签约的材料,他表示需要小李提供一笔一万元的服务费,手下的信贷业务员就会为小李上门服务。小李察觉到不对劲,但是在对方"无比真诚"的保证面前,也没有多想就把这笔钱转给了廖经理。他们又约好,一周内信贷员会为小李上门签约。

没过多久,一个叫小王的业务员带着合同来到了小李家中。小李发现了问题,贷款协议上居然写的是"网络服务协议",也不是廖经理所在的那个公司。业务员小王向他解释道,反正都是借钱,如果形式太正规,可能过不了监管部门的审查。这可让小李犯了难,但服务费都交了,经过一番心理挣扎之后,小李还是在"网络服务协议"上签下了自己的名字。经过一段时间的漫长等待以后,小李还是没有收到这笔钱。已经过了十多天,小李越想越不对劲,打电话给廖经理。然而,廖经理早就逃之夭夭,电话已经是空号了。小李终于想明白了:"这该死的骗子!"后来,小李报了警,在警方的建议下,双方走经济合同纠纷,小李要回了部分费用。

这件事带给小李的打击很大,他再也不相信这些民间的贷款机构了。幸亏小李损失的金额比较小,不然他的资金链一断开,做生意可就麻烦了!

故事三:乌雷的信贷工作

在凉山州蜿蜒的山路上,行走着一个穿着迷彩服、牵着骡子、背着帆布包的男人。他是一名彝族人,叫作乌雷,正是风华正茂的年纪。他是一名乡村信贷员。在他的帆布包里放着他小心翼翼守护着的账本,这个账本记录的是申请小额贷款的村民信息。

在辽阔的中国大地上,农村地区依然有着上千万的贫困人口。外界并不了解他们的信息,只有依靠一个个乡村信贷员,对他们进行精准的识别,了解他们的困难,才能帮助他们申请到贷款,解决生活中的问题。乌雷干这份工作已经好几年了。作为一名中国共产党党员,他始终坚持着普惠金融服务的理念服务乡里乡亲，让他们有了生产生活的资金。

这份工作做起来一点也不简单，他所在的少数民族聚居县道路崎岖，交通闭塞，被重重大山和大河所包围。在这一座座山头与河流之间，分布着的是分散居住的村民。一些地方还没有架桥，只有摇摇晃晃的吊桥。也许在地图上看着直线距离非常短，但是走起来需要翻过一座座山头。

他的骡子伴随着他走过了许多没有人的地方。这些地方是驴友的天堂，却给他带来了无尽的孤独。行走在荒无人烟的羊肠小道上，他经历了各种恶劣天气。在晚上遇到野兽时，他紧紧地抱着他的账本和现金，点起火来驱赶狼群。他的同事一个接一个辞职，但他却坚持了下来。通过他发放的农信贷款，许多少数民族群众开起了小卖部，做起了养殖业，生活逐渐变得好了起来，小日子过得越来越滋润了。

他早上6点朝着村里出发，到深夜时还在整理贷款材料。这样的工作，日复一日，年复一年。这种情景在中国其他农村地区也发生着，有千千万万的农民通过银行进村获得了资金支持，解决了资金困难，发展了农业生产，农村金融进村受到农民的一致好评。

以上三个故事反映了我国农村金融发展的历程，从农民贷不到钱到银行主动给农民贷款，从非法金融业务到规范有序的正规金融服务的出现，这些都是国家对农村经济发展的重视、对农民的帮扶、对土地制度改革的深入推进的结果。笔者相信，未来农村金融会发展得更好。

政策分析

一、政策背景

1998年前后，我国的非法金融机构和非法金融业务呈现出十分活跃的态势，严重干扰了正常的经济和金融秩序，同时存在着极大的社会风险隐患。为实现对非法金融机构和非法金融业务的取缔，对全国的基金会、投资公司等机构进行清理工作，中央出台了一系列政策措施，对非法金融进行依法清理。伴随着我国农业逐渐从传统的农户分散经营转向集约化、专业化、组织化、社会化相结合的新型经营体系[①]，为适应新的生产方式的变化，引导农村金融机构优化资源配置，进一步健全服务功能，为农业规模化生产经营提供金融支持，保障粮食安全和主要农产品供给，增加农民收入，中央进一步颁布了相关政策，推动金融体制的改革。

二、政策内容

（一）农村金融体制的初步形成阶段（1979—1984）

1979年2月，经国务院批准组建的中国农业银行成为从事农村金融业务的国家专业银行。1979年，全国第一家城市信用社在河南省漯河市成立。从1979年到1984年，各专业银行相继恢复或设立，并按行政区划将分支机构延伸到县及乡镇。而农村信用社则开展了以恢复"三性"（组织上的群众性、管理上的民主性、业务经营上的灵活性）为主要内容的改革。

这一阶段是中国经济体制改革的起步阶段，形成了中国农业银行和农村信用社分工协作的农村金融体制。

（二）农村金融体制的发展与定位阶段（1985—1996）

1984年后，农村信用社建立了县级信用联社，调整中国农业银行与信用合作社的关系，改变了农村信用社既是集体金融组织，又是中国农业银行的基层机构的格局。与此同时，多种农村金融组织、金融形式应运而生，在一些地区涌现了农村信托投资公司、乡镇金融服务机构和多种形式的合作基金会，并产生了农村合作金融组织的雏形。另一方面，非银行金融机构的迅速发展和起伏也成了这一阶段金融体制改革发展中的另一个鲜明侧面，政府也在某一个阶段对民间金融的发展采取了默许和支持的态度，表示允许集体钱庄等民间金融组织存在并发展，并在经过乡镇以上政府的批准认可下，允许农民合作创办股份合作基金会。

（三）农村金融体制重新定位阶段（1997—2005）

1997年11月，中央召开第一次全国金融工作会议，在会议上确定了"各

[①] 郑风田，焦万慧. 前提设定、农民权益与中国新型农业经营体系的"新四化"[J]. 改革，2013（3）：103-113.

国有商业银行收缩县及县以下机构，发展中小金融机构，支持地方经济发展"的基本工作策略。1998年7月，国务院颁布了《非法金融机构和非法金融业务活动取缔办法》，8月又进一步颁布了《转发中国人民银行整顿乱集资乱批设金融机构和乱办金融业务实施方案的通知》。在这两个文件颁布实施之下，原来《民法通则》《合同法》《刑法》所允许的众多组织和行为，将被宣布为非法。1998年冬，城市中的信用社也开始了"大整顿"。1999年，国务院发布3号文件，宣布在全国采取措施，统一取缔农村合作基金会。

在这一阶段，农村金融机构出现了较大幅度的调整，主要表现为伴随着四大国有商业银行的退出、对非正规金融的整顿，农村信用社已经逐渐成为农村金融发展的主力军。与此同时，农村金融供给的相对萎缩与已经开始蓬勃发展的农村经济主体对金融的现实需求之间的矛盾呈现得愈加明显。因而，实现金融体系的重构也就成了更加迫切的现实需求。

（四）农村金融体制的逐步开放阶段（2006年至今）

2007年1月，第三次全国金融工作会议召开。在会议上，时任国务院总理温家宝提出重要要求，包括必须加快建立健全农村金融体系、推动农村金融组织的创新发展、更加适度地调整和放宽农村地区金融机构准入政策，同时降低准入门槛，并鼓励和支持在农村发展适合农村发展特点的多种所有制金融组织、积极培育多种形式的小额信贷组织。

2014年9月，银监会、农业部联合印发《关于金融支持农业规模化生产和集约化经营的指导意见》。这一文件明确规定了各类银行机构在支持农业规模化生产和集约化经营中的具体要求，提出中国农业发展银行要突出强化政策性金融服务的职能，并提高对农业开发和农村基础设施建设过程中的中长期信贷支持；而大型国有商业银行、股份制商业银行和城商行则要单列涉农信贷计划，加大对县域信贷资源配置的力度，重点满足好农业产业化龙头企业以及农业社会化服务组织等农业资金使用的客户。

2015年，国家进一步提高了对农民合作社和供销合作社发展农村合作金融的支持力度，并选择部分地区进行农民合作社、开展信用合作社试点，以使农村地区金融机构的类型更加丰富。国家也进一步推进了社区性农村资金发展，并提出这些组织必须坚持社员制、封闭性原则，坚持不对外吸储放贷、不支付固定回报。[①]

2016年，中国银监会发表《中国银监会办公厅关于做好2016年农村金融服务工作的通知》，其中提出切实补足金融服务短板，努力实现涉农信贷投放持续增长。各级监管部门和银行业金融机构要认真学习中央扶贫开发工作会议、中央农村工作会议和中央一号文件精神，深刻认识农业是全面建成小康社会、实现现代化的基础，认真领会新形势下加快发展现代农业、加快促进农民增收、加快建设社会主义新农村的重大政治意义，切实增强做好农村金融服务工作的责任感、使命感、紧迫感，勇于承担金融支农责任，充分发挥金融支农作用，不断加大金融支农力度。

2017年中央一号文件高度关注农村金融创新领域，提出要借助互联网技术来加强金融服务。文件中明确指出：鼓励金融机构积极利用互联网技术，为农业经营主体提供小额存贷款、支付结算和保险等金融服务。

2018年中央一号文件提出，实施乡村振兴战略，必须解决钱从哪里来的问题，普惠金融重点要放在乡村。针对农村体制、保障制度等不健全的问题，2018年中央一号文件第十一条第三点指出，健全适合农业农村特点的农村金融体系，普惠金融重点要放在乡村，推动出台非存款类放贷组织条例，改进农村金融差异化监管体系等内容。

三、政策效果

我国农村金融仍然存在巨大的市场需求。据《中国"三农"互联网金融发展报告（2016）》统计测算显示，2014年中国"三农"领域的贷款投资需求约为8.45万亿元，减去实际农户贷款余额5.4万亿元，缺口达3.05万亿元。结合2018年中央一号文件及党的十九大分析农村金融发展前景，无论是传统金融还是互联网金融，提升对"三农"的支持都是政策所鼓励的。

---

① 根据银监会10年来有关农村金融的相关政策法规整理而得。

表 3-4　农村金融政策回顾

时间	政策	内容
1979 年	《关于恢复中国农业银行的通知》	恢复成立中国农业银行，由中国农业银行领导农村信用合作社。
1981 年	《中国农业银行关于农村借贷问题的报告》	肯定了民间借贷的作用，认为民间借贷是对农业银行和信用社的补充，并提出由银行、信用社的改革和发展来引导和管理民间信用。
1983 年	《关于中国人民银行专门行使中央银行职能的决定》	规定中国人民银行专门行使中央银行职能，不再兼办工商信贷和储蓄业务。
1984 年	《中国农业银行关于改革信用社管理体制的报告》	要通过改革，恢复和加强信用合作社组织上的群众性、管理上的民主性、经营上的灵活性。
1993 年	《关于金融体制改革的决定》	建立了中国农业发展银行，将中国农业银行原有的政策性金融业务转移给中国农业发展银行。
1994 年	《关于组建中国农业发展银行的通知》	要组织建立中国农业发展银行，专门为农业发展提供政策性贷款。
1996 年	《关于农村金融体制改革的决定》	农村信用社和中国农业银行脱离行政隶属关系。
2003 年	《深化农村信用社改革试点方案》	完善法人治理结构，改革信用社管理体制，将信用社的管理交由地方政府负责，成立农村信用社省（市）级联社。
2005 年	《中共中央国务院关于进一步加强农村工作提高农业综合生产能力若干政策的意见》	要求继续深化农村信用社改革，增加各地区网点规模，为农业发展提供可用资金，满足农业生产、农户消费的需要。
2006 年	《关于调整放宽农村地区银行业金融机构准入政策更好支持社会主义新农村建设的若干意见》	鼓励开办乡镇银行，鼓励其他商业银行在农村开设网点。
2007 年	《关于进一步做好面向"三农"服务工作的决定》	深化农村金融体制改革，增加农村金融机构。

续表

时间	政策	内容
2008年	《中共中央关于推进农村改革发展若干重大问题的决定》	允许农村小型金融组织从金融机构融入资金，允许有条件的农民专业合作社开展信用合作。
2014年	《关于金融支持农业规模化生产和集约化经营的指导意见》	明确各类银行业机构支持农业规模化生产和集约化经营的具体要求。
2015年	《推进普惠金融发展规划（2016—2020年）》	要大力发展普惠金融，让所有市场主体都能分享金融服务的雨露甘霖。
2018年	《乡村振兴战略规划（2018—2022年）》	健全适合农业农村特点的农村金融体系，把更多金融资源配置到农村经济社会发展的重点领域和薄弱环节，更好满足乡村振兴多样化金融需求。

来源：作者绘制。

结语与思考

对农民来说，贷款一直是压在心头的重大又困难的问题，金融资本错配导致农村金融资源相对匮乏[1]，输血不足是造成"三农"贫血的重要原因之一，但造血不够、失血过多更是导致"三农"问题突出的重要原因。这表明，农村的造血机制运行还远远不能满足其金融服务的现实需求。[2]

国务院发展研究中心调查结果显示，2005年，农民真正能够从正规机构得到的贷款大约只有20%，而额度限制在1万元以内，并且生活类的借贷要远远多于生产性借贷，但资金的使用效率却处于较低的水平。[3] 农民对贷款的需求远远不能满足。因此，合法金融的缺口就被非法金融、不正规金融所代替，并呈现出日趋活跃的趋势。[4]

除此之外，农村金融职能也被人为地限制在"农村"这一身份，而不一

---

[1] 李刚. 城乡正规金融资本错配与城乡一体化[J]. 当代经济管理，2014，36（12）：89-92.
[2] 中国人民银行农村金融服务研究小组. 中国农村金融服务的现状和发展方向[J]. 清华金融评论，2015（7）：20-23.
[3] 数据来源：韩俊. 建设社会主义新农村背景下的农村金融市场改革[R]. 第二届中国金融改革高层论坛，2006.
[4] 彭莉戈. 中国农村金融体制现状及改革的路径选择[J]. 经济问题，2006（5）：55-56.

定具有相应意愿和相应能力的金融机构范围内,也使农村金融资源配置变得画地为牢,使金融机构之间的市场竞争变得有失公平。①

以上问题在农村金融发展中不断得到解决,相信在不久的将来,在国家优惠政策的保障下,在强化政府主导作用、鼓励农村金融机构多元发展、健全金融风险控制体系等多措并举之下②,农村金融会发展得越来越好,农民将会享受与市民一样好的金融服务。

---

① 肖希之. 农村金融与农村经济协调发展研究 [J]. 中国科技投资, 2017 (1): 201.
② 张彦伟. 农村金融成熟度的提升路径 [J]. 人民论坛, 2020 (10): 84–85.

第九则　种粮大户笑开颜

题记：这里讲述一个发生在廖庄的故事，一个朴实的农民听从党的号召，坚持土地流转发展规模农业，实现了身份的华丽转变，从一个家庭承包户变成一个种粮大户，并带领村里农民组建农业合作社，实现了乡土农民共同发家致富。这正应了我们老祖宗说的那句话——"穷则变，变则通，通则达"，也彰显了国家支持鼓励农村土地流转的正确性，符合农民兄弟的利益需要。

沉淀历史的乡村

廖庄，是四川中部一个普通的小村庄，整个村庄人口不多，总共不到1000人，但每家每户拥有的耕地面积却不少，比周边村庄人均多出一亩来地。这个村庄还有个特点，就是村里90%的人都姓廖，廖庄的名字大概也由此而来！

说起廖庄，相传其历史已有好几百年，最早可追溯到明末清初，据说张献忠屠蜀，这里的村民惨遭屠戮，清初政治稍微稳定后，就从湖南、湖北迁移人口入蜀。廖庄人的祖先就是从湖北迁徙而来的，经历世世代代的繁衍生息，已经成为当地的一个大姓家族。

廖庄的村长是村民们选举出来的最德高望重的长者，现在的村长叫作廖凯。他从改革开放后，就一直在响应国家政策，帮助村里人做事。1980年，全国各地都在搞家庭联产承包责任制，廖凯那时正年富力强，20多岁的小伙子，就在前村长也就是他已过世的伯父的带领下，帮助村民丈量土地，协调各户选地并签订承包合同。廖凯那时的心情是喜悦的，他听说安徽凤阳小岗村的事迹后，非常急迫地想成为土地的主人。因为他经历过一些不愉快的事情，也在年份不好的时候饿过肚子，更为未来的生活担忧过。

廖庄的第一轮土地承包期限于1997年到期了，按照国家政策要求，农村地区要继续坚持农村土地承包经营制，于是廖庄启动了第二轮土地承包工作。

这一次担任指挥的人换了,已经不再是廖凯的伯父,而是变成了有两个儿子的廖凯。廖凯的干劲依旧那么足,这一次他认真核对本村的户籍人口数、全村的土地总面积,以及哪些是水田、哪些是旱地,哪些是优等地、哪些是次等地,然后进行丈量和平均分配。这一次,分地村民们心里美滋滋的,不仅获得了各自的土地,而且感觉到了政策的公平性,每家每户都分得差不多。这一次分地工作,树立了廖凯在村民中的公正形象。就这样,廖凯在村长的位置上一干就是十来年;就这样,一个和谐安宁的小乡村在四川的中部存续着。

地是万万不能"丢"的

2000年前后,作为村长的廖凯发现村里发生了一个巨大的变化,那就是村里的年轻人越来越少了。有的拖家带口进入沿海的城市打工、做生意,家里留下年迈的父母,好几年也不见得回来一趟;有的夫妻两人去了城市的工厂,年底赚了钱,回家乡过春节看看老人和孩子,等春节结束就又出走了;有的家里的孩子考上了大学,在大城市生活,把父母一起接到城市帮忙带带孩子、整理家务;等等。因为各种因素,廖庄的劳动力越来越少,留下的多是年迈的老人和还在上学的孩子,于是就出现了一种新现象:村里的地有的荒着,有的交给亲戚打理,有的一年应种两季的却种了一季,有的把繁重的劳务交给了老人,有的偷偷摸摸把地租给了外村人耕种。

廖凯因为这件事愁白了头,世世代代农耕的廖庄怎么就这么衰落、凋零了。廖凯纳闷了,为啥这些人忘了本,地可是农民的命根子,想当年我们爷爷们闹革命,打土豪分田地,好不容易获得的土地,怎么就这么说不要就不要了呢?于是,在一年的春节,廖凯召集大家开了个会,专门讨论廖庄未来土地的事。廖凯上来就讲:"廖庄祖辈辛辛苦苦来到这里,中间经历多少磨难和辛酸,在国民党年代还因为土地丢了命,地就是农民的命根子,是万万丢不得的。"

在廖凯的话中,似乎一些村民听到了感伤,说道:"时代不同了,以前要地是因为要吃饱饭,现在种地不赚钱,粮食也卖不上好价钱,还不如出去打工赚钱,有了钱想买多少粮食都可以,还愁饿着吗?"有的村民劝廖凯说:

"老村长呀！现在全国都这样，人口流动很正常，哪里生活幸福就往哪里跑，哪里能赚到钱就往哪里去。现在全国土地荒废的挺多的，不要介意这个嘛，这不是你个人的原因。"

这时，一个叫廖康的年轻小伙子走了出来，对老村长和全村的人说："老村长说得有道理，我支持村长的建议，不能让我们的田地荒废了。我们要把土地'养'起来，要像养儿子一样来养土地。如果大家有闲置的地，不想种的地，或卖给外村人的地，我都收过来，按照国家政策办，土地出租我按市场价格付给父老乡亲租金。"

顿时，在场的村民哑口无声，大家愣了半天，才想起这个小伙子就是以前的放牛娃。这孩子命苦，才几岁的时候父亲就出车祸去世了，母亲辛辛苦苦才把他和他的姐姐带大。小时候，姐姐为了让他能上学，小学没上完就辍学了，一直帮着家里干活赚钱养家。俗话说得好，"穷人家的孩子早当家"，廖康从小就非常懂事，在学校好好学习，在家就帮着母亲种地、养猪，一家人就这么辛苦地走了过来。小康这个孩子学习一直不错，高中毕业后考上了大学，去了中国农业大学，学的就是农科。据说，这孩子毕业后去了一家农业技术企业，专搞现代农业产业技术，现在在广东安了家，也把母亲接了过去。今年过年，是带着孩子回家乡看看父老乡亲。

廖康说："当听到村长的一番话时，我的心里有喜有忧。喜的是，村民们这些年的日子过得越来越好了，现在住的都是两层的小洋房，家里都有了汽车，一些去外地就业的，都发展得很不错，大家都过上了幸福安康的生活！忧的是，就像村长说的那样，咱们的地怎么办？那可不能丢呀，农民们都不种地了，大家吃啥呀！现在非农就业机会是多，大家都能在外谋取一份好差使，但农业是根本呀！任何时候都不能放弃农业的发展。"

廖康继续说："我在外工作这些年，看到了好多农民的新变化，现在种地不靠人力了，都是机械化、现代化的。播种、除虫、灌溉、收割等，都有机械设备参与，还有智能设施辅导种地，粮食产出效率又高又省人力。"说完，廖康向村民保证："父老乡亲的地我包了，回去我就向公司打报告！我们公司要来这里发展！"

顿时，一阵雷鸣般的掌声经久不息！

政策分析

一、政策背景

城乡一体化改革的推进是实现土地流转最重要的背景。[①] 20世纪90年代以后，为了更好地解决农业农村农民问题，打破城乡二元结构的壁垒，党中央提出了在坚持农村土地集体所有制的前提下，对家庭联产承包责任制进行完善和改良，设计出了农村土地流转政策。在土地流转的过程中，为了进一步规范农村土地承包经营权流转行为，维护流转双方的合法权益，促进农村经济发展，中央也在不同阶段提出了相应的政策，为规范土地流转、更好地实现土地流转提供了重要保障。

二、政策内容

改革开放以来，在家庭承包经营制的制度安排下，农民土地从最初的自己耕作到私下流转，再到公开流转和鼓励流转。在这个过程中，结合土地流转的发展程度和政策保障力度的不同，可以分为以下四个阶段。

（一）土地流转的起步阶段（1984—1987）

从1978年起，中国农村经济发生巨变，通过家庭承包经营的方式改变生活状况，并最终以自发探索的"包干到户"为标志，掀起了中国农村家庭承包经营制的大幕。在家庭承包经营制推进的初始阶段，农户家庭基本固守乡土，从事传统的农业生产。但随着中国城市经济的发展和乡镇企业的繁荣，一些农户出现"离土不离乡"的现象，土地使用权和土地承包权的脱离趋势开始凸显。[②] 在这种时代背景下，党中央紧密关注农村经济发展趋势，相继调整农村经济政策，从禁止土地转包到允许土地合法转包，至此中国农村土地流转的雏形开始显现。

---

① 郎佩娟. 农村土地流转中的深层问题与政府行为 [J]. 国家行政学院学报, 2010 (1): 28-32.
② 王金红, 黄振辉. 农地流转政策转型的历史轨迹与制度创新 [J]. 华中师范大学学报（人文社会科学版）, 2010, 49 (2): 12-17.

表 3-5　1978—1987 年中央政府关于土地流转的政策

时间	名称	内容
1982 年 1 月	一号文件	农民对承包的土地不得出租、出售、转让等；当社员无法进行承包地生产经营或将承包地用于非农产业时，集体应当收回。
1984 年 1 月	一号文件	（再次强调）农民不准买卖和出租家庭享有的承包地。
1987 年 1 月	五号文件	《把农村改革引向深入》中规定，农民家庭若长期从事非农就业并不耕作土地，应将享有的承包地交还至集体，或者在得到集体同意后再转包给其他人（集体内农民）。

来源：作者绘制。

这一阶段，党中央对农村经济政策较为审慎，一方面改革开放刚刚推进，农村家庭（联产）承包经营制也刚刚确立，中央政府对农村的发展方向也在探索中；另一方面，基于农业经济安全和社会稳定需要，中央政府也不希望越来越多的农民离土离乡。在当时的时代背景下，中央政府的这些政策虽然保守，但不故步自封，依旧以农民利益最大化为原则进行相应的政策调整，顺应了农村经济发展的需要。

（二）土地流转的探索阶段（1988—2000）

随着城市经济的迅猛发展，中国外向型经济发展潜力被不断激活，需要大量农村剩余劳动力（这一阶段大部分是"候鸟式"的迁移，即农闲外出，农忙回乡；也有完全放弃农耕的），一部分年轻的、有技术的及受过一定教育的农村剩余劳动力外出参加非农就业，但他们基于未来的不确定性，又不愿意放弃自己承包的土地，于是开始私下地在乡里邻居或亲戚之间流转土地（使用权）。基于农民的这种利益需求，中央政府开始探索建立农民土地流转的政策法规，如自1988年《宪法》（修正案）中首次提出"土地使用权必须依法转让"，到之后国务院政策文件、一号文件中均提出要在一定原则下依法流转土地。这一阶段，中央政府仍然对土地流转持谨慎态度，以防控风险为主，在保护农民权益和防止土地炒作的前提下进行土地的依法依规流转。

表 3-6　1988—2000 年中央政府关于土地流转的政策

时间	名称	内容
1988 年 4 月	《宪法》（修正案）	任何组织或个人不能非法转让土地（如买卖、侵占等），否则集体收回土地使用权。
1993 年 11 月	一号文件	经发包方统一同意，不改变农村土地的农业用途及不改变集体所有制，可以依法有偿转让土地。
1993 年 11 月	中共十四届三中全会	提出依法有偿转让土地，允许以转包和入股等形式发展规模经营。
1994 年 12 月	国务院文件通知	在保护耕地前提下流转土地；增加转让和互换等农地流转形式；提出流转合同备案机制；遏制哄抬流转价格的恶性竞争。
1998 年 10 月	中共十五届三中全会	提出农民土地使用权应坚持依法、自愿、有偿流转的原则。
1999 年 5 月	国务院（国发办〔1999〕39 号）	对集体非法交易、转让土地使用权行为予以制止，对于以"果园""庄园"名义炒作土地行为加强管理，防止出现"炒地热"，切实保护农民土地权益。

来源：作者绘制。

（三）土地流转的快速发展阶段（2001—2012）

进入 21 世纪以来，农村剩余劳动力中非农就业的规模越来越大，土地流转的规模也不断扩大，政府对土地流转和农村经济发展的认识也日渐明晰，并在保障耕地安全和粮食安全的基础上，推动农民土地流转工作的顺利实施。其中，最有标志性意义的是 2005 年《农村土地承包经营权流转管理办法》的出台，其对土地流转的具体事宜进行规范，如流转当事人、流转方式、流转合同和流转管理等，标志着我国农地流转进入规范化发展阶段。这一阶段，中央政府仍旧在政策法规和引导方面做好配套服务。

表3-7 2001—2012年中央政府关于土地流转的政策

时间	名称	内容
2001年12月	《关于做好农户承包地使用权流转工作的通知》	在承包期内，村集体经济组织无权单方面解除土地承包合同，也不能用少数服从多数的办法强迫农户放弃承包权或改变承包合同。不准收回农户的承包地搞招标承包，不准将农户的承包地收回抵顶欠款，不准借土地流转改变土地所有权和农业用途。流转期限不得超过农户承包土地的剩余承包期。
2005年1月	《农村土地承包经营权流转管理办法》	在坚持农户家庭承包经营制度和稳定农村土地承包关系的基础上，遵循平等协商、依法、自愿、有偿的原则，鼓励农民进行土地流转。
2008年10月	中共十七届三中全会	赋予农民更加充分而有保障的土地承包经营权，现有土地承包关系要保持稳定并长久不变。加强土地承包经营权流转管理和服务，建立健全土地承包经营权流转市场，有条件的地方可以发展专业大户、家庭农场、农民专业合作社等。
2009年1月	一号文件	健全专业化农地流转组织服务，逐步完善就业、法规咨询、价格评估、合同签订及纠纷裁决等与农民土地流转息息相关的服务工作。
2012年1月	一号文件	积极引导、管理农地流转，不断地健全矛盾纠纷协调仲裁机制，降低集体性事件隐患，推动农村繁荣和农民富裕。

来源：作者绘制。

（四）土地流转的成熟阶段（2013年至今）

党的十八大以后，党和国家新一届领导集体高度重视农村土地流转和中国农业现代化发展的关系，并为农民土地流转配套了一系列的政策保障措施。① 如2013年7月，习近平总书记考察湖北农村时，对当地日益普遍的土地流转行为予以强烈关注，并当即批示当地政府应重点研究好土地所有权、

---

① 杨庆育．我国农业经营模式与新型农业的总体取向［J］．改革，2014（12）：5-11.

承包权和经营权三者的关系，完善农村基本经营制度，保护好农民在土地流转中的权益。同年11月，中共十八届三中全会提出要进一步对农村土地流转放权赋能，允许农民以承包经营权入股发展现代农业，并明确流转、抵押、担保、入股的问题。此后，沿着土地流转和保护农民在土地流转中的权益问题，中共中央、国务院召开一系列会议研究农村土地流转进而实现更好的农民土地权益。如2013年12月，中央农村工作会议首次提出将农民土地承包经营权分为承包权和经营权，实现承包权和经营权分置并行，实现农村土地流转权能的明晰化；2014年，中央一号文件提出允许承包土地的经营权向金融机构抵押融资，赋予经营权更多的实际权能，为土地流入方增添更多的金融服务手段；2015年，中央一号文件提出对当前的土地承包法规进行完善，明确现有土地承包关系保持稳定并长久不变的具体实现形式，增强土地流转双方的交易动机，加快土地流转规模和进程。2016年、2017年也出台了一些关于土地流转的办法。这一时期，中央政府高度关注农村土地流转，并对土地流转与农业现代化、农村富裕和农村建设等寄予较高期望，政策也从之前的保护性质转变为鼓励、激励性质。

表3-8 关于中国农村"土地三权"分置的指导思想和政策文件

日期	名称	主要内容
2013年7月	习近平湖北农村考察讲话	深化农村改革，完善农村基本经营制度，要重点研究好土地所有权、承包权和经营权三者的关系。
2013年11月	中共十八届三中全会	赋予农民对承包地占有、使用、收益、流转及承包经营权抵押、担保权能，允许农民以承包经营权入股发展农业产业化经营，并明确流转、抵押、担保、入股的问题。
2013年12月	中央农村工作会议	顺应农民保留土地承包权、流转土地经营权的意愿，把农民土地承包经营权分为承包权和经营权，实现承包权和经营权分置并行。
2014年	中央一号文件	在落实农村土地集体所有权的基础上，稳定农户承包权、放活土地经营权，允许承包土地的经营权向金融机构抵押融资。

续表

日期	文件名称	主要内容
2015 年	中央一号文件	抓紧修改农村土地承包方面的法律，明确现有土地承包关系保持稳定并长久不变的具体实现形式，界定农村土地集体所有权、农户承包权、土地经营权之间的权利关系，保障好农户的土地承包权益。
2016 年 11 月	《关于完善农村土地所有权承包权经营权分置办法的意见》	科学界定"三权"的内涵、边界以及相互间的关系，来巩固和完善农村的基本经营制度，能够更好地维护、实现农民集体、承包农户以及新型经营主体的权益。实行"三权分置"促进土地资源优化配置，土地作为要素要流动起来，培育新型经营主体发展适度的规模经营，推进农业的供给侧结构性改革。
2016 年 12 月	中央一号文件	深化农村集体产权制度改革。稳定农村土地承包关系，落实集体所有权，稳定农户承包权，放活土地经营权，完善"三权分置"办法，明确农村土地承包关系长久不变的具体规定。
2017 年	中央一号文件	落实"三权分置"办法，加快推进农村承包地确权登记颁证，统筹协调推进农村土地征收、集体经营性建设用地入市、宅基地制度改革试点。

来源：作者绘制。

三、政策效果

以上这些政策表明党和政府一直高度关注农村土地流转中的农民权益保护问题[①]，通过制定和完善一系列法律法规来确保农村土地流转过程的科学、规范、有序，并通过稳定农民土地承包权和放活农民土地经营权的方式，实现农民稳定的土地产权和土地权能利益最大化。而且，以上政策的科学落实，在农村大地上诞生了一批批种粮大户、农业企业、生产合作社，他们为土地添加了资本、技术、知识、管理等新鲜血液，土地发展活力更加旺盛，规模农业的生产效率逐步提高，中国农业有望登顶世界舞台，实现中国特色社会

---

① 苗洁. 土地流转过程中农民权益保障的新思维新举措 [J]. 中州学刊, 2015 (8): 45 - 49.

主义农业现代化的宏伟目标。2016年11月，在中国湖州举办的"培育新型经营主体发展农业适度规模座谈会"上的数据显示，家庭农场、农民合作社、农业产业化龙头企业等新型主体数量已超过270万家，这些新型经营主体在推动中国农业适度规模经营、建设农业现代化方面发挥了重要作用。①"根据农业农村部统计数据，截至2018年2月底，全国依法登记的农民专业合作社达204.4万家，是2012年年底的3倍，我国每个村平均有3个农民合作社；实有入社农户11759万户，约占全国农户总数的48.1%；成员出资总额46768万亿元，是2012年年底的4.2倍。伴随规模扩大，合作社逐步向一二三产融合拓展，向生产、供销、信用业务综合合作转变，向社际联合迈进。"②

结语与思考

"农民不语，大智若愚，大言希声"，这是学者对朴实农民的赞誉。生活中，他们是非常务实的、充满智慧的，改革开放以后的农村家庭承包经营制就是由他们一手打造的。③ 正如著名发展经济学家舒尔茨（1987）在其《改造传统农业》一书中提出了"理性小农"，认为在农业生产经营过程中农民的经济行为是理性选择的。④ 无论社会环境如何变迁，农民经济行为中仍然会以经济收益为本质的追求，这是符合经济理性原则的。⑤ 中央政府基于农民的这种利益需求，进行诱致性的制度变革，为农民进行土地确权和更好地进行土地流转推出了一系列的政策，稳妥有序地保障了农民土地流转的利益。

---

① 本刊讯. 多元化培育新型经营主体 多路径发展适度规模经营——培育新型经营主体发展农业适度规模经营座谈会在浙江湖州召开 [J]. 农村经营管理, 2016 (12)：6.
② 全国依法登记的农民专业合作社达204.4万家 [J]. 农业机械, 2018 (6)：144.
③ 丰雷, 任芷仪, 张清勇. 家庭联产承包责任制改革：诱致性变迁还是强制性变迁 [J]. 农业经济问题, 2019 (1)：32-45.
④ [美] 西奥多·W. 舒尔茨. 改造传统农业 [M]. 梁小民, 译. 北京：商务印书馆, 1987.
⑤ 饶旭鹏. 农户经济理性问题的理论争论与整合 [J]. 广西社会科学, 2012 (7)：52-56.

第十则　土地流转添新衣

题记：土地是农民的重要资产，农民依托土地流转盘活土地资产成为市场经济下农民的理性选择，也是当前中国农村跨越"人—地"困境的必然选择。金融工具在当前土地流转中扮演着越来越重要的角色，并创新出多种具有金融基因的土地流转新方式。下文介绍了农村经济实践中发展的几种金融服务型的土地流转方式，见证了"三权分置"下土地流转从传统型的"农民—农民"模式发展到"农民—企业"的现代化流转模式。

新衣之一：土地银行

俗话说："一年之计在于春，一天之计在于晨。"2015年春天，对河南省中部城市临颍县的农民来说，真是一个喜悦的日子——临颍土地银行成立了。这一银行于2015年3月开始启动运营，其注册名为河南惠农土地流转发展有限公司，是通过中国农业发展银行河南省分行与地方政府进行协调合作，共同搭建起来的一个体现政府主导性的土地流转平台。该平台以开展农村土地"存入"和"贷出"为主体业务，以促进土地规范有序地进行流转作为基本的职能，是一个准公益、非金融类混合所有制经营实体。①

表3-9　河南临颍土地银行的业务范围

种类	内容介绍
存入土地	以村民组、村民委员会、农户为服务对象，受理承包土地委托流转，以约定价格和时间支付流转费用。
贷出土地	以农业合作社、家庭农场、龙头企业等为服务对象，将受托"存入"的土地流转给新型农业经营主体经营，按约定收取流转费用。

---

① 赵富洲. 临颍土地银行运作实践与思考[J]. 农业发展与金融, 2015 (7): 41-43.

续表

种类	内容介绍
受托代耕	面向农户或村民组，受托代耕相对连片土地，按约定收取代耕费用。
带地入股	以土地银行发起设立或参股经营的经营实体为平台，吸纳有意愿的村民组或农户以承包土地入股经营。
融资服务	以通过土地银行流转土地的合作社、家庭农场、龙头企业为服务对象，提供生产经营融资服务。
生产经营	依托控股农机公司，为农民和各类经营主体提供田间作业服务，按市场（或约定）价格收取费用。
代购代销	设立农产品购销公司，面向各类经营主体，开展产品收购、订单生产、代储等专项服务。
土地整治	设立农业基础设施发展运营公司，将"存入"土地在"贷出"前按高标准农田的要求进行土地整治或复垦，主要通过政府奖补回收成本。
土地自营	将暂时不能实现"贷出"的土地，实行资金技术集约投入，建成高产高效示范农（牧）场。
融合发展	参股农产品加工、流通企业，打造一二三产融合发展平台。

来源：作者绘制。

临颍土地银行较为重视风险控制，并设立了三道安全阀：一是种植业保险，想融资的大户必须购买种植业保险，以降低自然灾害损失；二是正在推进的贷款保证保险，大户确实还不上贷款时，由保险公司负责赔偿；三是政府出资设立的500万元风险准备金，用于中国农业发展银行的贷款风险补偿。临颍土地银行主要由政府主导，是典型的"政—企—农"合作模式，维持运营的关键在于由政府出资设立风险准备金，其结合种植保险、贷款保证保险进行的风险控制模式与在土地整理复垦、土地规模经营等方面的业务，探索土地流转新模式。

临颍土地银行较好地服务了当地农民的土地流转。数据显示，自2015年3月成立至2016年9月，临颍土地银行已存贷土地25万亩，涉及农户4.8万户，占全县流转土地面积的二分之一，占全县耕地总面积的28.5%。土地银行目前连片50亩以上、存入期限5年以上的超过80%；100亩以上、贷出期限5年以上的超过70%，促进了土地流转的规模化，提升了规模经营的效益。临颍县82家新型经营主体已经从土地银行获得7300万元的融资支持，贷款金额最高的突破200万元,最低的达到25万元,利率也比市面上低。同时,土地银行为大户垫付的70%土地流转费用,一半无须抵押担保,另一半则需要公职人员或企业提供担保。临颍土地银行极大地加速了当地的农村土地流转进程,扩大了土地流转规模,提高了规模农业经营效益,深受当地农民喜爱。

新衣之二:股份合作

2011年,在湖北省孝感市孝南区龙岗村,有4个村的村集体、699户农户以及湖北春晖米业公司在龙岗共同组建合作社,共6000多亩土地进行了整体流转,流转给湖北春晖米业公司,日常生产经营由春晖米业公司负责(其中前者和后者分别占股本的51%和49%)。在分配问题上,该社采取"360+X"的方式,也就是说,不论日后的盈亏,都必须按照每亩360斤中籼稻的基本底价来支付土地租金。在合理提取公积金和风险金之后,剩余的利润将按照股份进行分成。合同表明,龙岗合作社土地流转的期限为18年,由此开创了"龙岗模式",这也成了湖北省第一家农村土地股份合作社。经过几年的试运营之后,初步实现了由最初的分散粗放经营的传统农业,逐步向规模化种植、机械化作业、职业化管理、产业化经营的现代化农业转型。

龙岗模式在制度设计上有着鲜明的特点,注重保护农民的利益。在利益分配机制上,采取了"租金保底+盈余分红+打工收入"的形式,也就是说无论合作社是盈是亏,都必须按照每亩每年的一定底价来支付村集体、农户的流转土地租金,需要由农民自主选择兑现实物还是现金,需要在合理提取公积金、公益金、风险金、农机具折旧费等之后,把剩余的利润按照股权同比例进行分成。

龙岗模式善于借助龙头企业的带动作用,并坚持将"以企带社、以社带民、入社自愿、退社自由"作为基本原则,将保护农民的利益作为制度设计的落脚点,并采取了"租金保底+盈余分红+打工收入"这一利益分配机制,从而打造出了独具特色的发展模式。[1] 龙岗合作社经营成功的要素就在于打造

---

[1] 李海新. 湖北农村土地承包经营权流转的实践与思考[J]. 湖北社会科学, 2013 (1): 65-68.

了新的市场主体，农村领导干部坚强有力，赢得了村民对村集体的信任，而村集体又十分信任龙头企业，龙头企业信任信托，以此形成了"三级信任"这种环环相扣的信任模式。同时，信托又可以以资本的形式介入龙岗模式，通过与龙头企业合作，推动土地流转逐渐股份化、农企联姻逐渐产业化、经营管理逐渐职业化、生产种植逐渐规模化、政府服务逐渐全程化，由此为当地的土地流转提供了更好的服务。[①]

这种模式使得资本进得来，新的市场主体也进得来，并且较好地统一了村民、集体、企业的利益，受到了社会各界的广泛关注。

新衣之三：土地信托

2013年10月10日，中信信托与安徽省宿州市埇桥区人民政府合作，推出国内土地流转信托计划"中信·农村土地承包经营权集合信托计划1301期"。土地流转信托产品需要土地规模化和土地确权两个重要条件，安徽宿州地处江淮平原，是国家现代农业产业示范区和全国农村综合改革实验区，而参与土地信托的5400亩土地主要集中于朱仙庄镇下辖的塔桥、朱庙这两个行政村的农用地。这片土地在成为信托产品前，由宿州市人民政府和安徽帝元公司来实现土地规模化的流转，确权工作也已经基本完成，并且由于距离城区较近，农村的年轻劳动力大多选择进城务工，留下来的大多是老人，因此他们的土地流转意愿都非常强烈。

在宿州市土地信托计划中，埇桥区人民政府选择将5400亩农业用地经营权集体流转到中信信托有限责任公司，这一信托计划为结构化集合信托，并以12年为期限，采取"财产权信托"和"资金信托"平行推进的双信托结构。

A类委托人是埇桥区人民政府，他们计划发行A类信托单位5400万份，也就是说涉及流转的土地5400亩。A类委托人交付的A类信托财产，成立起A类受益权（对农户分散的土地进行集中，并对土地进行整理，为相关农业项目的规模集约化经营奠定坚实的基础）。这一计划还将发行两大类资金信托

---

① 摘自《我国土地信托流转的典型实践》。

计划，即 B 类和 T 类，其中，B 类主要用于提高产能、农业生产技术的研发等。而 T 类则用于农民地租收益兑付，以及 B 类资金信托收益的流动性需求。

所募集的信托资金共同集合构成了信托计划的信托财产，这类资金不仅保障了 A 类收益权，而且保障了土地信托农户的收益。而这种信托计划结构化设计，则将 A 类信托受益权抵押给了金融机构进行融资，使土地交易市场内的转让成为可能，也赋予了农地信托流转的金融属性，使农民在参与城镇化进程、承担城镇社会保险和住房机构等方面的成本大大降低，为农民支付这种成本创造了条件。

受托人在信托项目存续期内，可以根据实际的土地整理投资需求等一些实际情况来发行适当规模的 B 类信托单位，以筹得所需资金；也可以在相关制度机制变得相应完备时，与一些涉农金融机构进行合作，并向参与土地信托的相关当事人主体提供信贷资金，在此基础上搭建起完善的、良性循环的、以土地流通信托为平台的"三农"服务金融生态链。①

在宿州经验的基础上，中信信托将这种土地流转方式扩展至全国范围内，2014 年 11 月，中信信托与黑龙江省兰西县人民政府、黑龙江省农业科学院（下称农科院）、哈尔滨谷物交易所（下称哈交所）就共建中信·兰西土地信托化综合改革试验区签订战略合作协议，涉及流转土地 300 万亩。至此，土地信托在全国范围内铺开。

政策分析

一、政策背景

随着城市化水平不断提高，我国的农村土地流转规模呈现不断扩大的趋势，流转速度也保持在较高的水平。② 当前，我国的土地流转形式主要表现为出租、互换、转包、转让、入股等，其他形式包括代耕代种、反租倒包等。③

---

① 中国人民银行宿州市中心支行课题组，戚军. 农村土地流转信托模式研究 [J]. 金融纵横，2015（1）.
② 韩长赋. 中国农村土地制度改革 [J]. 农业经济问题，2019（1）：4 – 16.
③ 张成君，王万江. 现阶段农村土地流转的现状分析 [J]. 社会主义研究，2002（4）：92 – 93，96.

近些年，转包和出租逐渐发展成为主要的土地流转形式，但由于这些流转形式较为传统，并没有相应的金融资源参与其中，因此流转规模和现代农业的经营都面临着瓶颈。

二、政策内容

针对这一问题，国家予以高度重视，尤其是党的十八大以来，出台了诸多涉及土地流转的金融政策，通过政策提升农村土地流转的规模和现代农业生产经营的效率。

第一，2013年11月，中共十八届三中全会指出，要在坚持以农村土地归集体所有、以家庭承包经营为基础以及承包关系不变的前提下，适当地给予农民对自己所承包的土地以占有、使用、收益、流转和承包经营权抵押、贷款、担保等权利。

第二，2014年11月，中共中央办公厅、国务院办公厅印发了《关于引导农村土地经营权有序流转发展农业适度规模经营的意见》。这一文件强调，随着我国工业化、信息化、城镇化以及农业现代化的进程不断加快，农村的劳动力发生了大量转移，农业物质技术的装备水平也不断发展和提高，农户承包土地的经营权流转速度明显加快，发展适度规模经营已经成了一种必然的趋势。

第三，2015年国务院发布45号文《国务院关于开展农村承包土地的经营权和农民住房财产权抵押贷款试点的指导意见》，提出要进一步深化农村金融改革创新的要求，强调要加大对"三农"的金融支持力度，实现农村土地经营权的有序流转，包括慎重稳妥地推进农民住房财产权抵押、担保和转让试点，做好农村承包土地也就是耕地的经营权和农民住房财产权抵押贷款试点工作。①

第四，2017年5月，中共中央办公厅、国务院办公厅印发的《关于加快构建政策体系培育新型农业经营主体的意见》正式公布。《意见》鼓励农民通过流转土地经营权，提升土地适度规模经营水平，同时围绕改善金融信贷服务提出了数项具体的支持措施。同年，农业信贷担保工作座谈会在北京召开，

---

① 游春. 四大举措构建我国农村土地流转金融支持体系 [J]. 中国银行业，2015 (6)：92-95.

时任国务院副总理汪洋在会议上强调，建立财政支持的农业信贷担保体系，是创新财政支农机制、提高支农政策效能的重大举措。要认真贯彻党中央、国务院决策部署，加快健全农业信贷担保机构，完善运营管理机制，扩大涉农担保贷款业务规模，撬动更多金融资金投向农业农村，为深入推进农业供给侧结构性改革注入强劲动力。

同年，时任农业部部长韩长赋提出要从五个方面推进农业供给侧结构性改革，涉及四大投资方向，其中之一便是土地流转。韩长赋指出：土地制度改革包括农村土地承包经营权权属落实，农村集体经营性建设用地改革、农村宅基地制度改革和土地征收制度改革。①

表3-10 农村土地流转政策回溯

时间	文件	内容
2010年	中央十八届三中全会《决定》	农民土地承包经营可抵押、转让。
2013年	《关于引导农村土地经营权有序流转发展农业适度规模经营的意见》	引导农村土地经营权有序流转，发展农业适度规模经营。
2015年	《国务院关于开展农村承包土地的经营权和农民住房财产权抵押贷款试点的指导意见》	盘活农村土地资产，探索农民增加财产性收入渠道。
2017年	《关于加快构建政策体系培育新型农业经营主体的意见》	加快构建政策体系，引导新型农业经营主体健康发展。

来源：作者绘制。

各级地方政府也纷纷结合本地实际情况，探索土地流转的金融支持机制建设。② 以中部农业大省安徽省为例，合肥市2016年出台了《关于金融支持新型农业经营主体发展的指导意见》，鼓励和引导农民走合作发展、规模经营之路，推动农村土地流转，促进农业适度规模经营。至此，农村金融发展进入快车道，并推出精细化金融服务手段，为农村农业农民发展提供便利和服务。而且，一些大型企业集团在政府的号召和优惠政策的引导下，也积极发

---

① 孔祥智. 农业供给侧结构性改革改什么[J]. 中国乡村发现，2016（2）：32-34.
② 李文忠，张金鹏，卢富，等. 金融支持农村土地流转的模式探讨[J]. 华北金融，2016（12）：78-80.

展农村土地流转的金融服务。一些互联网大企业都在这个中国最广阔的战场上排兵布阵、攻城略地,还有一些像什马网、搜土地网等专业的农村金融、土地流转互联网公司也大力拓展农村土地流转金融业务,积极涉足其中。搜土地网是全国最早的土地流转网,农地交易量已超过1.68亿亩,掌握着规模农地交易的大数据。搜土地网借助线下2300家乡镇土地流转服务社和加盟的农金超市的优势,从农业的最前端土地流转入手,为家庭农场等需要资金的规模用户提供抵押贷款服务。风控方面采用线下两级联合交叉检验,注重对于第一还款来源和还款意愿的审核,实现闭环的产业链和资金链。同时,利用自身开放平台的流量为金融机构处理不良贷款。

这些社会资本看中农村土地流转的蓝图,从不同方向切入这块巨大的蛋糕,获取农村土地产权流转带来的经济效益。

三、政策效果

自从1978年中国农村地区探索发展家庭联产承包责任制以来,土地流转在农民之间私下进行,农民群众在土地流转形式上不断探索、创新,如转包、出租、互换、转让、股份合作等,并得到中央政策的大力支持。实践中,各地区结合各自的地理因素、经济因素和人文习惯,探索出了"反租倒包""两田制""股田制""两权抵押""宅基地换住房""土地换社保""地票制""土地信托""土地银行""土地资产证券化"等一批新的土地流转模式。虽然有些模式在实践中得到纠正或被终止,但农村土地大规模流转的趋势不可阻挡,农村不断探索土地流转新形式。学者黄祖辉在浙江省的调研数据显示,出租、转让、互换是主要的传统流转方式,三者合计占土地流转总样本的40%,反租倒包、土地信托发展较为迅速,在全国大多数地区得到推广,新的流转方式也在各地如雨后春笋般出现。①

结语与思考

在过去的一个时期,商业银行的贷款权限不断上收,在县以下很少有收

---

① 李海涛,傅琳琳,黄祖辉,朋文欢. 农业适度规模经营的多种形式与展望 [J]. 浙江农业学报,2021,33(1):161-169.

益较好的项目，商业银行越来越成为吸收存款的机构。就农信社来说，也是多存少贷，中国邮政储蓄银行则是只存不贷。在县域经济的存款市场上，资金主要通过中国邮政储蓄银行和国有商业银行大量流向城市，这使得本来资金就短缺的县域经济发展雪上加霜。① 在这种金融匮乏的背景下，农村土地虽然已出现流转，并得到政府的许可，但由于缺乏资金，难以实施大规模的土地流转。在这个阶段，土地流转的模式较为传统，仅限于转包、转让、合作、租赁、互换等方式出让经营权，流转对象多限于同村的农民个体之间，规模较小。当金融业态走进农村、参与土地流转时，土地流转出现了一些新模式，如土地银行、土地信托②、股份合作③等方式，大大提高了土地流转的规模、期限、效率，实现了更高的经济效益，也使农民获得了较好的流转收益。

"金融是现代经济发展的血液，金融活则经济活，金融稳则经济稳。"改革开放40年来，中国金融发展的重心在城市，服务于第二、三产业，而农村农业很少获得金融支持，甚至农村的储蓄资金在金融系统内也都循环至城市，进一步剥夺了农村获得金融资金的额度。但是，动态地看，农村金融经历了从无到有、从不完善到逐步调整的过程。④ 在土地流转新时代，中央政府意识到金融在化解"三农"问题中的重要作用，不断出台一系列有助于土地流转和惠民的金融政策，使土地流转更加顺畅，给予农民更多的金融服务手段。相信在不久的将来，农村金融将成为和城市金融一样的"蓝海"。

---

① 蔡晨. 农村金融的供求失衡分析 [D]. 成都：西南财经大学，2009.
② 陈敦，张航. 农村土地信托流转的现状分析与未来展望 [J]. 国家行政学院学报，2015 (5)：94-98.
③ 肖端. 农村土地股份合作制模式发展及其协同推进 [J]. 改革，2013 (9)：90-97.
④ 温涛，王煜宇. 改革开放40周年中国农村金融制度的演进逻辑与未来展望 [J]. 农业技术经济，2018 (1)：24-31.

第二篇　农村建设用地

第四章
华夏农民安居所

第十一则　家家住上四合院

题记：四合院是老北京的历史文化遗产，代表着中国民居建筑的发展成就。中华人民共和国成立以后，中国农民的地位发生了改变，成为土地的主人，他们的居住环境也发生了巨大变化，普通百姓家就能建起宽敞的房屋。下面讲述一个发生在河南南部农村的故事，一个具有普遍性的农民居所，给农民及其孩子们带来的舒适与快乐。但伴随农村经济的发展和社会的进步，这种传统的民居逐渐淡出人们的视野，成为历史的符号，见证了几代农民的幸福生活。

小雷家的四合院[①]

新中国成立以后，中国农民的住宅环境和政策方向发生了较大变化。下面我们来看看小雷家的故事。

小雷的爷爷是个老红军，新中国成立以后，爷爷退伍回到河南省新县老家。由于革命有功，爷爷回到老家后，当地政府给他安排了一个村长的职务。那时候小雷的爷爷还是个年轻小伙子，精力充沛，在平常务农的同时也愿意

[①] 本书中的四合院主要是指农民居住的宽敞、方正的民居，各地建设模式不同，和传统所指的老北京四合院是有区别的。

为乡亲们做点事情。

听小雷爷爷说，他们家最早的房子是一栋当地人称呼的"四合院"。房子坐北朝南，北面的房子一共三间，中间的一间叫作堂屋，摆放着祖辈的牌位和供桌，旁边放着桌椅，有亲戚、客人来访时接待用；堂屋两侧的房间是左右厢房，左厢房由小雷爷爷住着，右厢房由小雷爷爷的父母住着，对小雷来说叫作曾祖父母。

院子的南面也是三间房，中间的那间叫作过堂，放些农家耕作工具和一些物件，过堂的左侧是厨房，用于做饭；过堂的右侧是储藏粮食用的，一般到收割季节，这里堆放得满满的。院子的西侧是一排平房，平常储藏些杂物；院子的东侧是一面分隔墙，墙的另一侧是另一户人家，邻居的房屋格局和小雷爷爷家一模一样，完全呈对称状。

说起当地的四合院，我们有必要看看中国典型的四合院，了解一下这一文化瑰宝。四合院中最有名气的当属北京传统的四合院，是一种中国传统合院式建筑，其格局为一个院子，四面建有房屋，通常由正房、东西厢房和倒座房组成，从四面将庭院合围在中间，故名四合院。四合院与客家的围龙屋、陕西的窑洞、广西的干栏式建筑和云南的"一颗印"，合称为中国最具乡土风情的五大传统住宅建筑形式、中国五大特色传统民居。

据小雷爸爸说，那时候家里的空间很大，院子里种植梨树、桃树、杏树。小雷爷爷家一共有4个孩子，3个男孩、1个女孩，小雷的爸爸排行老三。那时候他们兄弟姐妹4人经常挨罚，小雷的爷爷是军人出身，纪律性非常强，哪个孩子不听话就直接用教鞭抽打，现在小雷的爸爸回想起来，心里还很害怕。

渐渐地，兄妹4人长大了，一个个都结了婚，并陆续有了孩子，房子也就不够住了。那时候，赶上好政策，党和国家保障农民住房问题。按照规定，孩子成家后可以独门立户，集体可为其分配宅基地建房，其中宅基地只有使用权，不能买卖，房屋所有权归农民所有。

那时候，农村住房不值钱，很多立户的新家庭都分到了宅基地，然后按规定面积建设了"四合院"，同样的场景在兄妹4人中重复着。

但是，有一天，听说小雷的四叔要卖房子。因为小雷的四叔是高中毕业，在家务农几年，感觉没有前途，就外出打工，听说在外面的大城市里发展得很不错，于是打算把老婆孩子都接走，去城市发展。家里的房子可是个大问题，国家规定房子可以卖给同村的农民，但同村的农民都有房子，没人愿意买他的四合院，而且这栋房子也不好对外出租。因为他们村离县城远，根本没有人愿意租。

就这样，小雷四叔的四合院一年一年地空置着，好多年不住人了，墙头都坍陷了，从外面看，只能看出一个四合院的轮廓来。而且，像小雷四叔这样的人越来越多，每个小队都有好几户，城市化进程不断地吸纳农村的人口，造成农村空置的四合院越来越多，四合院逐渐成为一道历史痕迹，慢慢地淡出人们的视野，被人们遗忘。

政策分析

一、政策背景

小雷家的故事，从一个侧面反映中华人民共和国成立以来我国农民住房的政策变化。农村宅基地是我国农村土地的重要组成部分，为农民提供了基本的居住权，保障了社会的和谐稳定。[①] 在我国社会的不同历史时期，宅基地政策也在不断地变化。中华人民共和国成立之初到20世纪60年代，宅基地归农民私人所有，保障了农村社会的和谐稳定。生产队体制建立之后，宅基地归集体所有。村集体的成员可凭借其成员身份获得宅基地并无偿使用。改革开放以来，随着我国城乡一体化进程快速进行，农业生产力提高，大量的农民来到城市务工、创业，特别是20世纪90年代以来一波高过一波的民工潮，使得我国城镇人口数量越来越多，农村闲置的房屋数量逐渐增加。数据显示，从1995年到2010年，我国城镇人口数量从3.5亿人增加到6.7亿人，而乡村人口数量从7.9亿人减少至6.7亿人。[②] 在宅基地的使用过程中，除了房屋闲置以外，还存在着一户多宅、超建乱建的现象，使用情况较为混乱。

---

① 郑尚元. 宅基地使用权性质及农民居住权利之保障[J]. 中国法学, 2014 (2): 142-157.
② 数据来源: 中国统计年鉴。

为了破解当前宅基地使用过程中的难题，盘活农村宅基地资源，提高利用效率，我们急需对农村宅基地制度进行新一轮的改革。

二、政策内容

自中华人民共和国成立以来，我国宅基地制度与整个农村土地制度变迁取向既有一致之处，也有不同的地方。大致经历了以下三个阶段：

（一）1949—1962年，宅基地私有制阶段

从1949年中华人民共和国成立到1962年，农村宅基地归农民私人所有，农民实现了居者有其屋的目标。[①] 同时，拥有宅基地和房屋的所有权，农民宅基地和房屋都属于农民私有财产，宅基地所有权与房屋所有权两权主体合一，宅基地和地上房屋可自由买卖、出租、赠与、典当及继承等。

中华人民共和国成立初期，中央在总结各解放区土地改革经验的基础上，制定了《土地改革法》，并对农民宅基地进行了改革。大部分农民实现了"耕者有其田"的目标，获得了土地的所有权。1949年9月，在《中华人民政治协商会议共同纲领》中，明确要求实行农民的土地所有制。1950年颁布的《土地改革法》进一步规定要实行农民的土地所有制。随着农业合作化运动的进行，合作社将农民的主要生产资料收归集体所有，但是宅基地的所有权仍然归农民所有。1956年，我国农村生产资料私有制的社会主义改造基本完成，具有社会主义特征的高级农业生产合作社普遍建立，土地等主要生产资料都收归集体所有，实行统一经营、共同劳动、统一分配。但农民的宅基地及其房屋并未入社，仍归农民个人所有。

（二）土地归集体所有和房屋可自由买卖时期

1962年年初至1999年，宅基地归集体所有，个人仅享有宅基地的使用权，宅基地不准出卖和出租，但宅基地上的房屋可以自由买卖，农民住房由房地合一的所有者主体转变为所有者主体相分离，形成延续至今的房屋所有权主体与土地所有权主体相分离的模式。这个过程又包括以下三个阶段。

---

① 丁国民，龙圣锦. 乡村振兴战略背景下农村宅基地"三权分置"的障碍与破解[J]. 西北农林科技大学学报（社会科学版），2019，19（1）：39-50.

1. 1962—1981 年：农民可取得宅基地使用权，房屋可自由买卖

随着人民公社化运动的进行，1962 年中共八届十中全会通过的《农村人民公社工作条例修正草案》将土地收归集体所有，但是房屋所有权仍归农民，农民可以对房屋进行买卖或者租赁。1963 年中共中央颁布的《关于各地对社员宅基地问题作一些补充规定的通知》第一次使用了"宅基地使用权"概念，同时规定了"地随房走"的原则，农村宅基地所有权从此明文转变为宅基地使用权。1978 年中央委员会通过的《农村人民公社工作条例》再次强调房屋所有权归农民，禁止农村土地买卖。

改革开放以来，随着家庭联产承包责任制度的实行，农民的经济水平显著提高，开始追求更高的物质享受。在这个阶段中，由于农民对相关法律法规缺少了解，出现了随意占用耕地修建房屋的情况。1981 年国务院发布《关于制止农村建房侵占耕地的紧急通知》，强调农村宅基地由地方政府统一管理。该阶段，宅基地由之前的所有权转化为使用权，农村宅基地所有权主体与使用权主体相分离，宅基地不准出租和买卖，但宅基地上的房屋可自由买卖，确立了农村宅基地使用权的无期限性。

2. 1982—1998 年：农民和城镇居民都可取得宅基地使用权，房屋可自由买卖

1982 年全国人大通过的《宪法》再次强调宅基地归集体所有。1984 年最高人民法院在《关于贯彻执行民事政策法律若干问题的意见》中规定公民在乡镇依法进行房屋交易时，房屋的所有权必须和土地宅基地的所有权一同进行交易。1986 年颁布的《土地管理法》对农村居民新建住宅、城镇非农业户口居民使用集体土地新建住宅等问题做了详细规定。1989 年国家土地管理局《关于确定土地权属问题的若干意见》中提出城镇居民可购买农村房屋，只是在取得房屋所有权时，房屋所占的土地使用权转为国家所有。1993 年《村庄和集镇规划建设管理条例》将宅基地的使用人范围扩大到愿意回原籍村定居的职工、退伍军人、离退休干部、华侨和港澳台同胞。

3. 1998—1999 年：农民可取得宅基地使用权，房屋可自由买卖

1999 年 1 月 1 日施行的《土地管理法》对农村土地的用途进行了管制，限制农用地转为建设用地。城镇居民不得再申请集体土地建设住宅，农村村

民转让宅基地后,不能再申请新的宅基地,并未禁止城镇居民在农村购买房屋。1998年国务院通过的《土地管理法实施条例》也未禁止宅基地使用权转移,当地上建筑物转移的,须依法变更土地使用权。

(三) 土地归集体所有和房屋处分受到限制时期

1999年5月至今,宅基地仍归集体所有,农村宅基地具有身份属性,使用权人必须是本集体经济组织成员,一户只能拥有一处合法的不超过法定标准的宅基地,宅基地使用权不得向本集体经济组织以外的成员转让,宅基地上的房屋可在本集体经济组织内部转让,农民转让房屋后,不得再次申请宅基地,禁止城镇居民在农村购买宅基地。

1999年5月,国务院办公厅发布《关于加强土地转让管理严禁炒卖土地的通知》,规定有关部门不得向违规占用农村集体土地修建的住宅发放土地使用权和房产证。2004年,国务院《关于深化改革严格土地管理的决定》规定禁止农村土地用于非农建设。2004年,国土资源部《关于加强农村宅基地管理的意见》强调严禁城镇户口的居民购买农村住宅。2007年,国务院办公厅发布《关于严格执行有关农村集体建设用地法律和政策的通知》,再次强调农村宅基地只能分配给农民,禁止用于非农用途。2008年,住房和城乡建设部《房屋登记办法》要求房屋登记机构不得受理农民向非集体组织成员转让房屋。2008年,国土资源部《关于进一步加快宅基地使用权登记发证工作的通知》再次强调了这一规定。

表4-1 我国宅基地制度政策回顾

时间	文件	内容
宅基地私有制阶段		
1949年	《中国人民政治协商会议共同纲领》	废除封建土地所有制,实行农民土地所有制。
1950年	《土地改革法》	实行农民的土地所有制。
1956年	《农业生产合作社示范章程》	初级社保留社员私有制。
1956年	《高级农业生产合作社示范章程》	农民房屋地基、坟地仍归自己所有。

续表

时间	文件	内容
土地归集体所有和房屋可自由买卖时期		
1962年	《农村人民公社工作条例修正草案》	农民对宅基地由原来的所有权转变为使用权。
1963年	《关于各地对社员宅基地问题作一些补充规定的通知》	农村宅基地所有权从此明文转变为宅基地使用权。
1978年	《农村人民公社工作条例》（试行草案）	土地归集体所有，房屋归农民所有。
1979年	《关于贯彻执行民事政策法律的意见》	集体所有土地禁止买卖。
1981年	《关于制止农村建房侵占耕地的紧急通知》	土地所有权归集体，禁止买卖。
1982年	《宪法》	宅基地归集体所有，以宪法形式被确认。
1984年	《关于贯彻执行民事政策法律若干问题的意见》	宅基地使用权和房屋所有权统一。
1989年	《关于确定土地权属问题的若干意见》	城镇居民可购买农村房屋所有权。
1991年	《土地管理法实施条例》	非农户口居民使用集体土地应当申请。
1999年	《土地管理法》	土地用途管制加强，限制农用地转为建设用地。
土地归集体所有和房屋处分受到限制时期		
1999年	《关于加强土地转让管理严禁炒卖土地的通知》	禁止城镇居民在农村购买宅基地。
2004年	《关于深化改革严格土地管理的决定》	严格控制土地用途。
2007年	《关于严格执行有关农村集体建设用地法律和政策的通知》	农村住宅用地只能分配给本村村民。
2008年	《房屋登记办法》	不属于房屋所在地农村集体经济组织的居民申请房屋登记，不予办理。
2008年	《关于进一步加快宅基地使用权登记发证工作的通知》	严格执行城镇居民不能在农村购买和违法建造住宅的规定。

来源：作者绘制。

三、政策效果

中华人民共和国成立以后，宅基地根据农户的人口数量进行无偿的平均分配。① 在宅基地上修建的住房长久归农民及其继承人所有，满足了广大农民的居住需要，体现了社会主义制度的福利保障。农村房屋转让的"地随房走"的原则，既明确了农村宅基地的权益归属，又保护了农民的房屋和宅基地不受侵犯。②

改革开放以来，农民新建住房的热情不断高涨，盲目扩建新建乱占耕地以增加宅基地面积。为了应对这些情况，政府对农村宅基地使用面积、用途等多方面做出了规定，有效地保护了耕地资源，防止了土地资源的闲置和浪费，遏制了村庄建设无序扩张的情况，加强了对城乡土地的规划和利用。③

结语与思考

对每一个农民而言，宅基地是自己出生和成长的地方，承载着儿时和童年的回忆，是自己的根，也是自己祖祖辈辈劳作、生活的地方。就算以后定居在城市，那个小村子仍然是自己永远的家。经济在发展，社会在进步，传统民居四合院逐渐退出历史舞台，农民们在新农村建设的运动中逐渐住上高大的楼房，④ 这些荒废的四合院被拆倒、整理为耕地。但四合院的美好回忆将印刻在每一位农民心中，它让农民体验到了真正的农家生活。

在完全实现城乡一体化这一漫长的过程中，农村空心化不可避免，⑤ 农村的青年人口减少了，孩子们的欢声笑语减少了，散养的鸡鸭数量变少了。大

---

① 杨雅婷.我国宅基地有偿使用制度探索与构建 [J].南开学报（哲学社会科学版），2016（4）：70 - 80.
② 董新辉.新中国70年宅基地使用权流转：制度变迁、现实困境、改革方向 [J].中国农村经济，2019（6）：2 - 27.
③ 李泉.农村宅基地制度变迁70年历史回顾与前景展望 [J].甘肃行政学院学报，2018（2）：114 - 125，128.
④ 顾杰，徐建春，卢珂.新农村建设背景下中国农村住房发展：成就与挑战 [J].中国人口·资源与环境，2013，23（9）：62 - 68.
⑤ 李玉红，王皓.中国人口空心村与实心村空间分布——来自第三次农业普查行政村抽样的证据 [J].中国农村经济，2020（4）：124 - 144.

量进城的农民没有被纳入完善的社保体制之内,农村土地是他们最后的保障。① 宅基地制度由于自身的特殊性和承担的社会功能,成为土地改革中最独特、最难决断的一道关口。从世界各国城市化的历程来看,我们只有将城市建设得更加具有活力、具有包容性,以城市化带动农村现代化,才能把农村建设得更加繁荣。② 愿流浪的人们都能够安居在心灵的故乡,让乡愁得以安放。

---

① 姜长云. 农村土地与农民的社会保障 [J]. 经济社会体制比较, 2002 (1): 49-55.
② 孙全胜. 主要国家城市化基本经验及其启示 [J]. 上海经济研究, 2018 (1): 116-128.

第十二则　排排别墅铺满村

题记：在我们城市的大多数人的印象中，农村意味着脏乱差、贫困与落后，或许在几十年前有这种情况，但现在的农村是一幅欣欣向荣的景象，农民居所宽敞、生活幸福，农业新业态层出不穷。下文讲述的是苏南一个乡村，是中国新农村建设中一个例子，让我们用这个案例，感受下现代化的农村景象。

越来越美的幸福村

当前，人们熟知的美丽乡村有很多，如江阴的华西村、河南的南街村、山东的代村等。他们都在领头羊的带领下，发展得越来越好。本文讲述的是苏南一个普通的小村庄，它的名字叫作"幸福村"，取这个名字代表了该村世世代代的村民对幸福美好生活的向往与追求。同时，该村近40来年的成长历史见证了我国农村发展的巨大变化。

改革开放前，幸福村人口不多，不到800人。该村靠近湖泊，村民世世代代靠"湖"吃饭，在湖里打捞、养鱼、养虾、养蟹等，全村的生活过得还算惬意。幸福村还有一片果林，大概有600来亩，种了一些苹果树、石榴树、李子树、柿子树等。可别小看这几百亩的果林，它可是当地集体企业罐头厂的主要生产原料！在经营效益好的年份，每年村民都可以分到不少的年货和现金，欢欢喜喜过大年。但是，1978年以后，在全国一致号召进行"分田到户""包干单干"等改革的号角下，幸福村的村民陷入了迷惘，是继续走过去的集体联营之路，还是跟随全国的脚步，实行家庭联产承包责任制呢？大家议论纷纷，意见不一。

这时，一个叫李苏醒的大爷出来说话了。他对大家说："我经历过国民党统治年代，那时候地主把地租给了我们贫农，到季就收我们的租金，我们辛辛苦苦种的粮食大部分都被地主拿走了。赶到年头不好的时候，我们收割的粮食都不够地租。但地主依旧不减我们的租金，那个年代我们贫农才叫苦呀！为啥后来我们村好多人加入了红军，就是想翻身做土地的主人，我父亲就是为了反抗国民党政府的暴政而牺牲的。现在我们的幸福生活可是来之不易呀！解放以后，我们每家每户有了田，成了地的主人，不再担心受地主欺负。后来，在毛主席的号召下，我们搞生产合作，成立了人民公社，我们现在的果树林和罐头厂就是在那一阶段打下的基础，这些年我们一直享受这些成果呀！乡亲们，你们说我们的日子到底过得怎么样！全国别的地方，我没有去过，他们搞分田到户、家庭联产，是因为他们之前干得不够好、矛盾多。可我们与他们不同呀，我们不必去跟风，而是继续坚持走自己的路，继续过我们的幸福生活。"

苏醒大爷的话深深打动了村支书张自强的心，他向村民保证："以后要更加卖力地为村民服务，把咱们的果树林栽种好，把罐头厂经营好，继续让村民们过上幸福美好的生活。如果做不到，我张自强就不做这个村支书了。"最后，村民们一致同意继续走"果树林"和"罐头厂"的集体联营模式，同时给村民们分配一小部分机动用地，每家每户灵活安排自己的生产经营，满足大家的差异化需求。

但是，到了20世纪80年代中后期，当地的果树林和罐头厂经营都出现了困难，果树林因为树龄较大，种出的水果口味欠佳，不如市场上一些培植起来的新树种；罐头厂因为设备陈旧，加上广东地区一些新兴企业的竞争，利润空间越来越小，有时还面临亏损。

在面临危机时，张自强书记又一次展现了他过人的能力，正如他的名字一样，一定要自己强大起来。他果断宣布放弃果树林和罐头厂，寻找新的发展机遇。张自强书记带领几个年轻力壮的村民跑遍了无锡、上海、深圳等地，结合本村的地理位置优势，果断地选择进行"轻钢轧钢"加工序列。他们认为本村地理位置优势明显，交通便利，紧靠在苏州、无锡、常州等城市。现在全国各地都在搞开发建设，对这一产品的需求较为旺盛，可以选择尝试一把。

于是，在张书记的带领和村民的支持下，幸福村砍掉了老果树，关闭了罐头厂，在这些地理空间上建立了一个全新的集体组织企业——轧钢厂，并起名为"幸福村轧钢厂"。轧钢厂建立起来后，各地订单纷至沓来，村民们忙个不停，没到年终他们就收获了丰厚的红利。

幸福村的成功吸引了周边村组的加入，他们和幸福村一块搞轧钢厂上下游配套产业，如物流、配送、包装、采购等。就这样，幸福村的规模越来越大，从当初800来人的小村庄变成现在一个拥有7000多人的大村社。幸福村成功了，集体统一为各户村民建设联排别墅，拥有前庭后院的二层洋楼，极富农家特色，幸福村的村民就在这一排排别墅中享受着现代化的生活，他们生活的质量和幸福指数比周边的许多市民都要高出很多呢！

2000年以后，张自强书记主动退下了，把领导全村发展的重任交给了本村的一个大学生，他的名字叫袁航。他是当地的高考状元，从复旦大学经济学院毕业以后坚持回家乡发展，是一个有理想、有情怀的年轻人。他回到家乡以后，经张自强书记考察和村民们的一致同意，大家决定把"幸福村"的未来交给这个年轻人。

袁航接棒以后，一刻也没有停下来，他用集体留存的收益在湖边建立了一个旅游观光区，并建设了餐饮、购物、酒店、民宿等配套特色产业。这个被当地人称为"无烟产业"的新行当，给当地带来了巨大的经济收益，现在全村的集体经济收入有70%以上都来自这个新产业。

接下来，袁航还要响应国家号召，集全村之力进军发展"现代农业产业科技园"，并在园区内融入亲子教育、农事体验、农业采摘、农业休闲、农耕文化、自然景观、农家餐饮等，要打造一个长三角地区耀眼的五星级乡村旅游示范区。

但是，未来的路上，有一件事让袁航犯愁了，那就是土地。现在全村的土地越来越有限，能用的土地都整理出来了，未来要想有更大的发展，必须增加土地的资本有机构成，让资本、技术、管理、数据等不断融入幸福村的产业发展中去，让幸福村有一个更加美好的未来！

政策分析

一、政策背景

2005年，中国共产党第十六届中央委员会第五次全体会议提出"生产发展、生活富裕、乡风文明、村容整洁、管理民主"的社会主义新农村建设目标。在社会主义制度的安排下，按照新时代的要求，在农村进行经济、政治、文化和社会等方面的建设，将农村建设成为经济繁荣、设施完善、环境优美、文明和谐的社会主义新农村。中央农村工作会议提出，积极稳妥推进新农村建设，加快改善人居环境，提高农民素质，推动"物的新农村"和"人的新农村"建设齐头并进。

在建设中国特色社会主义的过程中，党和国家多次提到"社会主义新农村"这一概念。进入21世纪后，党的十六届五中全会再次提出建设社会主义新农村，意义更加深远，要求更加全面。新农村建设是进入以工促农、以城带乡新阶段后的一项崭新任务。在这个阶段，农村是我国全面建设小康社会的重点和难点，农业富足，农村强，农民富，国家富，农村稳，社会安；没有农村的小康社会，就没有整个社会的小康社会；没有农业的现代化，就没有国家的现代化。世界上许多国家都采取了工业反哺农业、城市反哺农村的发展战略。① 我国国民经济主导产业已经由农业转为非农产业。经济增长的动力主要来自非农产业。② 根据国际经验，我国目前已进入工业反哺农业阶段。因此，我国新农村建设重大战略措施的实施是适时的。

二、政策内容

2005年10月8日，中共十六届五中全会通过"十一五规划纲要建议"，提出要按照"生产发展、生活宽裕、乡风文明、村容整洁、管理民主"的要求，扎实推进社会主义新农村建设。

生产发展是社会主义新农村建设的基础和根本，必须大力推进农业现代化，增加农业的科技附加值，提高土地产出率和农业劳动生产率，使我国农业竞争力大大增强。

生活宽裕要求增加农民收入，促进农民持续增收，这是检验新农村建设

---

① 马晓河，蓝海涛，黄汉权. 工业反哺农业的国际经验及我国的政策调整思路 [J]. 管理世界，2005（7）：55-63.
② 徐建国，张勋. 农业生产率进步、劳动力转移与工农业联动发展 [J]. 管理世界，2016（7）：76-87，97.

成效的重要标准。要大力发展劳动密集型农业，积极开拓农产品市场，加强对农业劳动力的培训，引导农村剩余劳动力有序向城市转移。

乡风文明是农村精神文明建设的重要要求，要大力发展农村文化事业和文化产业，加强农民的精神文化建设，不断弘扬中华民族传统美德，自觉抵制黄赌毒、打架斗殴、封建迷信等陋习，形成积极向上、健康文明的精神风貌。

村容整洁是建设社会主义新农村最直接的体现，要求农村环境不断改善，改变过去农村脏乱差的形象，加强对农村道路、饮水、能源、厕所改造等方面的投入，创造良好的生产生活环境。

管理民主要求不断加强和完善农村的民主法治建设，在党的领导下发扬村民自治。加强农村法治宣传和教育，让遵纪守法的理念深入农民内心，用法律维护农民的合法权益。只有真正让农民当家做主，才能调动起农民参与建设社会主义新农村的积极性。

社会主义新农村建设的具体内容包括经济建设、政治建设、文化建设、社会建设和法治建设。经济建设主要是指发展农业生产，提高农民收入。政治建设主要是指引导农民依法行使自己的民主权利，不断提高农民的民主素质，加强基层民主自治制度建设。文化建设主要是指开展形式多样、各具特色的群众文化活动，避免农村传统文化流失。社会建设主要是指加强农村基础设施建设，不断发展农村的教育、医疗、养老、社会保障等事业。

为了支持新农村建设，国家投入的资金年年增长。到2016年，已达到3397亿元，从中我们可以看到中央支持新农村建设的坚定决心。在全国合作金融监管暨改革工作会议上，原中国银监会主席刘明康强调银行业金融机构要在科学发展观的指导下，为社会主义新农村建设提供有效支持，具体内容如下：

（一）农村信用社

在建设社会主义新农村的背景下，农村信用社有着广阔的发展空间。一方面，农信社必须完善法人治理结构、建立科学的管理机制，在做好农户贷款工作的同时，搞活小企业融资。加大对助学贷款的投入。农信社必须发挥好政策性银行的职能,更好地提供公共服务,在农村"两水""三网""两气""两个市场"等基础设施建设的领域加大投入。

(二) 商业银行

商业银行贷款由市场进行配置,在发放贷款时必须考虑地方的财政能力、贷款质量、银行风险等因素,防范地方政府过度融资的风险。为促进社会主义新农村建设具有资源优势和产业优势的农产品生产基地和农产品市场,商业银行必须加大资金投入,既要支持外贸和新兴领域的农村企业,又要提高对农村私营业主、民营企业提供金融服务的覆盖范围。

(三) 经营土地资源的融资

政府垄断了土地一级市场,充分利用土地规划和土地储备进行融资。通过土地开发,可以实现不同地段不同价格,通过使用权出让、租赁、拍卖等多种方式,获得土地资源经营收益,用于城市建设投资。要转变"先基础设施建设,后招商引资"的传统方式,以低价卖地取代基础设施,采取市场化运作、城市资源综合管理、综合实现增值、促进增值、发展一体化的思路,增值、经营、发展并举。

(四) 以特许经营为主要方式的市场化融资

国家投资和民间投资相结合是主要途径。其特点是国家投资少,带动大量国内外民间资金参与基础设施建设,实行在建工程法人责任制,确保资金及时到位,并且有着明确的责任和权益。

中央支持新农村建设的专项资金尽管数额庞大,但是由于我国农村地区广大,资金发放到每个农村之后,并不能从根本上改变农村的状况。在这样的状况下,政府运用国债、税收、利息等政策手段,发挥政府财政的杠杆作用。引导各类工商企业投资农业,引导农民自主进行农村的公益性设施建设,起了四两拨千斤的作用。

三、政策效果

自党中央、国务院作出推动社会主义新农村建设的战略决策以来,各地按照社会主义新农村建设的要求,因地制宜开展建设,农村面貌发生了极大改变。以湖北省宜昌市夷陵区分乡镇为例,到 2010 年时,取得了"三个明显"的初步成效。一是农村基础设施建设水平得到了明显提高,全镇 15 个村庄硬化公路 98 千米,全部实现了通水泥路,解决了近 2 万人的出行问题;硬化灌溉水渠近 6 万延长米,可灌溉 8000 余亩农田;全村人都喝上了安全的饮用水;农村供电质量和供电价格实现了较大的改善,能够满足农民的生产生活需求。二是村容村貌发生了明显变化,2/3 的村民住上了整洁的新修楼房,2600 余名农户完成了对沼气池、厕所、厨房的改造,平均每年少使用 7000 吨柴火,保护了林地资源,防止了水土流失。三是农村社会事业发展加快。乡镇卫生院投资上百万元建成一级甲等卫生院,所有少年儿童都能够参加九年义务教育,电视普及率接近 95%。四是农村民主政治建设明显提高,按照村民自治和民主监督的要求,各村均建立了村务公开栏、民主理财小组和"一事一议"制度,并将土地发包等事务交给村民管理。①

结语与思考

改革开放以来,农村发展落后于城市的发展。② 实现不了农村的现代化,将影响整个国家的现代化进程;实现不了农业的现代化,就无法保障我国粮食安全和主要农产品供给。农民的生活水平达不到小康,全国人民的生活水平也就达不到小康。建设社会主义新农村体现了党中央解决"三农"问题的新思路、新方法。只有统筹城乡发展,协调好工业和农业之间的关系,才能够实现社会经济全面协调可持续发展,进而在发展中更好地保障农民利益。③ 如果我们忽视了农民利益和农村发展,就不能把科学发展观落到实处。在这一过程中,有两种倾向我们必须注意:一种倾向是没能完整地把握和理解党中央建设社会主义新农村的目标和要求,盲目地搞建设、搞运动;另一种倾向是担心社会主义新农村建设责任大、任务重,因此不敢去农村做工作,不

---

① 社会主义新农村建设的现状、问题及对策建议 [EB/OL]. 中国改革论坛,(2010 - 07 - 12).
② 国务院发展研究中心农村部课题组,叶兴庆,徐小青. 从城乡二元到城乡一体——我国城乡二元体制的突出矛盾与未来走向 [J]. 管理世界,2014 (9):1 - 12.
③ 戚攻,李春勤. 对统筹城乡改革发展的深层思考 [J]. 重庆大学学报(社会科学版),2014,20 (3):27 - 32.

敢接触农民，宁愿不做也不要犯错。

在推进社会主义新农村建设的过程中，我们必须因地制宜，根据当地实际情况出发，才能科学地做好农村规划。① 一是要根据村庄的实际情况，建设好配套设施；二是要根据当地的财力解决好最需要解决的问题；三是必须保留村庄原有的特色，保留文化底蕴，为发展具有特色的乡村旅游业奠定基础。

---

① 王德忠. 当前我国新农村建设中存在的问题与对策思考 [J]. 农村经济，2012（11）：18－22.

第五章
沉睡资产终觉醒

第十三则　农家乐，市民享

题记：自古以来，人类都热爱朴实无华的田园生活，这是对自我本性的皈依。如明代诗人方孝孺在他的《红酒歌》中写道："荐新设席请客尝，风吹桂花满屋香。馔出肥鸡一觔肪，橙斫蟹鲊双螯霜。不须琥珀琉璃觥，不须太白力士铛。我爱真率田家郎，磁瓯瓦盆罌木觞。"当下中国，在熙熙攘攘的都市生活中，人民更喜爱的是对自然的回归、对朴实生活的热爱，这就造就了"农家乐"等新型业态的出现，富裕了农民、繁荣了乡村、生动了农业。

"农家饭"升级"农家院"[①]

王理想是四川成都远郊的一个农民，他的祖祖辈辈都在这片有林有水的地方居住着、乐业着。但是，王理想的父亲一直有一个愿望，就是让自己的儿子考上大学，在城市里工作安家。因为他深深地知道农民的不易，知道面朝黄土背朝天的辛苦。

但是，时运不济。小理想早早地参加工作。1977 年，中国恢复高考以后，小理想也考过一次，但因为小时候学习基础不好，后续自己也没有补上，考试成绩与录取分数线相差甚远。小理想后来也放弃了继续学习的念头，一直

---

① 本故事系结合当时经济背景虚构而成。

在家乡陪伴老父亲务农务工。

2006年,王理想的家乡发生了巨大变化。四川省道从王理想的村庄穿过,再加上国家的政策红利,确保村村通电、通路、通信,王理想的村子顿时成了一个四通八达的交通便捷之地。这时,王理想已经有了丰富的人生阅历,见识过许多商业机会,他毫不犹豫地拿出自己所有的积蓄,在自家的院落旁建了一个农家饭店,取名为"小土坑饭馆",主营农家饭、汽车停靠、旅店休息等服务。在天时、地利、人和的大好形势下,王理想改变了自己的人生,赚了不少钱,还在成都市区买了房。同时,最让他引以为豪的是他培养出了两个大学生,女儿在四川大学学习财务管理,儿子在中国农业大学学习农林经济管理。这一家两个大学生,也成为当地邻坊互传的佳话。

王理想在十里八乡成为名人,还得益于他带动了整个村乃至附近村庄的经济发展。王理想成功以后,并没有吝啬自己的商业模式,谁过来向他请教,他都乐于解答,并登门做现场指导,给不同家庭设计不同的农家饭模式,如主打做土鸡的、擅长做火锅的,还有做烤全羊的,等等。王理想及村民的最大心愿就是让"过路人"在他们乡村里吃得好、睡得香,同时作为回报他们也能赚得满满的。

后来,王理想出差到浙江期间,看到了一个小村子,利用当地的老旧废置房屋搭建成一个别具"乡愁"特色的另类酒店,生意特别好,每天的客房都爆满,赶到五一、十一长假,根本订不上房间。同时,王理想在北京读大学的儿子的指导下,感觉简单做做农家饭已经不能满足消费者的口味了,如果想要让更多的城里人下乡来消费,就必须创新。

说干就干,王理想找了几个一块经营农家饭的兄弟朋友们,成立了一个合作社,专门经营农业休闲娱乐。他们给这个合作社取名为"天府山庄",通过土地流转平整了280多亩地,有草莓采摘园、蓝莓采摘园、垂钓园、儿童亲子娱乐区、农耕体验区、餐饮区、乡村大舞台等。每到周末,来"天府山庄"消费的城里人络绎不绝,有的一家多口,有的几个家庭组团,有的三朋五友,这里成了城里人过周末的好去处。

开业不到两年,合作社几个参股股东都已经回了本,而且后续每年的分红都挺可观。"天府山庄"的发展也给周边的村民提供了机遇,有的成为山庄的服务员，有的在山庄里卖自家产的农副产品，有的成为城里人的消费导游，等等。

王理想的成功，既离不开他自身敢闯敢拼的奋斗精神，也离不开党和国家的政策支持，在这太平盛世努力奋斗的人是幸福的，更是受人尊敬的。

城里人最想的还是你

铁牛村有一个姓牛的老汉，今年已经六十有一了。两个女儿都已嫁到邻乡，一个儿子在外打工，家里就自己和老伴两人。牛老汉对啥都挺满意的，唯一的遗憾就是这辈子没去过大城市见见世面，别说北京、上海这些国际化大都市，自己活这么大岁数了，连省城都没去过，跑得最远、到过最大的地方就是县城。牛老汉想着，心里那个憋屈啊，蹲在院子里跟老伴发起牢骚来。

老伴一边在院子里喂鸡，一边漫不经心地说："咦？你不是有一个表弟在省城吗？就是你三叔家的那个呀！不是听说他在省城当了大官，发了大财吗？你就去找他呀！"

牛大叔一听，说道："对呀！我咋把他给忘了？不过我都20多年没见过这小子了，现在他又当了大官，咱这么去找他，他还认咱不？"

老伴不以为然地说道："当了大官还能咋地？还六亲不认了？他考大学那年不还是你把他送到镇上的吗？按说他当了什么局长还有你一份功劳哩！现在他发迹了，咱去他那玩儿两天他还能咋地？"

牛老汉一想也对，费了好大劲才跟这个表弟联系上。电话那头表弟一点架子也没有，很是热情："哈，老哥，不来找我办事就行，玩几天没问题啊，来回路费我来报销！"

牛老汉乐得一拍大腿，叫道："老太婆，我明天就去省城！"

好不容易倒了几趟车，牛老汉终于到了省城，表弟还让司机小张开着小轿车来汽车站接牛老汉。表弟热情地说道："老哥啊，小时候你对我真不薄！今天我一定要给你好好接接风。你好不容易来一次省城，也让你开开荤，过过城里人的生活！小张，老地方！"

牛老汉那个激动啊，活了大半辈子，终于能来城里见一回大世面了。

车开了好久才停下，司机小张说："到了。"

牛老汉下车一看，立即就傻了眼，这是啥地方？土屋平房，一个鱼塘，甚至还有几亩地！这跟家里也没什么区别嘛！费那么大劲不是到省城了吗？咋又回到农村了哩？

表弟乐呵呵地说："老哥，这里不错吧？土菜好吃，空气又好，现在城里人可都最爱来这儿啊。你就在这儿住几天吧！"

牛老汉半天没回过神来，转过头看见大门上写着三个大字——"农家乐"！

以上虽然是一个笑话，但从一个侧面反映出当前城里人对"农家乐"的热爱和追崇，成为时下城里人一种普遍的消费价值观。这是对朴实生活的热爱、对田园生活的向往、对工作压力的释放、对大自然的亲近。

政策分析

一、政策背景

20世纪八九十年代，我国农业与旅游相结合，形成了休闲观光度假于一体的农业旅游这一新的旅游模式。① 这种模式以农家乐为主，即以家庭为基础，为过往的行人提供玩耍和住宿的场所。中华民族5000年的悠久的农业文明孕育了灿烂的农耕文化，加上我国广袤的疆域与各有特色的地形地貌，为我国农业旅游提供了丰富的自然资源和社会文化资源。在我国工业化的过程中，大量人口向城市聚集，在空间拥挤、环境污染等因素的作用下，城市居民的居住体验不断下降。快节奏的现代化生活方式使得很多人喘不过气。随着收入水平的提高和可支配空闲时间的增多，越来越多的市民想要来体验农村生活，呼吸农村的新鲜空气，在这个悠闲的过程中达到缓解压力的目的。同时，农家乐也为农村经济发展注入了新的动力，带动了资本技术等资源向农村流动，这对解决农民脱贫、不断创新农业新业态具有重要意义。农家乐已成为我国农村发展、农民增收和国民经济增长的重要支撑点。尽管我国农村旅游起步较晚，发展水平较低，但随着发展理念的不断深化和发展模式的逐渐成熟，我国农村旅游产业的发展潜力不可估量。

---

① 吴雁华，傅桦.关于观光农业发展的若干问题之探讨 [J]. 首都师范大学学报（自然科学版），2002（2）：71-74.

二、政策内容

（一）中央政府积极鼓励发展"农家乐"等农业新业态

中央政府对农家乐等相关产业发展给予优惠政策。2015年，农业部下发《关于积极开发农业多种功能大力促进休闲农业发展的通知》（以下简称《通知》）成为人们关注的焦点。

与往年扶持休闲农业发展的政策相比，这份文件最关键的点在于明确了关于用地政策的规定。《通知》指出，支持农民通过各种渠道获取土地来进行农村建设，这将极大地提升农村景点附近农村建设用地的价值。在实行最严格的耕地保护制度的前提下，各地要将对农民增收带动作用最大、最具发展前景的休闲农业项目用地纳入土地规划总体安排，并进行优先安排。有条件的农村可以利用"四荒地"（荒山、荒沟、荒丘、荒滩）来发展休闲农业。《通知》还鼓励村民利用自家住宅来经营乡村旅游业，并将加快出台相关管理办法。

《通知》还出台了大量措施来促进休闲农业发展，如落实税收优惠政策、拓宽融资渠道、增强休闲农业O2O能力等。《通知》鼓励休闲农业探索新的融资模式，如PPP模式、众筹模式、互联网+模式、发行私募债券等。

事实上，在北京等地，早已开始了互联网+休闲农业的实践探索。在微信、微博等多个平台，"美丽北京乡村公路"的旅游信息早已传播开来，就是北京推广休闲农业的重要方式。在北京，超过200多个民俗村、500多个民俗户以及近千个休闲农业园区都注册了微博账号。300多个休闲农业主体开设了微信公众号，关注人数超过1000万人。利用以美丽乡村为主题的网站，北京市每年发布超过2万余条旅游信息，阅读量达300余万次。2014年，北京休闲农业接待游客接近4000万人次，收入达36亿元。[1]

（二）地方政府积极鼓励农村旅游发展

案例1：合肥市给予农村旅游较好的优惠政策

2016年，合肥市旅游局投入大量资金，通过"以奖代补"的方式，促进

---

[1] 农业部再挺休闲农业，首次明确农家乐用地政策 [EB/OL]. 每日经济新闻，（2015-09-22）.

本地农家乐发展，成为扶持旅游业发展的成功实践。

近些年来，农家乐如雨后春笋般在合肥生根发芽，如长丰陶楼、肥西紫蓬山、庐阳三十岗等农家乐。这些农家乐不断发展壮大，逐渐连成片区，为合肥市旅游业注入了新的动力。在厌倦了那些老牌的农家乐之后，这些新兴的农家乐成为合肥市人民旅游的重要去处。

根据《合肥市农家乐旅游等级评定标准》，合肥市旅游局对农家乐进行了评估和验收。在22家申报四星级、五星级的农家乐中，有12家农家乐通过评估，成为"星级"农家乐。对评为星级的农家乐，合肥市旅游局分别给予了1万元到4万元不等的奖励，共39万元。

合肥市旅游局对旅游厕所也进行了奖励资助。其中，投资2000余万元建设78个旅游厕所，其中就包括农家乐旅游厕所18个（新建10个，改建扩建8个）。在这场"厕所革命"中，新厕所提倡干净实用、简约环保，反对豪华。通过专家对厕所等级进行评定，有38个厕所获得了62万元的奖励资金。

从合肥的农家乐扶持政策中我们可以看出，农家乐未来的发展前景还是十分明朗的，是政府支持的事。相信未来还会有越来越多的地方政府推出相关的农家乐扶持政策。

案例2：台州市玉环县给予农家乐极为宽松的政策环境

2016年，浙江省台州市玉环县根据当地的具体情况和农家乐的未来走向，提出了政策扶持农家乐发展的《关于推进农家乐休闲旅游业提升发展的实施意见》，玉环县将通过加强用地保障，落实税收政策，加强金融服务，简化办事程序，加强资金扶持等措施，大力支持农家乐休闲旅游业发展。

玉环县政府将统筹新增建设用地计划指标或农村土地综合整治节余指标等用于支持农家乐休闲旅游业发展，每年在浙江省下达的建设用地指标中保障用于农家乐特色村的建设用地；支持村集体和其他经营主体利用农村闲置房屋发展农家乐休闲旅游业，鼓励农家乐业主通过盘活自有房屋、租赁村集体或邻居闲置房屋、改建、修建等方式解决民宿用房。对农家乐特色村创建对象建设农家乐公共基础设施将实行项目化补助，补助标准参照《玉环县美丽乡村建设专项资金管理办法（试行）》规定，根据工程结算审定价，按一、二、三类村分别奖补90%、80%和70%，每个项目最高补助限额30万元。

在税收政策上，玉环县将落实月营业额不超过 3 万元的免征增值税政策；对年应纳税所得额不超过 30 万元且符合条件的小型微利企业，按其所得 50%计入应纳税所得额，按 20% 的税率缴纳企业所得税。金融机构要加大支持力度，积极开发农家乐专项信贷产品，落实农村住房抵押贷款政策，对农家乐特色村（点）、农家乐星级经营户和民宿经营户给予贷款支持、利率优惠等政策。乡镇（街道）和相关职能部门要开辟绿色通道，简化办事流程，提供优质服务。县财政还将设立农家乐休闲旅游业发展专项资金，主要用于农家乐规划编制，农家乐特色村（点）、星级经营户、民宿奖补，以及农家乐特色村创建对象公共基础设施补助和购买农家乐宣传营销服务等。

《意见》还提出，建议对全县农家乐特色村（点）予以奖励。当年获得省、市、县级农家乐特色村认定的，分别给予 60 万元、30 万元、10 万元的奖励；当年获得省、市、县级农家乐特色点认定的，分别给予 20 万元、10 万元、5 万元的奖励；当年获得省级精品项目村、点评定的，再分别给予 20 万元、5 万元的奖励。此外，授予"乡村民宿"牌子的民宿经营满一年后，经营者可向县旅游局提出民宿评级申请，还将会得到民宿奖补。

三、政策效果

在国家政策的大力支持下，我国农业旅游发展迅速，成为我国旅游投资的重要领域。2014 年，我国农家乐数量已经达到了 200 余万个，特色村镇超过 10 万个。[①] 除了农家乐，我国农业旅游还发展出民宿、特色文创、户外基地、果园采摘等多种多样的旅游形式。多样化、个性化的乡村旅游源源不断地吸引着游客来到农村，使得我国乡村旅游人数逐年上升，从 2015 年到 2017 年，我国乡村旅游人数超过国内旅游总人数的 50%。2018 年，我国乡村旅游人数超过 30 亿人次。我国乡村旅游收入也随之不断上升，2018 年，我国乡村旅游收入迈上 8000 亿元的台阶，占国内旅游总收入的 13.4%。截至 2019 年，我国乡村旅游业吸纳就业人员 880 余万人。[②] 根据国务院《关于进一步促进旅

---

① 刘奇. 乡村旅游：中国农民的第三次创业 [J]. 中国发展观察，2016（2）：51-53.
② 2019 年旅游业发展现状和未来趋势分析乡村旅游成为旅游市场"宠儿" [EB/OL]. 前瞻网，(2019-10-11).

游投资和消费的若干意见》，2020年，我国农家乐数量将达到300万个，带动5000万名农村农户参与乡村旅游。乡村旅游就像一条纽带，一端连接着城市和市民，一端牵着农村和农民，成为消除二元结构，促进城乡融合发展的重要途径。① 随着经济社会的不断向前发展，消费者的需求不断提质升级，我国乡村旅游业将继续茁壮成长，为古老的农村注入强大的发展活力。

结语与思考

自古以来，人类都热爱朴实无华的田园生活，这是对自我本性的皈依。例如，戴复古在《村景》中描绘的令人深刻的社日生活，就是传统的农村节庆活动："箫鼓迎神赛社筵，藤枝摇曳打秋千。坐中翁姬鬓如雪，也把山花插满颠。"当祭祀神的日子来临时，人们吹着箫、打着鼓来欢迎"神"，祈祷消除疾病，不染瘟疫。即使头发雪白的老翁，也要把簪花插在头顶。②

在国外，乡村旅游已经有接近60年的历史，在一些欧美发达国家，乡村旅游非常成功，呈现出蓬勃生机和活力。③ 在20世纪60年代初，旅游大国西班牙将乡村的城堡改造为饭店，即"帕莱多国营客栈"。同时，西班牙将农村和庄园进行了改造，并提供旅游骑马、登山、漂流、体验农耕活动等项目。在此之后，美国④、波兰、法国和日本等多个国家提倡和大力发展乡村旅游。

在我国，真正意义上的乡村旅游始于改革开放之初，它是在旅游扶贫专项政策的指导下产生的，相对于欧美各国起步较晚，目前还处于初级阶段。⑤ 我国各地的乡村旅游开发向融观光、考察、学习、参与、康体、休闲、度假、娱乐为一体的综合型方向发展，最受游客欢迎的项目主要有三种：第一种是以体验农家生活为主的民俗风情旅游；第二种是收获农产品的务农体验；第三种是庆祝民间传统节日的农村节庆旅游。

---

① 赵华. 提升乡村旅游品质 助力乡村振兴战略 [J]. 人民论坛，2018 (25)：82-83.
② 王倩堂. 宋代社日诗研究 [D]. 西安：西北大学，2019.
③ 李新瑜. 国外农业旅游发展典型模式及对中国的启示 [J]. 世界农业，2017 (1)：134-136.
④ 梁田. 美国农业旅游立法对我国"乡村振兴"法治建设的启示 [J]. 财经科学，2019 (2)：119-132.
⑤ 刘奇. 乡村旅游：中国农民的第三次创业 [J]. 中国发展观察，2016 (2)：51-53.

农家乐旅游的兴起不仅丰富了旅游的种类，更带动了农村产业结构的调整，促进了农村经济社会的发展。① 在全面建成小康社会的过程中，我们必须因地制宜地大力发展"农家乐"旅游，为解决"三农"问题做出更大的贡献。②

---

① 杨敏，白廷斌. 乡村旅游对农村产业结构调整和优化的影响［J］. 云南民族大学学报（哲学社会科学版），2006（2）：89-92.
② 李莺莉，王灿. 新型城镇化下我国乡村旅游的生态化转型探讨［J］. 农业经济问题，2015，36（6）：29-34，110.

第十四则　农民拥抱房产证

题记：在中国改革开放的进程中，城市的制度不断趋于完善，而农村、农业、农民问题却被忽视了。城市市民多年以前就拥有房产证，有了这个产权证明，他们就可以去公开市场出售、抵押贷款、获得拆迁赔偿等，享受市场经济下的财产收益权。而农民的土地、房产都没有权利证明，如今这一切都在发生着改变，请看下面的故事。

激动流泪的老严

54岁的严国和（以下称老严）昨天很激动，以至于在发言时停顿了好几次，哽咽地说："今天的心情不亚于去年抱上孙子！"

在惠城区小金口街道办事处柏岗村村民住宅《集体土地使用证》和《房地产权证》（以下简称"两证"）发放仪式上，严国和有幸代表村民上台发言，在此期间因抑制不住激动与喜悦之情，发言停顿了好几次。同样激动的还有首批领证的新屋村民小组其他39户村民，每个人都笑得合不拢嘴。"感觉像过节似的！"村民严海旺开心地说，"这是政府为我们办的一件大实事、大好事，现在心里有了安全感，因为我的房子总算有了合法的'身份证'。"

严国和拿着期盼已久的两本证件，看了又看，摸了又摸。"以前住起来心里总觉得不踏实，现在好了，这房子确确实实是我的了。"严国和的房产证上，清楚注明着"权属人严国和，建筑面积90.03平方米"。

为了切实做到惠民利民，这次给村民发放"两证"，市有关部门减免了大部分费用，只相应收取了证件工本费和印花税。

柏岗村党总支部书记严德和高兴地说："今天是我们村民的大喜日子，当然也是我这个村支部书记的大喜日子。"严德和相当开心地说，"首批'两证'核发工作完成后，小金口街道办事处也将全面开展试点工作，我们村其他300多户村民都盼着这一天尽快到来呢！"

村委村民小组的严益军的家里在 20 世纪 90 年代建有 2 栋房子，一直以来，他都想给自家的房子办房产证，可是去咨询相关部门，都说办不了。严益军说道："早就盼着这一天了，希望试点工作摸索的经验能给我们带来更多的实惠。"

市国土资源局的有关负责人介绍，全市目前有近 45 万户农民等待办理"两证"，我市将在农村全面启动"两证"核发工作，力争在 2011 年全面完成。市国土资源局有关负责人解释，通过开展宅基地使用权登记和房屋产权登记，可有效规范农民"一户一宅"的建设，防止乱占滥用耕地和土地，以及一户多宅多占建设。

"'两证'的办理也可以避免村民间因宅基地使用权和房产权不明而发生纠纷。'两证'在手，村民宅基地和住宅权属不明、产权不清的现状就可宣告结束。"该负责人说。

说起这房产证，对村民来说并不是摆设，老严在这个过程中就明显受益。记得拿到房产证的第二年，老严的儿子在村里办了一个养鸭场，但是建厂、买鸭苗、购饲料等缺了一大笔钱。老严的儿子经常接触社会，听说农民的房产证可以用于抵押担保，就劝说老严去银行做抵押贷款。当了一辈子农民的老严，只知道向银行存钱，不知道银行还能给农民贷款。但儿子的事，也是家里的事，儿子上进干事业他也高兴。于是，老严半信半疑地来到了当地的中国农业银行，这也是他打了半辈子交道的银行。老严把儿子的话转给银行的工作人员，银行客户经理看了看老严带来的房产证，高兴地告诉老严，他们家的房产证可以贷款 8 万—10 万元，具体数额以评估结果为准，说这是国家最近几年落实农村金融的优惠政策。

大概用了 2 个多月，老严的贷款就下来了，拿着这些钱，老严儿子的养鸭厂做起来了。当年卖了鸭子后，老严家就还完了贷款，银行把老严家的房本抵押手续给解除了。老严捧着红红的本本，逢人就说："这个红本本是个好东西，我跟爱孙子一样爱它。"

跟儿进城的老张

老张是福建泉州一个农村的老农民，与土地相伴了一辈子，他深深地爱着家乡的土地和他家里的那几间平房。

说起老张,他可是村里的名人,之所以出名就是因为他的儿子是中国人民大学的博士生,毕业以后进入了北京的一家外资银行,收入很高,还在北京买了房、买了车。

老张的儿子非常孝顺,每年过年都要回到村子,给村里的小娃娃们买些童书和玩具,家里的乡亲都非常喜欢这个城里回来的大才子。老张也习惯了儿子在外的生活。

但是,自从老张抱了孙子以后,儿子就很少回家了,这也可以理解,毕竟孩子小,路途太远,对小孩来说太受罪了。

有一次,儿子、儿媳对老张夫妇说:"爸妈,现在小龙出生了,你们也喜欢抱孙子,不如就搬到北京住吧。我们房子大,你们住一间,平常可以看看孙子,我们上班就不用再请保姆了,而且你们照顾孩子我们也放心。"

听了儿媳的话,老张感觉也有道理,就是家里这摊子怎么办呢?地好办啊,现在土地流转可以租给别人种。就是家里的破房子,谁愿意租啊,每家每户都有,放在那没几年就被雨水给冲塌了。

老张的忧愁让村支书王立升给知道了,他俩是发小,经常一块小聚喝酒,基本上无话不谈。老王就对老张说:"我说狗子啊(老张的乳名),你家娃很争气啊,是我们全村人的骄傲,你们两口子辛苦了一辈子,这又抱上孙子了,可以享享清福了,就跟着儿子去北京抱孙子吧。"

老张说:"去是肯定要去啊,我们老两口也很喜欢孙子,也想天天抱孙子啊。但家里这几间破房子就没法处理了。"

老王笑着说:"我说你这人贼抠啊,这破房子有啥用啊,你还不如把它退出来,还给村集体,国家还给你补助呢。去年隔壁村的一户就拿到了3万块钱的补贴,国家的补贴可比房子值钱多了。"

听了老王头的话,老张灵机一动,心想:"对啊,我这破房子卖了也不值3万块钱啊。现在国家为了鼓励农村城市化,对宅基地退出的都有奖励,这不正解决了我的忧虑了吗?"

最后,老张把房产证退还给集体,然后自愿退还宅基地,国家给予了一定的补偿,他心满意足地去了大都市,跟着儿子享清福了。

现在，农村类似老张的人还有很多，在房屋确权颁证和国家优惠政策下，会有越来越多的"老张们"将房产证退还给集体，拿着国家的补贴去享受市民的生活。

不是所有的农村房子都有房产证

很多年前农村地区生活不方便，农民就算有钱也买不到自己想买的东西。但是随着这几年国家的发展，在一系列惠民利民政策的帮扶下，农村基础设施得到了很大改善，许多地区甚至大变样，越来越多的农民选择回到农村。老汪正是其中的一员。这几年他和其他几个农民工兄弟一起进城打工，攒了十来万块钱。在没有工期的四五个月里，他拿着这笔钱回家，打算盖一套"小别墅"。

他结婚的时候家里没有太多钱，就在原来老家的那一小块宅基地上盖了简单的砖瓦房。虽然看起来有点寒碜，也能勉强够他一家人居住，这些年也就这么过来了。但是，他媳妇儿这几年给他生了两个娃，四个人挤在这个砖瓦房里，着实有点太小了。老王心想，这几年农村发展日新月异，还开了各种厂子，没准过几年在家附近就能找到合适的工作。这十来万块钱虽然在城市勉强够个首付，但是在农村却可以建一栋非常漂亮的房子。亲人们春节回家团聚，显得特别有面子。

老汪想啊想，看到了以后在小别墅里居住的美好生活，越想越兴奋。他还没等申请批下来，就在自家承包地上盖起了房子。老汪说："反正都是自己的地，盖房子肯定没问题。"于是他自己买水泥、和水泥，请工人来一起干，干劲满满地开工了。

这个消息很快就在村里传开了。村委会王大爷听到这个消息之后，连忙告诉他："老汪啊，这个房子你先别修了，不然到时候可得不到房产证！"老汪一听这个消息，一下子就吓坏了，忙问王大爷："为啥他们家家都有，我的就不能有房产证啊？"这个小别墅寄托了他未来生活的希望，他为此投入了大量的心血。王大爷拍了拍老汪，向他拿出来之前准备的政策材料。老汪一看，原来这几种情况的房子是没有房产证的：一是未经批准或者不符合审批要求，私自建房。现在在农村修房子必须手续齐全，通过村、县、市级部门的批准，才能够动手盖新房，面积、楼层、样式还必须严格按照审批下来的标准执行，否则是没有房产证的，被拆迁也不会得到任何补偿。二是私自占用耕地建房。农民的承包地是受到严格保护的，任何人都不能改变耕地的土地利用性质。在耕地上哪怕修好了房子，也很有可能会被要求拆除。

老汪连忙对王大爷说："真是谢谢您了！不知道这些规定，蛮干是不行的！"那只有等审批程序下来，老汪才能继续修小别墅，开始自己的美好生活了。所以说，农民自己盖房子之前，一定要多了解相关政策。否则房子被拆迁了，或者被要求拆除了，损失的还是自己。

政策分析

一、政策背景

随着城镇化进程的加快，近些年农村房屋和土地被批量占用。而现实中农村很多房屋根本没有房产证，当拆迁人来拆迁时，很多情况下会把被拆迁人的房屋认为是违建房屋，从而不给予补偿。自建房是我国传统建造方式的主流，尤其是在我国广大农村地区，农村居民几乎都是通过自建房方式，来满足各自的居住需求。为了解决农民群众反映强烈的农民自建房报建难、办证难、流转难等问题，把公共服务延伸到农村，推进城乡规划一体化，各地纷纷展开试点，着手进行农村宅基地和房屋登记发证工作。今后村民有了自己的房产证，便能改变这种权属不明、产权不清的现状，为防止非村民违建住宅，促进村民利用自己的房屋增加收入提供了法律依据。

二、政策内容

（一）《物权法》拉起中国不动产登记的大幕

说起农民房产证，其最早可以追溯到 2007 年实施的《中华人民共和国物权法》（以下简称《物权法》）。《物权法》以 18 个条文（第九条至第二十六条）的篇幅，确立了我国不动产登记的基本结构，为将来不动产登记法的制定提供了整体的框架和结构。此处，让我们回顾一下：

第九条："不动产物权的设立、变更、转让和消灭，应当登记；未经登记，不发生物权效力，但法律另有规定的除外。依法属于国家所有的自然资源，所有权可以不登记。"此条规定不动产登记的法律效力。不动产物权登记的法律效力，世界各国民法中有以下几种不同的立法例：一是登记对抗主义。认为不动产物权登记并非不动产物权变动的必须程序。不动产物权的变动依当事人的意思表示而发生法律效力，但非登记不能对抗第三人。日本采用此立法例。二是登记要件主义。认为登记是不动产物权变动的要件，不动产物权变动除了当事人之间的合意外，还要进行登记，非经登记不仅不能对抗第三人，而且在当事人之间也不发生法律效力。德国、瑞士采用此立法例。三是地券交付主义，又称托伦斯登记制。该制度采用任意登记制，不强制一切土地都必须申请所有权他项权利登记。但如申请不动产物权登记，则登记是不动产物权变动的生效要件。澳大利亚采取此种做法。四是登记公示主义，即以登记作为公示不动产物权状态的方法，不动产物权的变动以当事人合意而发生效力。也就是说买卖合同有效成立，标的物所有权即行转移，无须登记和交付。如法国的立法模式。这种立法模式不承认物权行为。本条趋向第二种模式。

第十条："不动产登记，由不动产所在地的登记机构办理。国家对不动产实行统一登记制度。统一登记的范围、登记机构和登记办法，由法律、行政法规规定。"本条是关于不动产登记的统一性规定。《物权法》虽以法律形式规定了我国实行统一登记制度，但未作具体规定。真正完成统一登记制的使命交给了未来的《不动产登记法》。

第十一条："当事人申请登记，应当提供权属证书、合同书、法院判决或者征收决定以及标明不动产位置、面积等的其他必要材料。"本条规定申请登记的材料。

第十二条："登记机构应当履行下列职责：（一）查验申请人提交的必要材料；（二）就有关登记事项询问申请人；（三）如实、及时地登记有关事项；（四）法律、行政法规规定的其他职责。登记机构认为对申请登记的不动产的实际状况需要查看的，申请人以及其他有义务协助的人应当协助。"本条规定不动产登记机构的职责。目前各国登记机关所采取的审查制度大致可以分为两种：一为实质审查主义，一为形式审查主义。采用形式审查主义的国家对于登记的申请只进行形式上的审查,至于登记证上所载权利事项有无瑕疵,则不予过问,这样的公示不具有公信力。采用实质审查主义的国家的登记具有公信力。依公示公信原则,只要无异议登记,即使登记所记载的权利与真实的权利状态不符,因相信登记正确而与登记名义人进行交易的善意第三人,其所得的利益仍受法律保护。实质审查主义与形式审查主义的主要区别,在于就作为不动产物权变动的基础原因——债权关系,登记机关有无审查权限。就本条来讲,实行的是实质审查主义,赋予不动产登记以公信力。

第十三条:"登记机构不得有下列行为:(一)要求对不动产进行评估;(二)以年检等名义进行重复登记;(三)超出登记职责范围的其他行为。"本条规定不动产登记机构的禁止性义务。

第十四条:"不动产物权的设立、变更、转让和消灭,应当登记的,自记载于不动产登记簿时发生效力。"本条规定不动产物权生效的临界点。

第十五条:"当事人之间订立有关设立、变更、转让和消灭不动产物权的合同,除法律另有规定或者合同另有约定外,自合同成立时生效;未办理物权登记的,不影响合同效力。"本条关于物权与债权效力区分,区分了物权变动和原因行为。

第十六条:"不动产登记簿记载的事项,是物权归属和内容的根据。不动产登记簿由登记机构管理。"本条规定不动产登记簿的证据资格和登记簿的管理。

第十七条:"不动产权属证书是权利人享有该不动产物权的证明。不动产权属证书记载的事项,应当与不动产登记簿记载的事项一致;记载不一致的,以不动产登记簿为准。"

《物权法》根据我国的基本经济制度,以及建立和完善社会主义市场经济体制的要求,在"用益物权编"中设专章分别规定了土地承包经营权、建设用地使用权、宅基地使用权等用益物权,为后来农村土地确权和农民宅基地颁证奠定了基础。

(二)《房屋登记办法》赋予农民获得房产证权利

最新的《房屋登记办法》第八十二条规定:依法利用宅基地建造的村民

住房和依法利用其他集体所有建设用地建造的房屋，可以依照本办法的规定申请房屋登记。因此，农民在宅基地上自建的房屋可以依照该办法申请房屋登记。

依照该办法第八十三条：因合法建造房屋申请房屋所有权初始登记的，应当提交下列材料：①登记申请书。②申请人的身份证明，需提交身份证及相应复印件；为了以防万一，记得在复印件上注明"仅用于申请房屋所有权初始登记"的字样。③宅基地使用权证明或者集体所有建设用地使用权证明。④申请登记房屋符合城乡规划的证明。⑤房屋测绘报告或者村民住房平面图。⑥其他必要材料。

如果是申请村民住房所有权初始登记的，还应当提交申请人属于集体组织成员的证明（可由村委会开具）。

房屋登记机构受理登记申请后，应当将申请登记事项在房屋所在地农村集体经济组织内进行公告。经公告无异议或者异议不成立的，方可予以登记。

三、政策效果

我国《物权法》有明确的规定，房屋需要办理所有权登记证，这在城市是最基本的要求。[①] 随着农村土地确权的推行，农村房屋也逐渐开始办理房产证，避免房屋所有权产生纠纷。[②] 一旦出现纠纷，房产证是最有力的法律证明。

农村房屋有了产权之后，就具有了价值。宅基地房产证是农村房屋唯一的身份证，只有凭房产证，这栋房子才能归你所有。有的地方的农村的房屋，可以申请贷款。虽然还未普及或者没有形成政策性规定，但相信随着国家推进农村普惠金融，未来农村房产证发挥更大的作用是必然的。所以，农民朋友需要资金创业时，可以通过房产证抵押得到一笔贷款。[③]

---

① 孙宪忠. 不动产登记基本范畴解析 [J]. 法学家，2014（6）：12-25，176.
② 王燕霞. 城市化进程中宅基地使用权制度的改革与完善 [J]. 河北经贸大学学报，2016，37（2）：105-110.
③ 李戈. 宅基地使用权抵押法律制度研究 [J]. 经济问题，2019（1）：92-98.

结语与思考

你拥有了一本房产证之后,才算真正意义上拥有了一套自己的房产,这是法治文明社会的产物。无论在城市还是在农村,房产证都有着非常重要的作用。未来,农村土地确权政策逐步走向成熟,而这张证书也将起着越来越重要的作用。[①]

现在有的农民还没有房产证,但是随着政策完善,今后面对拆迁,要获得补偿,房产证将派上用场。现在农村房屋拆迁,补偿方面是分开的,一是宅基地补偿,二是房屋补偿。没有房产证,可能拿不到补偿。有的农村规划用地是预留更多住宅小区,有的村民自己的宅基地,没有理由建房就闲置宅基地,这种情况拿不到房产证。很多地区都开设了农村房地产抵押政策,随着农村宅基地确权颁证的进行,获得房地产信贷金融的村民将会越来越多。[②]

[①] 丰雷,张明辉,李怡忻. 农地确权中的证书作用:机制、条件及实证检验 [J]. 中国土地科学, 2019, 33 (5): 39-49.

[②] 秦红松. 重构农村房地产抵押制度 [J]. 中国金融, 2013 (23): 59-60.

第六章

大小公权两相争

第十五则　乡镇企业燎原野

题记：毛主席说过："星星之火，可以燎原。"20世纪八九十年代，在中国辽阔的原野上，在星星之火的聚合下，掀起了中国农村经济发展的壮阔波澜。这些星星之火就是乡镇企业。有人说它们是"草根企业"，的确，它们的管理者是农民、生产者是农民，扎根在乡土，但就是这样的组合造就了乡镇企业的异军突起。

翻看尘封的笔记

1986年6月24日，老张担任了无锡县天线厂（南桥村，村办企业）的厂长。他写了一份关于这个乡镇企业发展的笔记。下面让我们来看看吧。

无锡县天线厂于1979年建立，初始投资21万元，是由生产大队投资的。当时厂里只有十几个职工，到1985年发展到320个职工，大部分都是本村的村民。其中，技术人员8人（包括外聘的工程师和技师）、科室管理人员38人，有8个车间和6个科室，包括生产、计划、技术、财务、质量管理、动力。此外，还有测试室和化验室。当时的固定资产净值为140万元、流动资金为87万元，基本上是靠企业留利滚起来的。无锡县天线厂的资金全部为自有资金，没有用银行贷款。1985年实现产值583万元，税利206万元，其中，净利润157万元。

工资总额是根据万元销售利润和产值完成情况来确定的。由于生产发展得很快，定额工资每年增长30%，全厂职工人均年工资约1500元。厂长高一倍，年薪3000元。但如果完不成计划指标，要扣厂长工资。生产工人的工资基本上采取计件制，是根据秒表测算制定的。净利润按50%的比例上交大队（行政村），其中，一部分用于"以工补农"，每亩补200元；其余50%留厂。根据村里定的制度，在产值利润率不超过12%的情况下，留厂利润全部用于本厂的再投资和充实流动资金；超过12%的部分，留利可以用于奖金。无锡县天线厂从1983年以来，年年超额完成利润。这对调动职工的积极性是很有利的。但考虑到要长远发展，无锡县天线厂还是在超额利润中拿出一部分来扩充流动资金。

无锡县天线厂的主要产品是电视天线，因为是手工装配，对技术装备的要求不太高。产品在市场上供不应求，主要供应南京、上海、无锡、常州的电视机厂，也出口香港。按现行规定，出口的外汇留成只有25%，县里还要留12.5%，厂里只得到12.5%的外汇。因为利益不大，本来不想出口了，但为了引进设备，需要外汇，还准备继续搞一部分出口。

那时候，无锡县天线厂发展得红红火火，当地农民享受到这一企业发展带来的红利，到了年底，家家户户都能领到分红和年货，农民过得非常滋润。而且，周边地区的乡镇企业也来这里学习取经，那时的老张厂长是最风光和最幸福的。

但是，好景不长，到了20世纪90年代中后期，随着城市园区的发展和外资企业的拥入，无锡县天线厂的企业效益逐年下降，最后变成连年亏损，迫不得已破产清算，但它的历史就像一本沉厚的书籍，当地的人民每每读来，都是那么值得回味。

"天下第一村"：华西村

华西村隶属于江苏省江阴市华士镇，位于江阴市区东，华士镇西。从2001年开始，华西村通过"一分五统"的方式，帮带周边20个村共同发展，建成了一个面积达35平方千米、人口达30340人的"大华西"，组成了一个

"有青山、有湖面、有高速公路，有航道、有隧道、有直升机场"的乡村。①

华西村有名的景点有 80 多处，华西金塔是它的标志性建筑，七级十七层，高 98 米。2012 年，华西村总收入达 524.5 亿，华西集团是华西村的子公司，1996 年被农业部评为全国大型乡镇企业。华西村获得了"全国文明村镇""全国文化典范村示范点""全国乡镇企业思想政治工作先进单位""全国乡镇企业先进企业"等荣誉称号，并誉为"天下第一村"。②

说起华西村，让我们来看看它的发展历史吧。

原属瓠岱乡的华西村在 1957 年撤区并乡后，改属华墅乡，取名华墅乡第二十三高级社。吴仁宝任华墅乡第二十三高级社党支部书记。1958 年 8 月，二十三社与附近的泰清、马桥、立新三个高级社合并，称跃进社，吴仁宝改任跃进社党支部书记。1961 年 10 月 15 日，华墅人民公社十七大队，因为华西村在华墅人民公社最西边，故名。吴仁宝任华西大队党支部书记。华西村原叫华西大队，初建时，人口只有 667 人，集体资产 2.5 万元，欠债 1.5 万元，人均分配 53 元。1964 年冬，华西村制定了"五个一"的《华西十五年远景规划》。20 世纪 60 年代，华西村是农村地区的一个先进模式。它由公社、大队和生产队三级组成，生产队是基本的核算单位。华西村实行大队统一核算。③

华西村的好日子开始于 20 世纪 70 年代末，那一时期国家在农村推行家庭联产承包责任制改革，取消人民公社之后，华西大队改为华西村。在村支书吴仁宝的带领下，华西村发展乡镇企业，利用集体土地资源建厂。经过多年的发展，华西村在 1996 年被农业部评定为全国大型一档乡镇企业。2001 年开始，组成了一个"有青山、有湖面、有高速公路，有航道、有隧道、有直升机场"的乡村。

2001 年 6 月，华西村周边的 3 个行政村相继加盟华西村，合并成为华西一村。2010 年，华西村的人均年收入达到 8.5 万元，而同期，上海市城市居民家庭人均可支配年收入也不过 3 万多元。2015 年，华西村周边的 20 个经济

---

① 华实. 华西村：中国农村的一颗新星 [J]. 农家之友，2013 (10)：29.
② 钟绮. 江苏江阴华西村——"天下第一村"[J]. 现代营销（创富信息版），2015 (2)：46.
③ 钟绮. 江苏江阴华西村——"天下第一村"[J]. 现代营销（创富信息版），2015 (2)：46.

薄弱村加入华西村大家庭。2016年，华西村成为中国最富有的6个村子之一。华西村自1978年起正式对外开放，已有109个国家和地区的宾客到华西村访问、旅游。村内设有中、高档床位3500多张，餐饮一次可接待5000多人，适合各类层次消费。

从2012年开始，华西村的农业已经向绿色农业、生态农业、观光农业转型。华西都市农业示范园区主要由园艺中心、无公害蔬菜水果、畜牧水产、花卉苗木、稻麦油料基地等组成。智能化温室总面积有12000多平方米。

截至2013年，全村共有58家企业（其中一家为上市企业），形成了筒纺、毛纺等六大系列，生产1000多个品种、10000多个产品，其中50多个产品荣获国家、省、市级优质产品称号。"华西村"品牌系列酒和香烟畅销全球，"仁宝"牌、"华西村"牌西服、衬衫等产品已成为"三真"（说真话、售真货、定真价）、"三公认"（得到用户、专家和主管部门的认可）产品。①

建村50多年来，华西人通过20世纪70年代"造田"、80年代"造厂"、90年代"造城"、新世纪"育人"，把华西村建设成了文明和谐的社会主义新农村。近年来，在吴协恩书记的团结带领下，全村干群深入贯彻落实党的十九大精神，通过弘扬"华西精神"和"吴仁宝精神"，不仅延续了符合自身实际、具有自身特色的集体经济之路，而且进一步加快了产业的转型升级。十余年来，华西采取"体力变脑力，数量变质量"的措施，重点推进传统产业的技术升级和三大产业服务业的转型升级，成功拓展了金融投资、旅游服务、仓储物流、海洋工程、农产品批发市场、矿产资源等一大批新兴产业。②2017年，华西村再次实现"双增"：可用资金比上一年增长6.99%，交税比上一年增长2.71%。

华西村坚持走共同富裕道路，坚持"一村富了不算富，全国富了才算富"理念，现在每年对外帮扶的资金达1亿多元。自2006年开始，华西已为全国培训基层干部40多万人次。贯彻落实习近平新时代中国特色社会主义思想，结合乡村振兴战略，华西村就是要打造"农村都市"，既要有都市品质，又不

---

① 张义学. 华西50年辉煌巨变 [J]. 西部大开发, 2011 (7): 36-39.
② 吴协恩. 践行党的群众路线 齐心打造"百年老店" [J]. 江南论坛, 2014 (10): 20-21.

失农村特色，要让老百姓享受到城市的设施和服务，让江苏省委提出的"六个高质量"在华西村得到最生动的实践。华西的最终目标，就是要打造"两个一百年"——百年企业、百年村庄，为建设"强富美高"新江苏、为国家全面建成小康社会、为实现中华民族伟大复兴的中国梦做出应有的贡献！

政策分析

一、政策背景

乡镇企业源于我国在农业合作化运动中创办的社队企业。改革开放以来，随着家庭联产承包责任制的推行，农民的生产积极性有了空前的提升，主要农产品的产量大幅度提高，使得社队企业有了长足发展，农村的面貌发生了翻天覆地的变化。长期隔绝和封闭的城乡二元经济结构逐渐被打破，生产要素在市场机制的作用下，在城乡之间进行合理配置。农业生产效率的提高，使得农业剩余劳动力大量出现。在长期计划经济体制的压制下，中国的城市并不能为农村大量的劳动力提供充足的就业机会。农村劳动力在户籍制度的限制下，也难以在城市长久发展。在这样的背景下，大量农村劳动力前往乡镇新办企业成了最优选择。另一方面，随着改革开放以来经济社会的迅速发展，人民的生活水平大幅度提高，而国企已无法满足人民群众对生产资料和生活资料的需求，这就使得市场存在较大缺口。在这样的背景下，乡镇企业抓住人民群众的需求，如雨后春笋般迅速崛起，使农村开启了史无前例的工业化进程。

二、政策内容

改革开放以后，党中央确定了解放生产力、发展生产力的执政方针。农村作为改革开放的发源地和排头兵，党对农村集体经济组织利用乡镇企业发展经济给予了极大支持。经梳理，政策主要体现在以下几个方面。

(一) 乡镇企业的异军突起阶段

乡镇企业异军突起阶段相关政策如表6-1所示。

表6-1 我国支持乡镇企业政策回顾

领域	时间	文件	内容
资金信贷	1992年	国发〔1992〕19号文件《关于批转农业部〈关于推动乡镇企业持续快速健康发展的报告〉的通知》	各级财政每年要安排一定资金来支持乡镇企业发展。
	1993年	国发〔1993〕10号文件《关于促进中西部地区乡镇企业发展的决定》	各地政府可以从多个渠道来筹集乡镇企业发展资金。
	1997年	中发〔1997〕8号文件《中共中央、国务院关于转发农业部〈关于我国乡镇企业情况和今后改革与发展意见的报告〉的通知》	要重点发展老少边区的乡镇企业。各级政府要按照区别对待的原则,积极鼓励乡镇企业发展。各级政府应每年设置一定的周转金来重点扶持乡镇发展。
税收优惠	1995年	中发〔1997〕8号文件《中共中央、国务院关于转发农业部〈关于我国乡镇企业情况和今后改革与发展意见的报告〉的通知》	从1995年起国家对乡镇企业免征部分税种。
	1996年	财税字〔1996〕28号文件《关于乡镇企业东西合作示范项目有关财税政策问题的通知》	对乡镇企业应缴所得税实行减免,特别是老少边穷地区。
	1997年	中发〔1997〕8号文件《中共中央、国务院关于转发农业部〈关于我国乡镇企业情况和今后改革与发展意见的报告〉的通知》	对于国家扶持乡镇企业发展的各种税收减免政策必须落地兑现。中西部的乡镇企业只要效益好,可免征部分税种。老少边穷地区新办的乡镇企业,可在三年内免征所得税。
技术改造	1992年	国发〔1992〕19号文件《关于批转农业部〈关于推动乡镇企业持续快速健康发展的报告〉的通知》	可适当提高乡镇企业折旧率,各级有关部门要将乡镇骨干企业的技术改造计划列入本部门计划中。

续表

领域	时间	文件	内容
技术改造	1993年	国发〔1993〕10号文件《关于促进中西部地区乡镇企业发展的决定》	乡镇企业要从销售收入中提取一定份额作为新产品的开发基金。
	1995年	中发〔1995〕6号文件《关于做好1995年农业和农村工作的意见》	允许乡镇企业依据实情在成本中列出用于技术改造和开发新产品的费用。
	1997年	中发〔1997〕8号文件《中共中央、国务院关于转发农业部〈关于我国乡镇企业情况和今后改革与发展意见的报告〉的通知》	要加大对于大中型乡镇企业的投资和贷款支持力度，促进乡镇企业科技进步。
人才职称	1987年	国发〔1987〕6号文件《国务院关于进一步推进科技改革的若干规定》	允许科研院所以及科研人员与乡镇企业进行合作。
	1993年	国发〔1993〕19号文件《国务院关于加快发展中西部地区乡镇企业的决定》	鼓励大中专毕业生到乡镇企业就职。

来源：作者绘制。

(二) 乡镇企业的规范发展阶段

1996年，全国人大常委会审议通过《中华人民共和国乡镇企业法》，为规范乡镇企业行为，保护乡镇企业合法利益，支持企业健康发展提供了有力保障。第六条指出，国家和经济发达地区的乡镇企业要通过各种形式来支持经济不发达地区的乡镇企业发展。第七条对人民政府、有关部门管理乡镇企业的职责进行了明确规定。第八条指出，乡镇企业更名或者分立、合并、停业，要依法向乡镇企业行政管理部门报备。第九条指出，乡镇企业在城市设置的分支机构要按照乡镇企业来同等对待。第十条对乡镇企业财产权进行了明确的规定。

（三）各级地方政府对乡镇企业的政策支持

在乡镇企业繁荣发展的20世纪八九十年代，各级地方政府为鼓励本地乡镇企业的繁荣发展，制定了一系列的政策措施。在此，以20世纪80年代陕西省人民政府发布的政策为例，说说各级地方政府对乡镇企业的支持发展。

一、进一步搞活信贷资金，适当放宽贷款条件。

二、建立乡镇企业发展基金。

三、提倡多渠道、多形式地集资兴办各种股份合作企业。

四、继续执行国家规定的对乡镇企业各种减税免税和优惠政策。

五、减轻乡镇企业负担。为了鼓励乡镇企业开发新的产品，乡镇企业可以分期支付电力增容费，有困难的还可给予减、缓、免的照顾。

六、乡镇企业与国营企业、其他企业单位实行各种形式联合后，允许同国营企业和其他企业"挂户经营"。

七、农民（集体或个人）有权依法申请开办企业。

八、坚决贯彻落实党中央、国务院关于逐步让乡镇企业就地承担更多的农副产品加工任务的指导方针。

九、乡镇企业的建筑安装公司和建筑队、安装队进城施工，经县乡镇企业管理局批准，同级城建部门同意，可实行同城市大集体企业一个取费标准，招标、投标同国营建筑企业一视同仁。

十、物资部门对乡镇企业生产的优质产品、创汇产品，以及列入省、市指令性计划的产品所需的统管、统配物资要列上计划户头，安排供应。

十一、乡镇企业兴办的各种食品加工、饲料加工、油料加工所需的原材料，在粮食合同定购任务未完成前、粮食市场关闭期间，由粮食部门按需要同乡镇企业签订议价供应合同，组织供应。

十二、国营商业和供销社要经常为乡镇企业组织物资交流，提供信息，建立与其合作的供销服务网络。

十三、教育部门要有计划、有步骤地将一批农村普通中学改为职业学校，由教育部门与乡镇企业部门共同管理，为乡镇企业培养人才。计划部门每年要给乡镇企业定向分配一定数量的大学、中专毕业生。为了提高全省各级乡镇企业主管部门和企业财会人员的业务水平，乡镇企业管理部门要对全省乡镇企业财会人员有计划、分层次地进行一次全面培训。

十四、加强乡镇企业服务体系的建设。

十五、加强宏观指导，理顺综合管理和行业管理的关系。

十六、乡镇企业要设置工程技术类、经济类和财会类的专业技术职务，实行专业技术职务聘任（任命）制。

十七、要调配懂工业、懂经济的干部充实加强各级乡镇企业管理部门。

十八、各级政府和各部门要根据以上规定，分别制定本地区、本部门贯彻落实的具体办法和措施，并认真组织实施。

三、政策效果

在中国改革开放的 40 年历程中，乡镇企业书写了浓墨重彩的一笔。① 被誉为"华夏第一县"的无锡县，在 1985 年，工业总产值超过 50 亿元，超过了青海、宁夏、西藏三个省（区）工业产值的总和。② 1998 年全国乡镇企业实现增加值 22186 亿元，占国内生产总值的比重达 27.9%；上缴国家税金达 1583 亿元，占全国税收总额的 20.4%。乡镇企业生产的产品产量年年增加，已占全国相当大的比重。1998 年乡镇企业原煤产量 64218 万吨，占全国的比重由 1978 年的 16% 上升为 51.4%；水泥产量 23025 万吨，占全国的比重由 5% 上升为 43%；机制纸产量 1232 万吨，占全国的比重由 10% 上升为 58%。③

结语与思考

乡镇企业的异军突起，是中国改革开放历史进程中的一个奇迹。④ 邓小平指出："我们完全没有预料到的最大收获，就是乡镇企业发展起来了。"⑤ 乡

---

① 庄晋财，尹金承，庄子悦. 改革开放以来乡村创业的演变轨迹及未来展望［J］. 农业经济问题，2019（7）：83-92.
② 王小鲁. 乡镇企业异军突起的秘密［J］. 财经，2008（13）：146-147.
③ 数据来源：国家统计局新中国 50 年系列分析报告之六：乡镇企业异军突起。
④ 马晓河，刘振中，钟钰. 农村改革 40 年：影响中国经济社会发展的五大事件［J］. 中国人民大学学报，2018，32（3）：2-15.
⑤ 邓小平文选：第 3 卷［M］. 北京：人民出版社，1993：238.

镇企业的发展壮大，吸纳了农村的剩余劳动力，① 改变了农村单一的产业结构，开辟了具有中国特色的乡村工业化道路。

乡镇企业是在特殊的历史背景下产生的，在一段时间内，乡镇企业的名声特别响亮。到了现在，乡镇企业被人们提及的次数越来越少。有人说，乡镇企业已经完成了它的历史使命，在现在的经济社会背景下，乡镇企业早已过时。但伴随着建立现代企业制度的改革，一大批乡镇企业脱胎换骨，成了现代化企业。乡镇企业的内涵也逐渐发生了变化，② 过去主要强调农村集体所有制兴办，而现在更加强调农村，利用农村资源和农村劳动力的农村民营企业。进入21世纪以来，乡镇企业一步一个脚印，克服重重困难，从草根经济成长为硕果累累的参天大树。③

在国家战略方针的指导下，乡镇企业施展拳脚的天地也会越来越广。在这些从泥土里成长起来的企业身上，我们看到的是乡村振兴的希望与未来。随着"一带一路"倡议的推进，中国的农民企业家将自身的技术和资金带给了沿线的国家，促进了当地农业发展。如红豆集团从最初18个村民创办的一个小作坊，变成了具有国际知名度的中国企业，在柬埔寨建立了占地10万平方米的经济开发区，吸纳超过2万余名劳动力。在乡村振兴的重要历史时期，这些出生于乡村的乡镇企业，必将在乡村振兴中发挥更加重要的作用。④

---

① 袁铖．农村剩余劳动力的转移与中国农村新型工业化 [J]．农业经济问题，2003（4）：34-38，79-80．

② 郑有贵．苏南模式向现代企业制度转换——以常熟市及其4个企业为例 [J]．教学与研究，2002（12）：16-21．

③ 王盛开，吴宇．改革开放以来乡镇企业的发展特点与政策取向 [J]．北京行政学院学报，2012（4）：85-89．

④ 雷诚，葛思蒙，范凌云．苏南"工业村"乡村振兴路径研究 [J]．现代城市研究，2019（7）：16-25．

第十六则　市场出现"小产权"

题记：在中国经济发展过程中，出现了许多富翁，有的是依靠勤奋搞企业，有的是依靠技术搞研发，有的是善于管理做决策。但有这么一批人，他们坐地盖楼，出租、出售、获得拆迁补偿款，一个个成为千万富翁，甚至亿万富翁。你怎么看待这种现象？如果给你这么一个机会，你会错过吗？就让我们来看看以下故事吧。

"城中村"中造富豪

1992年，邓小平在南方谈话中提出"要抓紧有利时机，加快改革开放步伐，力争国民经济更好地上一个新台阶"[1]的要求，为中国走上中国特色社会主义市场经济发展道路奠定了思想基础。不久，这股旋风席卷全中国，掀起了又一轮改革开放的热潮。

深圳在这波改革开放中大为受益，城市经济发展飞快，大批工厂兴建，成为珠三角大地上的一颗耀眼明珠。

跟随深圳经济发展的受益者有很多，如外来打工者、本地居民。但存在这么一类群体，他们利用农村集体建设用地修建了一大批没有产权的房子（俗称"小产权房"），然后将这些房子出租、出售，获得了大量的经济利益。而且，这类人群在城市扩张的过程中享受着更多的经济利益，巨额的拆迁赔偿款造就了大批千万富翁、亿万富翁。

请看下边一组数据：

（1）最成功的城中村——蔡屋围

蔡屋围是深圳特区最早开发的区域，无可置疑的金融中心，地标建筑最密集的地区。2007年一户蔡姓拆迁户通过行政复议拿到1700万元赔偿款，轰

---

[1] 王景堂. 邓小平改革方法论 [M]. 北京：海潮出版社，2001：22

动全国。每户村民因拆迁补偿 10~20 套住房。房租、分红，每户居民年收入上百万元。

（2）最值钱的城中村——岗厦村

深圳 CBD 内唯一的城中村。2009 年岗厦旧改，一夜之间造就 10 个以上亿万富豪，全村集体跨入千万级富豪家庭序列。

（3）最具都市感的城中村——皇岗村

地处深圳中心区中轴线，深港口岸门户位置。主攻高端服务业，全村高层建筑林立，类似都市中心。集体资产市值超过 500 亿元。

（4）最包容的城中村——上、下沙

深圳规模最大的城中村之一，出租物业繁荣，村民自建的六七层高的"握手楼"近 1000 栋。交通方便，娱乐丰富，居住着近 10 万名"深漂族"。

（5）最大胆的城中村——麻布村

被西乡大道、新安六路、新湖路和宝安大道包围的麻布村，在房地产热的带动下，成为新晋土豪村。村内频见豪车美女、权势人士出入，"小产权房"、遍地违建，被村民戏称为"最大胆的黑暗城中村"。

（6）最大规模旧改城中村——大冲村

大冲村改造是截至 2015 年年底深圳市最大的旧改项目，改造面积达 68.4 万平方米。在大冲村，一个村民拥有六七套回迁房的现象十分普遍。按照每平方米 1.1 万元的补偿现金计算，这里已经诞生了 10 个亿元户和超过 400 户千万级富翁家庭。

（7）最具发展眼光的城中村——怀德村

在深圳的众多城中村中，怀德村异军突起。30 年来，集体投资项目没有一次失误，地不仅没卖过一块，还从周边村取得近 600 亩土地使用权。当前公司总资产市值超过 1000 亿元，为深圳"分红第一村"。

（8）最大的城中村——白石洲

白石洲是深圳市最大的城中村，拥有深圳市区最集中、最大规模的农民房集群。深南大道、华侨城、世界之窗、欢乐谷和益田假日广场都在附近。出租房众多，房租相对便宜。白石洲旧改，12 万人面临搬迁。

你敢买"小产权房"吗？

小祁是山西人，2005年读完高中就来到天津打工，在天津开发区的一家工厂上班，给韩国三星手机厂做组装工作。那个时候，韩国三星手机在全球畅销，小祁基本上没有周末，都是在加班中度过的。加班有加班费，小祁拼命地工作，就是想趁年轻多赚点钱，在城市里买套房，成为城里人。

2007年年底，小祁认识了自己的老乡小花，她在天津开发区的另一个工厂上班，两人是老乡，又合得来，双方见了各自的父母后，两家人一致同意两人结婚。但是，两人老家在山西，工作地点在天津，结婚后住在哪？住老家肯定要回家务农，城里的工作算是丢了；不回老家继续在城里上班，那么两个人就不能再住各自的工厂，因为他们还要生娃育娃，培养下一代。

小祁和小花商量，准备在天津买套房子安家。于是，他们两个看了几个楼盘，去售房处咨询了价格。但是，两个家庭都是贫农家庭，根本没有积蓄。小祁这两年虽然赚了些钱，但每年都给家里寄点，加上自己在城市的开销，所剩并不足以支付房子首付。小花这时就建议小祁："要不咱俩再忍忍，先住工厂一年，等一年后，我们至少也能攒个七八万元。"

小祁思忖了一下，犹豫地点点头："也只好这样了。"同时，也更加坚定了他努力工作的决心。只是，中国的房地产就像脱了缰的野马，尽管政府在不断调控，但是房价每年都在上涨，而且涨幅超过了市民的工资增幅，市民们买房的负担越来越重。

饱受打击的小祁和小花商量，他说他有朋友买了"小产权房"，房子户型方正，楼间距很大，还是洋房，价格要比商品房便宜不少，他们全款买下来都可以。已经分居一年多的小花听了小祁的建议后，觉得这是目前最好的办法。于是，他们花光了自己所有的积蓄，在西青区的郊野处买了一套无房产证的"小产权房"。

两人虽然在这个小窝里温暖地生活了几年，但是，后续的麻烦让他们认识到了"小产权房"的危害。

一是房屋质量不过关。"小产权房"虽然价格便宜，但基本上都是私人开发建设的，缺乏合格的施工监理单位，建设中偷工减料不可避免。最重要的是，后续物业管理、房屋维修服务基本没有，都是业主自己掏钱解决问题。

二是"无证"不能落户和解决孩子上学问题。小祁、小花两人结婚后生了两个孩子，由于不能落户，只好把孩子户口落在老家，将来更麻烦的是孩子上学还得回老家，这是让他们夫妻俩最后悔的事。

三是"小产权房"不合法及国家政策不明朗下的风险问题。现在，国家明文规定"小产权房"非法，不允许新建、交易及各类服务提供（落户、贷款、教育等）。

小祁购买"小产权房"的痛苦经历，只是中国万千数量中的一个，他们尽管需求不同、买房的动机不同，但基本上都无法摆脱"小产权房"的以上三大缺陷。

西安取缔"小产权房"

近日，看到这么一则关于"小产权房"的新闻。

西安市国土、城管、质检等部门联合执法，取缔了沣东新城的8个"小产权房"售楼部。现场执法人员介绍，对于无视监管，擅自建设、销售的"小产权房"，相关部门将一律采取强硬措施，发现一家，查处一家。

执法人员来到位于西三环三桥立交西北角的"江山十里"售楼部。当时，售楼部已经人去楼空。售楼部北侧约30层的高楼已经建好，只剩下窗子还没有装。周围居民反映，这里房子的成交价只有3000元/平方米上下，基本是西安市房价的一半左右。"'开发商'还能帮着办手续，已经有人交钱了。"

执法人员现场依法销毁、没收了该售楼部的沙盘、宣传资料，登记封存了售楼部的相关设备，并在售楼部的门前上锁、贴封。"这里没有交付全部土地使用权出让金，也没有取得土地使用权证书。"国土部门现场负责人高凯说："这处楼盘手续不齐，售楼部属于违法设置。"

据了解，根据《中华人民共和国城市房地产管理法》等相关法律规定，没有营业执照擅自从事房地产开发业务的，由县级以上人民政府工商行政管理部门责令停止房地产开发业务活动，没收违法所得，可以并处罚款。

执法人员还依法取缔了西围墙村附近的阿房宫一号等7家售楼部。近期，国土、城管、质检等相关部门还将对"小产权房"进行详细摸底排查，对于无视监管，擅自建设、销售的"小产权房"将一律采取强硬措施，发现一家，查处一家。

以上只是西安的情况，全国大多数城市对于"小产权房"也都给予严厉打击。未来，随着中国土地政策及住房调控政策的改革发展，"小产权"可能会出现一些转机，但是建议各位购房者，尽量不要去买"小产权房"。

政策分析

一、政策背景

（一）"小产权房"的性质

2007年以来，"小产权房"在中国逐渐火热起来。"小产权房"并非法律概念，而是人们在生活中约定俗成的一种称呼。所谓"小产权房"，就是指在农村集体土地上修建的房屋，并没有国家发放的土地使用证和预售许可证。"小产权房"的房产证一般由乡政府颁发，并未得到国家房管部门的承认。因此，"小产权房"的房产证并非合法有效的产权证明。

根据《中华人民共和国土地管理法》，我国土地归集体和国家所有。村民只拥有农村土地宅基地的使用权，并没有所有权。因此，在宅基地上修建的房屋，农民并没有权利将其卖给城市居民，不能办理房产证、土地使用证等合法手续。因此，"小产权房"只能在农村及其成员内部流动。国家发产权证的叫"大产权房"，国家不发产权证的叫"小产权房"。"大、小产权房"的争议不在房屋所有权，而是土地使用权。

关于"小产权房"的解释主要有三种。第一种观点认为"大产权"是开发商的产权，"小产权"是从开发商的产权中分割出来的。第二种观点认为"小产权"和"大产权"的区别在于房屋转让时是否需要缴纳土地出让金，如果需要，那就是"小产权房"。第三种观点认为，国家颁发产权证的房屋就是"大产权房"，而乡政府颁发产权证的房屋就是"小产权房"。在这三种观点中，前两种观点在法律规定中较为明确，只要缴足了房款或者缴纳了土地出让金，那就拥有了产权，可以自由买卖。第三种观点则较为模糊，用户无法得到法律认可的产权证明。

(二) 产生原因

"小产权房"的产生是多种因素相互作用的结果。[①] 一方面，随着城市化的推进，我国大型城市房价快速飙升，远远超过当地居民的经济承受能力，但城市住房保障制度不健全，政府提供的廉租房和经济适用房远远无法满足当地劳动者的需求。在中国传统的思想观念中，有一套房子始终是自己奋斗的目标。居民对于"小产权房"的需求越来越大。另一方面，我国实行二元土地产权制度，农民可以在农村宅基地上自行修建房屋，而这些房屋是可以用于交易的。但相关规定含糊不清，存在许多漏洞。同时，农民在修建房屋时，不用像开发商一样缴纳土地使用权出让金。在村集体的统一安排下，农民也不需要修建相关基础设施。这就使得农民交易"小产权房"获得的利润远远大于因政府征收土地而获得的赔偿金额。

(三) 购买风险

"小产权房"的购买风险主要有以下四类：

第一类是法律风险。在不同的交易场景中，"小产权房"合同生效的情况也不同。"小产权房"如果在本村范围内，集体成员内部之间交易，该房屋买卖合同有效。农民如果将"小产权房"售予本村以外的成员，经有关部门批准，可以认定合同有效。如果没有得到相关部门的批准，并且购房人没有按照合同的要求来使用该房屋，在这种情况下购房合同是无效的。

第二类是产权风险。"小产权房"的房产证没有得到国家有关部门的认可，因此并非真正意义上的房产。因此，"小产权房"只有使用权，而没有所有权。村集体成员以外的第三人购买"小产权房"时，并不能合法过户。在今后转让房屋时，这类风险也会产生一定影响。

第三类是政策风险。在购买"小产权房"后，如果相关部门对"小产权房"进行整顿，部分"小产权房"可能会遭到拆除。购房人既得不到"小产权房"，也无法追回房款。如果政府进行征地拆迁，由于购房人并非合法的产权人，因此只能得到微乎其微的拆迁补偿，无法获得相应的产权补偿。

[①] 刘继光，杨祥雪. "小产权房"问题的成因及解决思路 [J]. 宏观经济管理，2019 (2)：73-78.

第四类是房屋质量风险。由于"小产权房"的修建过程缺乏相关部门的监管，房屋质量难以保证，在房屋出现问题后，也很难进行售后保修。

二、政策内容

近年来，中央对于"小产权房"问题尤为重视，颁布了多项规制政策，具体如下。

（1）2008年1月，国务院下发《关于严格执行有关农村集体建设用地法律和政策的通知》，其中指出，任何涉及土地管理制度的试验和探索，都不能违反国家的土地用途管制制度。

（2）2008年7月15日，国土部下发通知，要求尽快开展农村宅基地确权发证工作，但明确指出，"小产权房"不办理任何形式的产权证。

（3）2009年9月1日，国土部下发《关于严格建设用地管理促进批而未用土地利用的通知》，向地方政府重申，并坚决要求暂停各类"小产权房"建设。

（4）2010年1月31日，国土资源部表示将重点清理"小产权房"。

（5）2012年2月21日，国土部在"2011年房地产用地管理调控等情况"新闻发布会上表示，2012年以后，各地土地市场流标和流拍现象必须及时上报。同时，还将对闲置土地等违法案件的处理设定时限，包括试点办理"小产权房"。

（6）2013年11月，中共十八届三中全会通过的《中共中央关于全面深化改革若干重大问题的决定》提出，在符合规划的前提下，允许农村集体经营性建设用地出售、出租、投资，实行市场准入，作为国有土地的权利和价格应该得到落实。《决定》主要讨论土地改革的大方向，没有具体提出如何解决"小产权房"这类问题。

（7）2013年11月22日，国土资源部、住房城乡建设部下发紧急通知，要求全面、正确地领会中共十八届三中全会关于建立城乡统一的建设用地市场等措施，严格执行土地利用总体规划和城乡建设规划，严格实行土地用途管制制度，严守耕地红线，坚决遏制"小产权房"在建销售行为。

2014年3月10日下午，国土资源部部长姜大明接受记者提问时明确表示，不动产登记条例将于6月份出台，并表示将尽快协调有关部门建立部际联席会议制度，加快组建不动产登记局，建立信息共享平台。对于"小产权房"问题，姜大明表示将采取"拆除一批，教育一片，处理一批，震慑一片，问责一批，警示一片"的治理方式，把"小产权房"的违法势头控制住。"这个事情正在做，同时也对'小产权房'在各地的情况，进行清理统计，在这个基础上，再研究提出分类处理的意见。"

三、政策效果

2009年时，西安的房产有1/3属于"小产权房"。从2007年开始，西安市全面叫停"小产权房"建设以及交易，发现一起，查处一起。对于在建在售的项目，严厉禁止并责令停止房地产开发活动。已经修建好的"小产权房"，如果违反了法律对于集体土地建设的规定，将被强制拆除。房地产开发商也会受到严厉的惩罚，不仅要吊销房地产开发商的资质，如果违反了相关法律，还要被追究刑事责任。根据西安市公开报道，2007年6月，西安市政府拆除杜家堡村"小产权房"4000余平方米。2008年12月，西安市政府继续拆除了违规占用农田修建的12栋违规别墅、4栋商用住房。2010年，西安市又取缔了26家"小产权房"售楼中心，违规占用土地800余亩。2011年，西安市依法拆除了焦家村的"小产权房"。2013年11月，西安市又对无视监管、擅自进行小商品房开发的8个售楼部予以取缔。经过多年整改，在政府的高压态势下，西安市"小产权房"肆意蔓延的脚步得到遏制，逐渐走向了合法和规范的道路，房地产市场环境得到整顿和优化，人民群众的购房权益得到了良好保障。[①]

结语与思考

衡量一项政策是否正确，关键在于这项政策对最广大的人民群众来说是否有利，是否满足人民群众的需要。正如温家宝所说，我们要把人民群众满不满意、高不高兴作为衡量政绩的根本标准。

---

① 清理"小产权房"西安三分之一房产难转"证"[N]．三秦都市报，2012-02-23．

"小产权房"发展迅速、成因复杂，政府严令禁止却屡禁不止，这俨然成了我国当下的一个治理难题。[①] 一部分学者认为"小产权房"是违法的，必须坚决予以拆除，另一部分学者则认为"小产权房"是积极的、有利的，应予以合法化。[②] 对待"小产权房"问题，不能像经济学家考虑得那么理想，还应结合政府的施政难度。不同地区的"小产权房"产生发展的背景不同，也不能一刀切地处理，谨防伊斯坦布尔效应的发生。[③] 在治理过程中，坚持区别对待、循序渐进、维护稳定和利益均衡等原则，以获得最大的经济和社会效益。

　　目前，住房价格高居不下，"小产权房"就是在这一背景下产生的。[④] 现在，在全国各个城市，"小产权房"都已经普遍存在。在未来很长的一段时间内，"小产权房"都不可能消失。[⑤] 还是那句话，解铃还须系铃人，化解"小产权"的合理路径就是首先满足广大人民的"居住小康"。在"小产权房"这个问题中，最关键的点已经不在于"小产权房"是否合法合理，而在于政府机构如何引导"小产权房"由"合乎情理"变为"合乎法律"，实现政府、房地产开发商、农民集体和购房群众共赢的局面。[⑥]

---

　　① 胡映洁，张泓铭. 利益还原视角下"小产权房"问题整治模式研究 [J]. 上海经济，2018 (4)：42-55.

　　② 陈淑云，周静. "小产权房"合法化的破解路径与产权确定 [J]. 湖北社会科学，2016 (1)：74-79.

　　③ 郭继. "小产权房"依法处置论纲 [J]. 中州学刊，2012 (6)：75-79.

　　④ 王双正. 工业化、城镇化进程中的小产权房问题探究 [J]. 经济研究参考，2012 (33)：30-56.

　　⑤ 张启兵. 法律视野下小产权房问题实证研究——基于安徽省合肥市的调查 [J]. 东南大学学报（哲学社会科学版），2014，16 (4)：75-80，135.

　　⑥ 邹晖，罗小龙，涂静宇. 小产权房非正式居住社区弱势群体研究——对南京迈皋桥地区的实证分析 [J]. 城市规划，2013，37 (6)：26-30.

第十七则　土地财政难为继

题记：亚当·斯密曾说："土地是财富之母。"在中国城市化的过程中，土地更是重要的财富来源，可谓寸土寸金。地方政府控制着重要的土地资源，形成"房价上涨—土地升值"的链式反应，地方政府正是依靠这一反应获得了大量的卖地收入，支撑城市建设和投资运营。任何事情，都要保持一个合理的"度"，中国目前的房价泡沫已经超出了大部分百姓的承受能力，这就必然导致这种发展模式的不可持续性。

地方政府坐地生财

据《第一财经日报》记者统计，1999—2015年，这17年全国土地出让收入总额约为27.29万亿元，年均1.6万亿元。另据财政部统计，2016年1—7月全国国有土地使用权出让收入累计约1.73万亿元，同比增长12.1%。结合当前土地市场形势，到2017年年底，全国土地出让收入总额累计有望超过30万亿元。

在房产火爆的2016年，中国房市出现的一波快速上涨行情带火了土地市场。多个城市土地出让收入创下历史最高纪录，全国"卖地"收入千亿元以上的城市达到了9个。

中原地产研究中心统计数据显示，2016年，苏州、南京、杭州、上海、天津、合肥、武汉、重庆和深圳，9个城市"卖地"收入超过千亿元，这一数字也创历史新高。

值得注意的是，一线城市逐渐让出"卖地"收入"最高"的位置。2016年，苏州、南京、杭州三个二线城市土地出让收入居于全国前三位。一线城市中，上海排名第四，深圳排第九，北京、广州则并未进入前十。

中国指数研究院发布的300个城市土地市场年度数据也反映出同样的趋势。一线城市受土地推出量有限的影响，2016年住宅用地累计出让金为2463

亿元，同比下降28.4%，占各级城市总出让金的11.1%，较2015年下降10.5个百分点。

二线城市尤其是重点二线城市，土地市场热度较高，高价地块频出，住宅用地出让金达1.5万亿元，同比增长83.4%，占各级城市总出让金的67.0%，较2015年提高16.1个百分点。成交楼面积均价同比大幅上涨84.4%，上涨幅度在各级城市中最大。

以上只是近期房产火爆的一个缩影。自1997年中国商品房开建以来，中国最火爆的商品就是房地产，在这个过程中，地产商和地方政府受益最大，人们形象地称地产商为"地产大鳄"，称地方政府是"土地爷"。也是这一模式，推动了中国城市的扩张和大批基础设施开建。但是，随着房地产泡沫的急剧增大和政府调控力度的加码，这种坐地生财的模式难以为继。

土地财政的终结

小王是C县的一个普普通通的基层公务员，在春节前夕，他却接到了一项重要任务：在2014年他必须介绍身边的亲戚朋友，来县城购置至少两套商品房。尽管这项工作与小王的岗位职责无关，但要是没有完成指标，他的工资可能会被停发。这可让小王犯了难，小王在县城的论坛上发帖抱怨："自己本来是国家公务人员，怎么就干起了销售部导购这个活呢？"让小王没有想到的是，这条帖子引起了广大网友的关注。开始的时候，小王以为只有县城的公务员才和他一样接到了这项任务。许多C县的朋友纷纷在他的帖子下留言，说自己来自C县某个乡镇，也是一名基层公务员，同样接到了这项卖房的任务。新闻媒体也纷纷跟进，前来调查这件事。县政府新闻办回应，全县所有公务人员都没有被安排卖房任务。但是媒体们并不买账，他们进行了深入的调查，结果发现一份"C县20号"文件，文件明确指出县政府和各级乡镇政府均有推动居民购买房屋的指标。

无独有偶，不仅仅是C县，在北方一个名气更大的D市也发生了类似的事件。小刘是D市的公务员，看到这个帖子之后，他在下面回帖："在我们D市，何止基层公务员，连我们市长都是义务的售楼员。"小王对此很好奇，他和小刘就在网上聊了起来。小王发现，小刘和他们还挺不一样的。小刘的卖房指标并不是分摊的。D市领导提出要修建万套公务员住房的计划，修建了总面积为300余平方千米的新城。但是，入住的公务员却很少。四处吸引人才入住花费的力气，并不比售楼轻松。还好这个计划被及时叫停，不然也许在更多的城市，公务员们还要来专职售楼。

在这个帖子下面，还有不少小王的前辈也留言了。老胡说，十多年前，小王还没有参加工作的时候，他们就被分摊了指标。这个指标并不是售楼的指标，而是拆迁的指标。拆迁过后，又修建起了新的住房。领导们把这个方式叫作"腾笼换鸟"。老胡很感慨，自己费尽千辛万苦考上公务员，却万万没有想到，最终还是干起了房地产行业的活。

从拆迁到售楼，说明房地产行业和政府土地财政的畸形结合，已经失去了促进经济发展的能力，产生的苦果只能由政府自己承担。政府的土地财政，是时候进行改革了。

政策分析

一、政策背景

所谓土地财政，就是地方政府依靠出让土地的使用权而获得财政费用的一种模式。土地财政的产生，可以追溯到20世纪90年代的分税制改革。[①] 在分税制改革前，中央政府和地方政府税收三七分成。部分地区经济实力雄厚，在某些方面甚至敢和中央叫板。在这样的背景下，中国开始推行分税制改革。改革过后，大部分财政收入归中央政府，在当时规模较小的土地收益被划归为地方政府。同时，地方政府承担了大部分的公共服务职能，这就导致地方政府事权与财权不匹配。这使得地方政府不得不另谋出路，通过转让土地使用权，为城市基础设施建设筹集资金。在1998年住房制度改革和2003年土地招拍挂制度得到全面落实之后，土地财政逐渐趋于成熟，为地方政府进行城市基础设施建设提供了大量的原始资本。

[①] 孙秀林，周飞舟. 土地财政与分税制：一个实证解释[J]. 中国社会科学，2013（4）：40-59，205.

二、政策内容

(一) 土地招拍挂制度回顾

以招拍挂方式出让土地是目前我国土地取得的常规方式,而协议取得、划拨取得或租赁使用系土地的特殊取得方式。此处,对有关土地招拍挂出让的相关规定按时间顺序进行了梳理,具体如下。

(1) 1999年5月6日生效的《国务院办公厅关于加强土地转让管理严禁炒卖土地的通知》中规定,商业、旅游、娱乐和豪华住宅等经营性用地,原则上必须以招标、拍卖方式提供。

(2) 2002年7月1日生效的《招标拍卖挂牌出让国有土地使用权规定》中规定:商业、旅游、娱乐和商品住宅等各类经营性用地,必须以招标、拍卖或者挂牌方式出让。

(3) 2004年3月31日,国土资源部、监察部联合下发的国土资发〔2004〕71号文件《关于继续开展经营性土地使用权招标拍卖挂牌出让情况执法监察工作的通知》,要求2002年7月1日《招标拍卖挂牌出让国有土地使用权规定》实施后,除按国家有关政策规定属于历史遗留问题等之外,商业、旅游、娱乐和商品住宅等经营性用地供应必须严格按规定采用招标拍卖挂牌方式。

(4) 2004年12月24日生效的《国务院关于深化改革严格土地管理的决定》(国发〔2004〕28号)要求,除按现行规定必须实行招标、拍卖、挂牌出让的用地外,工业用地也要创造条件逐步实行招标、拍卖、挂牌出让。

(5) 2006年8月31日生效的《国务院关于加强土地调控有关问题的通知》(国发〔2006〕31号)中规定,工业用地必须采用招标拍卖挂牌方式出让,其出让价格不得低于公布的最低价标准。

(6) 国土资源部、监察部于2007年4月4日下发《关于落实工业用地招标拍卖挂牌出让制度有关问题的通知》(国土资发〔2007〕78号),规定国务院〔2006〕31号文件下发前,市、县人民政府已经签订工业项目投资协议,确定了供地范围和价格,所涉及的土地已经办理完农用地转用和土地征收审批手续的，可以继续采取协议方式出让或租赁，但必须按照《协议出让国有土地使用权规范》的有关规定，将意向出让、租赁地块的位置、用途、土地使用条件、意向用地者和土地价格等信息向社会公示后，抓紧签订土地出让或租赁合同，并在 2007 年 6 月 30 日前签订完毕。不符合上述条件或者超过上述期限的，应按规定采用招标拍卖挂牌方式出让或租赁。

（7）2007 年 10 月 1 日生效的《中华人民共和国物权法》规定：工业、商业、旅游、娱乐和商品住宅等经营性用地以及同一土地有两个以上意向用地者的，应当采取招标、拍卖等公开竞价的方式出让。

（8）2007 年 11 月 1 日生效的《招标拍卖挂牌出让国有建设用地使用权规定》中规定：工业、商业、旅游、娱乐和商品住宅等经营性用地以及同一宗地有两个以上意向用地者的，应当以招标、拍卖或者挂牌方式出让。

（9）根据国土资源部、监察部于 2009 年 8 月 10 日发布的《关于进一步落实工业用地出让制度的通知》（国土资发〔2009〕101 号），其中规定，各地要严格执行工业用地招标拍卖挂牌制度，凡属于农用地转用和土地征收审批后由政府供应的工业用地，政府收回、收购国有土地使用权后重新供应的工业用地，必须采取招标拍卖挂牌方式公开确定土地价格和土地使用权人。

（10）2014 年 3 月 7 日，国务院颁布《国务院关于进一步优化企业兼并重组市场环境的意见》，规定企业兼并重组中涉及因实施城市规划需要搬迁的工业项目，在符合城乡规划及国家产业政策的条件下，市县国土资源管理部门经审核并报同级人民政府批准，可收回原国有土地使用权，并以协议出让或租赁方式为原土地使用权人重新安排工业用地。

(二) 增减挂钩制度

在中国城市化进程中，城市的国有土地存量有限，随着新入人口的增加，存量土地早已消耗殆尽，如何实现国有建设用地的增量，这就涉及另一项土地制度：增减挂钩。

增减挂钩的全称是"城乡建设用地增减挂钩"，是指依据土地利用总体规划，将若干拟整理复垦为耕地的农村建设用地地块（拆旧地块）和拟用于城镇建设的地块（建新地块）等面积共同组成建新拆旧项目区（以下简称项目区），通过建新拆旧和土地整理复垦等措施，在保证项目区内各类土地面积平衡的基础上，最终实现建设用地总量不增加、耕地面积不减少、质量不降低、城乡用地布局更合理的目标。

从20世纪90年代后期开始，一些地方相继采取建设用地置换、周转和土地整理折抵等办法，盘活城乡存量建设用地，解决城镇和工业园区建设用地不足问题。为了引导城乡建设集中、集约用地，解决小城镇发展用地指标问题，2000年6月《中共中央国务院关于促进小城镇健康发展的若干意见》（中发〔2000〕11号）提出，"对以迁村并点和土地整理等方式进行小城镇建设的，可在建设用地计划中予以适当支持"，"要严格限制分散建房的宅基地审批，鼓励农民进镇购房或按规划集中建房，节约的宅基地可用于小城镇建设用地"。

为贯彻落实中发〔2000〕11号文件，国土资源部随后发出《关于加强土地管理促进小城镇健康发展的通知》（国土资发〔2000〕337号），第一次明确提出建设用地周转指标，主要通过"农村居民点向中心村和集镇集中"，"乡镇企业向工业小区集中和村庄整理等途径解决"，对试点小城镇"可以给予一定数量的新增建设用地占用耕地的周转指标，用于实施建新拆旧"。对目前我国土地政策具有重要影响的《国务院关于深化改革严格土地管理的决定》（国发〔2004〕28号）也提出，"鼓励农村建设用地整理，城镇建设用地增加要与农村建设用地减少相挂钩。"

为了稳妥推进城乡建设用地增减挂钩，国土资源部组织开展挂钩试点工作。初期，增减挂钩试点数量有限且试点项目区直接由国土资源部批准和指导、管理。自2009年起，国土资源部改变批准和管理方式，将挂钩周转指标纳入年度土地利用计划管理，国土资源部负责确定挂钩周转指标总规模和指标的分解下达，有关省区市负责试点项目区的批准和管理。

2008年6月27日国土资源部发布国土资发〔2008〕138号文件，针对一些问题的产生进行规范，提出要充分发挥增减挂钩政策的综合作用，要在两个统一、两个坚持、两个改进、两个探索的基础上总结经验，规范推进。

三、政策效果

土地招拍挂制度是中国土地市场的一次巨大进步,充分提高了土地的利用效率。[①] 土地招拍挂制度的建立,改变了以往市长同房地产商谈判议价的局面,真正实现了土地价值最大化。通过引入市场竞争机制,在一定程度上减少了暗箱操作等腐败行为的发生,杜绝了企业和个人在中间环节倒买倒卖土地。但与此同时,土地招拍挂制度也在实践中产生了一定的副作用,导致我国房价不断上涨。[②] 土地招拍挂制度实行的前15年,如果房价平均每年增长5个百分点,在实行招拍挂制度之后,从2004年到2010年,我国房价平均每年上涨10个百分点。[③]

增减挂钩制度促进了土地资源的优化配置。农村建设用地在政府的引导下,有计划地进行空间上的调整,在一定程度上解决了我国耕地细碎的问题。在这个过程中,原本粗放的土地利用方式被消灭。经过规划后的土地,利用方式更加集约和高效。土地整治的过程也是农村基础设施建设的过程,通过增减挂钩制度与新农村建设,农村危房改造和厕所革命相挂钩,有效地解决了农村饮水、用电、通信、环保等问题,改变了农村落后的面貌,提升了农民的生活水平,缩小了城乡之间的发展差距。

结语与思考

一些地方政府依靠出让土地使用权的收入来维持地方的财政支出,属于地方财政收入的一种。中国的"土地财政"主要依靠增量土地创造财政收入,也就是说通过卖地的土地出让金来满足财政需求。[④] 这种模式至少会导致以下四个问题。

[①] 李智强,吴诗嫚,邹啸. 浅析"招拍挂"土地出让方式的完善和调整[J]. 价格理论与实践, 2010 (4):50-51.
[②] 王岳龙. 土地招拍挂制度在多大程度上提升了房价?——基于"8·31大限"的干预分析模型研究[J]. 财贸研究, 2012, 23 (3):31-39.
[③] 地王频出源自招拍挂制:土地财政变本加厉[N]. 经济参考报, 2010-03-18.
[④] 范子英. 土地财政的根源:财政压力还是投资冲动[J]. 中国工业经济, 2015 (6):18-31.

第一，土地财政会导致国民收入格局、分配格局恶化。① 依靠转让土地使用权，政府获得了大量的收入。在21世纪初，有学者统计，政府收入已经超过GDP的30%，与中国发展中国家的国情不匹配，已经达到甚至超过了某些发达国家的水平。这导致社会投资遭到抑制。由于土地收入主要集中于城市，一方面使得农民收入比重降低，收入增长缓慢；另一方面使得城乡之间的差距不断拉大。② 中央已经采取了多项措施，力图优化收入分配格局，但到现在为止，我国收入分配格局恶化的局面仍然没有得到根本性的改变。

第二，土地财政导致产业结构调整受到影响。③ 由于政府投资具有杠杆作用，政府的大量资金无论流向哪里，都引导着产业结构发生重大变化。

第三，政府的资金、资源遭到浪费。土地财政导致了土地寻租现象愈发兴盛，大量公款变为官员的灰色收入，引起了人民群众的强烈不满。④

第四，农民的合法权益得不到保障。在土地财政机制中，房地产开发商处于天然的垄断地位，凭借垄断优势可以肆意抬高房价，这使得低收入群体的住房问题得不到有效解决。⑤

总体来看，在中国工业化、城市化的进程中，土地财政曾经发挥过重要的、积极的作用。但是，随着改革的深入，其制度弊端也越来越明显、突出，已经成为中国可持续发展的障碍。今后，应该切实推动土地财政逐步退出历史舞台。

---

① 罗红云. 地方政府如何降低经济发展中的土地财政依赖症——以新疆为例 [J]. 开发研究，2012（1）：69-73.
② 陈丽华，许云霄，辛奕. 城市化进程中以财政制度创新缩小城乡收入差距 [J]. 财政研究，2012（1）：50-53.
③ 周彬，周彩. 土地财政、产业结构与经济增长——基于284个地级以上城市数据的研究 [J]. 经济学家，2018（5）：39-49.
④ 于猛，宋家宁."土地财政"的制度根源剖析 [J]. 中国土地，2013（4）：49-50.
⑤ 黄小虎. 解析土地财政 [J]. 红旗文稿，2010（20）：3，15-18.

第七章

平起平坐两兄弟

第十八则　集体土地允入市

题记：长期以来，农村"三块地"与城市土地相比，价值极低，且流通性较差。在城市扩张的过程中，城市坐享土地升值的制度红利，而农民的土地却在城市化、工业化的过程中被不断蚕食。这种矛盾逐步演变为拆迁难、农民群体性事件等。党中央高度关注这一社会矛盾，提出农村集体建设用地入市试点意见，打破了过去国有土地一统天下的局面，赋予农民土地"同市同价"的权利，这将是一项影响深远的改革。

大兴集体土地入市

牛大壮是北京市大兴区西红门镇的一个普通老百姓，这段时间他非常苦恼。他所在的西红门镇，绝大部分面积都在北京市南五环以内，优越的地理位置吸引了大量的企业前来建设工厂，全镇27个村有5000个企业，到处都是工业大院。按照每亩地1万元的租金，集体每年通过将土地出租给工业大院，可以增收1.6亿元。有钱赚，这可是一件大好事，那牛大壮有什么苦恼的呢？牛大壮叹了一口气，说："以前咱们这个地方山清水秀，后来随着工厂越来越多，咱赚的钱确实也变多了，但是村里环境都被破坏了，到处是垃圾和工业废水，这生活不好过了啊。"牛大壮越想越气不过，他找到村支书老李反映："李书记，咱能不能想想别的办法赚钱，咱村的资源和环境都被破坏了，这样赚钱内心不好受啊！"老李也没有别的办法，他对牛大壮说："咱先等等，国家一定会注意到咱这种情况的。"

2015 年 2 月，大兴被确定为集体经营性建设用地入市的试点地区，而牛大壮所在的西红门镇正是集体经营性建设用地入市的试点地区。从这一刻起，西红门镇的环境将会发生翻天覆地的变化。

原来脏乱差的环境消失不见了。西红门镇政府往东走 1 千米，原来是一个垃圾遍地、污水四溢的工业大院，现在变成了一个充满鸟语花香的湿地公园，里面是再生水厂。

按照"拆十建二绿八"的思路，西红门镇对 27 个村的土地进行了重新规划。西红门镇每拆掉十亩地工业大院，就会留八亩地来建设城市绿地，剩余两亩地在统筹协调后用于建设集约化的产业园区。

除此之外，西红门镇还成立了盛世宏祥资产联营公司，由 27 个村集体组成股东。在保证集体土地所有权不变的前提下，对剩余两亩地产生的收益进行管理和分配，有效解决了单个农户无法实现土地利用集约化和产业化的困难。每个农民都有一定的股份，并且每 5 年还要增长 5%，保证了农民稳定的收入增长。

牛大壮现在可开心了，他激动地说："在改革之前，我家将 1.5 亩的土地出租给工业大院，只能获得 6 万元的收益。现在，每年能拿到 12 万元的分红。而且村里的环境变得更好，这样的政策谁会不喜欢呢？"在原来工业大院的地方，一大批新兴产业正在开始入驻。看着美丽的环境、环保的产业，牛大壮的心里终于踏实起来。

平罗农民添新欢

在平罗县城关镇小兴墩村，王铁柱是一名经营大户。他最近把村里的土地流转了 300 多亩来从事订单农业，其中有 9 亩来自 20 世纪的一家乡镇面粉厂。自从这家面粉厂倒闭之后，这 9 亩土地就一直闲置着。为了租这 9 亩土地，王铁柱花了 2 万多块钱，一年结算一次。但这笔交易并不能让双方都满意。王铁柱说："这些土地我既不能拿去向银行贷款，也不能在上面修房子。本来我还想在这土地上面修建一所学校来培训农民的，现在实现不了，这可让人犯了难。"村支书老张说："反正这几亩地闲着也是闲着，不如把这块土地流转出去。可这才拿到了两万块钱，对村里来说也没有多大用处。"

到了2017年，王铁柱和老张书记苦恼的事情终于能够解决了。一个好消息传来，平罗县城被确定为农村集体经营性建设用地入市试点县区。事不宜迟，王铁柱又找到了老张，和他商量起这件事儿。在和村集体商议之后，王铁柱为这9亩土地一次性支付了50余万元的土地出让金，获得了50年的土地使用权。这50多万元，有3万元是县政府的收益调节金，剩下的钱全部归村集体所有。在签约仪式当天，王铁柱就用这块土地的产权证向银行贷款了200万元，用于继续投资扩大生产。而小兴墩村则用土地出让金来投资了王铁柱的合作社，老张书记特别开心，他说："现在，初步估计一年能拿到12万元的分红，比以前的两万块强多了。"

政策分析

一、政策背景

1982年《宪法》指出城市的土地归国家所有，农村的土地归集体所有，从此确定了我国城乡二元的土地结构。在随后的较长一段时间内，二元土地制度一直没有得到改变，农村土地始终只能在集体范围之内流动。按照我国《土地管理法》规定，农村集体建设用地必须被政府征收为国有土地之后，才能够进入土地一级市场流转。这种流转方式存在诸多弊端。一是城镇的国有土地和农村集体土地产权不对等，农村集体土地只能通过间接方式上市。二是政府通过征收土地获得的收益与农村集体土地的补偿款不对等，很多政府通过极低的补偿款征收了农村集体建设用地，使得农民的土地权益受到损害。三是征用过于随意。土地管理部门可以任意使用国家征地权。在城市化过程中，越来越多的农村土地将会变为城市土地。如何顺利促进农村土地权属和使用方式的改变，合理分配土地带来的增值收益，成为社会讨论的热点问题。

二、政策内容

（一）基础铺垫

2007年，中共十七大提出，要"加快形成统一开放竞争有序的现代市场体系，发展各类生产要素市场，完善反映市场供求关系、资源稀缺程度、环境损害成本的生产要素价格形成机制"。

2008年，中共十七届三中全会进一步明确提出，"要促进公共资源在城乡之间均衡配置、生产要素在城乡之间自由流动；逐步建立城乡统一的建设用地市场"。

2012年，中共十八大又重申，要"保证各种所有制经济依法平等使用生产要素、公平参与市场竞争、同等受到法律保护"。

2013年7月，习近平总书记在湖北部分省市负责人座谈会上提出，加快形成全国统一开放、竞争有序的市场体系，着力清除市场壁垒，提高资源配置效率。集体土地入市正是发展要素市场，建立城乡统一、开放、竞争有序的土地市场的必要条件，是完善社会主义市场经济的一项重要任务，是发挥市场在土地资源配置中基础作用的需要，是加快经济发展方式转变的需要。对此，中央用了"加快"二字以显示问题解决的迫切性。

2018年，《土地管理法》进行再次修订，此次《土地管理法修正案（草案）》共计29条，覆盖农村"三块地"改革的核心内容，包括明确土地征收程序及标准、规范集体经营性建设用地入市以及完善宅基地管理制度。这是《土地管理法》时隔14年后的再一次大修。

（二）政策提出

中共十八届三中全会审议通过《中共中央关于全面深化改革若干重大问题的决定》，其中指出，建立城乡统一的建设用地市场。在符合规划和用途管制的前提下，允许农村集体经营性建设用地出让、租赁、入股，实行与国有土地同等入市、同权同价。

缩小征地范围，规范征地程序，完善对被征地农民合理、规范、多元保障机制。扩大国有土地有偿使用范围，减少非公益性用地划拨。建立兼顾国家、集体、个人的土地增值收益分配机制，合理提高个人收益。完善土地租赁、转让、抵押二级市场。

农村集体土地的所有权主体是农民集体，而不是集体经济组织。但法律的规定并不严谨：何为集体？法律没有界定；何为集体所有？法律只规定由集体经济组织或村民委员会经营管理。这种定性上的空白与权利行使上的简单粗糙导致了农民土地权益的损害。

实践中，土地名义上由农民集体所有，实际上为集体经济组织或村民委员会所有，甚至由其中的个别人所有，农民不能从法律上看到自己与土地的关系。这一方面使农民在与集体经济组织或村民委员会的承包合同纠纷中不能正确地主张自己的合法权益，另一方面也使农民淡化了对土地的保护意识，对土地抛荒、被侵蚀的现象十分淡漠。而集体经济组织或村民委员会的领导者们也毫无土地由农民集体所有的观念，随意撕毁承包合同，随意干涉农地经营，甚至私自卖地。这些行为都不利于农业的发展，最终损害了农民的利益，而这一切都源于法律对集体所有定性上的空白和权力运作机制上的简单粗糙的规制。

（三）政策落实

为落实党的十八届三中全会决定关于农村土地征收、集体经营性建设用地入市和宅基地制度改革的要求，2014年12月31日，中共中央办公厅、国务院办公厅印发《关于农村土地征收、集体经营性建设用地入市、宅基地制度改革试点工作的意见》，决定在全国选取30个左右县（市）行政区域进行试点。

"试点涉及突破《土地管理法》《城市房地产管理法》中的相关法律条款，需要提请全国人大常委会授权国务院在试点期间暂停执行相关法律条款。"草案规定，由全国人大常委会授权国务院在北京市大兴区等33个试点县（市、区）行政区域，暂时调整实施《土地管理法》《城市房地产管理法》关于农村土地征收、集体经营性建设用地入市、宅基地管理制度的有关规定。上述调整在2017年12月31日前试行，对实践证明可行的，修改完善有关法律；对实践证明不宜调整的，恢复施行有关法律规定。

在介绍改革试点的保障措施时,姜大明强调,暂时调整实施有关法律规定,推进改革试点,将坚持"封闭运行、风险可控"的原则,坚守确保土地公有制性质不改变、耕地红线不突破、农民利益不受损的底线,坚持从实际出发、因地制宜。国土资源部等有关部门将加强对试点工作的整体指导和统筹协调、监督管理,按程序、分步骤审慎稳妥推进,确保试点工作顺利开展。

"试点行政区域将合理提高被征地农民分享土地增值收益的比例。国务院有关部门将通过推行征地信息公开、完善征地程序等方式,加强群众对征地过程的监督。"

试点行政区域只允许集体经营性建设用地入市,非经营性集体建设用地不得入市。入市要符合规划、用途管制和依法取得的条件。入市范围限定在存量用地。同时建立健全市场交易规则、完善规划、投资、金融、税收、审计等相关服务和监管制度。

"试点行政区域在现阶段不得以退出宅基地使用权作为进城落户的条件,宅基地退出实行自愿有偿,转让仅限在本集体经济组织内部,防止城里人到农村买地建房,导致逆城市化问题。"

三、政策效果

对地方政府而言,集体土地入市短期内可能会对土地市场造成冲击,影响地方政府的财政收入,但从长期来看有利于帮助地方政府摆脱对土地财政的依赖,[1]更加注重长远利益,培育新的税收来源。从集体来看,能够获得更多的经济利益,增强村集体的经济实力。[2]同时,村集体可将土地增值收益调节基金用于加强农村基础设施建设,进一步提高了农村集体土地的升值潜力。在这个过程中,农村的居住环境、产业形态、生态环境等方方面面都会发生巨大变化,对促进乡村振兴有着重要意义。对于农民而言,农村集体经济组织在留足一定比例的基金用于发展后,剩余基金将会分配给农民,这将会增

---

[1] 杨遂全. 论集体经营性建设用地平等入市的条件与路径 [J]. 郑州大学学报(哲学社会科学版),2019,52(4):35-39.
[2] 陈寒冰. 土地权利与农民财产性收入增长的关系 [J]. 郑州大学学报(哲学社会科学版),2019,52(4):40-45.

加农民的财产性收入，使农民获得持久稳定的收入来源。对企业而言，《土地管理法》修改前，企业流转村集体土地属于违法行为，村集体经济组织如果损害了企业的权益，企业得不到法律的有效保障。在《土地管理法》修订后，企业的合法权益等将会得到有效保障。同时，《土地管理法》还允许企业运用农村集体土地进行贷款，缓解了企业的资金困难。

结语与思考

如今，政府进行的集体建设用地使用权流转试点已经遍布20多个省区市，进行了长达20多年的实践探索。在长三角、珠三角等经济发达地区，集体建设用地的隐形市场也普遍存在。[①] 要想制定好一套科学合理的集体土地入市方案，必须坚持以下几条原则。

一是必须明确集体土地入市的供应主体。[②] 在不同的市场，供应主体也不同。在一级市场，土地的供应市场主体应该是集体经济组织的村民大会。如果该村集体建立了土地股份合作社，那供应主体应该为全体股东。在二级市场，土地供应主体应该是农村集体土地或者宅基地的使用人，他们能够合法转让土地的使用权，但不能够转让土地的承包经营权。

二是必须明确集体土地入市的产权交易方式。[③] 交易方式应该与国有土地市场相同，采用租赁出让拍卖等多元化的方式，政府不应对此做出硬性规定。如果土地需求方愿意长期投资，那应该采取出让的形式。土地供应方想要获得长久的利益，那应该采取出租的方式。需求方有多个企业相互竞争时，应该采取拍卖的方式。公共设施用地可以采取招标或者挂牌的方式。如果采取作价入股的方式，农民还必须成为股东或者合伙人，一旦经营失败，就必须承担相应的损失。

---

① 罗湖平，朱有志. 城镇化进程中的城郊集体建设用地隐形市场形成机理——基于长沙市郊农户调查问卷的分析 [J]. 求索，2014 (7)：79-83.
② 梁爽. 中国特色城镇住房供应体系及其改进 [J]. 中国房地产，2014 (17)：47-51.
③ 唐健，谭荣. 农村集体建设用地入市路径——基于几个试点地区的观察 [J]. 中国人民大学学报，2019，33 (1)：13-22.

三是必须做好集体土地入市的市场监管。① 市场管理人员需要对以下几个方面进行审查：村集体经济是否同意集体土地入市；入市的土地是否有合法的产权；土地用途是否符合相关规定。如果有条件的话，市场管理人员也可以提供市场交易场所，制定相关交易规则。集体土地的供给由集体经济组织自行决定。市场的租金、建设用地和耕地配置的均衡点都可以交给竞争的市场机制来确定。

---

① 刘亚辉. 农村集体经营性建设用地使用权入市的进展、突出问题与对策 [J]. 农村经济, 2018（12）: 18-23.

第三篇　城市国有土地

第八章

市民捧上红本本

第十九则　划拨用地展头脚

题记：中国是一个实行社会主义市场经济制度的国家，在用地制度上很好地体现了这一点。大家想过没有：为什么我们的高铁建设得那么快、公共基础设施上马得那么多，民生项目建设得那么好，被世界人民誉为"基建狂国"？归根结底，在于我们国家的土地制度很好地服务了我国经济建设的需要，划拨用地的制度满足了人民对公共服务用地的需求。下面，我们通过两个小案例，了解一下这个制度的优越性。

光明小学开建了！

苏州市是江苏省南部的一个经济发达的地级市，改革开放后，这里的人民敢为人先，调动一切能调动的力量搞经济建设，经济发展速度飞快。

一旦这里发展好了，那么这个地方就成了香饽饽，周边地区甚至中西部地区的人们都来此淘金，虹吸效应明显。从20世纪90年代中后期，这个城市的人口一直在增加，短短七八年间，人口增加了近一倍。

人多了好搞经济建设，这是好事。但是，也面临着一系列的公共服务配套问题，如居住问题、交通问题、社会管理问题，但老百姓最关注的还是小孩上学问题。

这几年新来的人口都是年轻人，有知识、有技术，在苏州落了户，孩子出生得多了，有的赶上上小学。

原来的小学都是按照 10 年前的规划设计的，可以很好地满足原住居民子女的就学问题。但等待上学的学龄前儿童一下子增长这么多，教育资源不足成了当地政府的一件头疼事。

后来，市政府决定立马开建小学。城里的土地现在都是寸土寸金，房地产的开发引爆了当地的土地行情。所以，在城里找地也是一件头疼事。考虑到小学生的上学安全和路程等问题，这个学校的选址还必须在居民居住集中的地区。

市政府相关工作人员查遍了全市，发现已经没有空闲的土地了，郊区的土地倒是有，但是距离居民区太远，不符合学校的选址要求。后来，发现 X 区有一个老厂子，是 20 世纪 80 年代兴建的，生产棉纺产品，在当时是一家非常有名气的国有企业。但好景不长，随着改革开放的深入，许多地方都开办了棉纺织厂，都是现代化的机器设备，这家厂子在竞争中逐渐衰落下来，现在处于停产倒闭状态。

针对这个情况，市政府召开专题会议，研究决定将这个厂房拆迁改造成小学。因为这个厂子周边都是近几年新建的楼盘，这个地方在 20 世纪 80 年代属于偏远地区，但到了 90 年代末已经变成了市中心。

说起拆迁，可不是那么容易的。记得去年，这个地方周边的棚户区改造，涉及 200 多户居民的拆迁工作，当时做工作可费劲了，一些钉子户以死相要挟，有的甚至和拆迁工作人员发生了冲突，气氛相当紧张。最后，政府付出了大量的人力、财力，并做了大量的宣传工作，历时一年多才完成全部拆迁任务。

对于这次老棉纺厂的搬迁，市政府下令要求 3 个月完成全部任务，周边的居民都不相信。不过，最后还真的用了不到 3 个月的时间就完成了全部拆迁任务。原因是这片地以前就是划拨用地，没有缴纳土地出让金，现在政府已经在郊区给这个厂子预留了一块比这里更大的地，如果厂子重组成功，以后就在那儿生产。

顺利完成棉纺厂的搬迁工作后，市政府相关部门将这片地划拨到了"光明小学"名下，且不存在期限限制。就这样，光明小学不用交一分钱，就拿到了土地。后来听说,大概不到一年,光明小学就建成开始招生了,这速度让人非常羡慕。

人民公园开园了!

Z市是河南省的一个大市,这个城市和东部的城市一样,沐浴在改革开放的春风下茁壮成长。20世纪80年代,这个城市的常住人口只有200万人;90年代,人口增长到了300万人;到了21世纪初,人口增长到700万人,再加上一些外来人口,这个城市算是一个特大型城市了。

人口的膨胀,需要更多的公共服务来满足。这不,Z市就面临这么一个问题,E区是这个市的新区,人口增加较快,一个个居民小区建立起来,一栋栋高楼拔地而起,周边的企业也不断拥入,一副红红火火搞经济的派头。

白天这个地区的人们都去上班,这个地方可以说变成了空城。到了晚上,人群一下子拥挤起来,人们下班后想出来散散步,只能在小区内或邻近的马路上,这些地方都不适宜锻炼或不安全。

后来,当地居民把这个情况反馈到了街道办,街道办又往区里反馈这个情况。区里领导非常重视,的确以前批准用地,给了太多的出让性建设用地。房子是盖了不少,引入了不少企业,政府也获得了很多卖地收入。但老百姓的生活质量却下来了,这个区政府做了检讨。

经区政府决议,暂停这个地区的"卖地"计划,组织相关规划专家选择一处地方建设公园,服务和方便周边居民。最后,专家们认为在这个地区的正中央还有一块空地,大概有300多亩,可以建一个生态型的休闲公园,方便周边居民活动。

这个建议报到区政府,区政府看了下,这块地是今年准备挂牌的,已经变成这个地区最值钱的一块地了,交通便利,周边生活设施齐全,在科技园区包围中。这300亩地,保守估计可以为政府创收10个亿的收入。

考虑到民生为大,市政府决定就在这个空地上兴建一个人民公园,分成四个区块,有儿童游乐区、青年运动区、中老年娱乐区及绿色植物观赏区。

市政府一纸批文,将原本出让的土地变为划拨用地,期限也是永久性的,这下子就解决了当地居民的生活问题。

在人民公园开园那天，当地的居民为政府送上了一面锦旗，许多市民参加了人民公园的开园典礼。一位照看孙子的老人说："还是党的政策好，短时间内就解决了我们的问题，我们感谢党和政府。"

政策分析

一、政策背景

1956 年，我国社会主义改造基本完成，社会主义制度正式在我国建立起来，直到改革开放前，我国形成了与公有制相适应的国有土地划拨使用制度，并成为我国国有土地使用的唯一形式，具有浓厚的行政干预色彩。改革开放以后，原有的计划经济体制被打破，市场逐渐成为我国资源配置最主要的方式，特别是在国有企业改革的推动下，我国有偿的土地划拨制度逐渐建立起来。与此同时，土地出让制度也建立起来，通过市场化手段有偿出让国有土地，两者相结合，组成了我国土地供应双轨制。[1] 随着我国社会主义市场经济体制的建立，土地划拨制度所产生的社会历史条件、所承担的职责也在不断变化。曾经，土地划拨制度是国有土地资源配置的唯一手段，在计划经济时代发挥了极其重要的作用。到现在，土地划拨制度已经成为公益性土地供给的重要方式，降低了社会公益事业的投资成本，促进了公益事业的健康发展。[2]

二、政策内容

划拨用地是我国特有的项目建设用地的取得方式之一，是有审批权限的各级政府根据我国《土地管理法》《城市房地产管理法》的有关规定和 2001 年 10 月 22 日国土资源部令第 9 号令《划拨用地目录》，向符合划拨用地条件的建设项目（项目使用的单位）无偿供应的土地。划拨用地的使用年限是永久的（即终止日期为批准供地的本级政府认为应该依法收回时止）。

---

[1] 冯吉光. 资源配置、市场传导与划拨土地供给的政府作为 [J]. 改革，2018 (2): 100 – 108.
[2] 杜泊舍. 划拨土地使用权分类改革研究 [D]. 杭州：浙江大学，2015.

根据原国土资源部令第 9 号令《划拨用地目录》规定，我国现行的划拨用地的主要项目是党政机关和人民团体用地、军事用地、城市基础设施用地、公益事业用地及国家重点扶持的能源、交通、水利等基础设施用地和特殊项目（如监狱等）用地。

（一）用地目录

在划拨用地的条件改变、划拨用地的理由消失后，用地单位必须向政府缴纳相应的土地出让金（改无偿划拨为有偿供地）。具体包括以下 19 条用地目录。

(1) 党政机关和人民团体的用地。

(2) 军事用地。

(3) 石油天然气设施用地。

(4) 煤炭设施用地。

(5) 电力设施用地。

(6) 水利设施用地。

(7) 铁路交通设施用地。

(8) 公路交通设施用地。

(9) 水路交通设施用地。

(10) 民用机场设施用地。

(11) 特殊用地。

(12) 城市基础设施用地。

(13) 非营利性邮政设施用地。

(14) 非营利性教育设施用地。

(15) 公益性科研机构用地。

(16) 非营利性体育设施用地。

(17) 非营利性公共文化设施用地。

(18) 非营利性医疗卫生设施用地。

(19) 非营利性社会福利设施用地。

（二）划拨用地出租的政策问题

行政划拨土地是可以出租的，相关的法律依据主要有：

（1）《城镇国有土地使用权出让和转让暂行条例》第四十五条，符合下列条件的，经市、县人民政府土地管理部门和房产管理部门批准，其划拨土地使用权和地上建筑物，其他附着物所有权可以转让、出租、抵押：①土地使用者为公司、企业、其他经济组织和个人；②领有国有土地使用证；③具有地上建筑物、其他附着物合法的产权证明；④依照本条例第二章的规定签订土地使用权出让合同，向当地市、县人民政府补交土地使用权出让金或者以转让、出租、抵押所获收益抵交土地使用权出让金。第四十四条划拨土地使用权，除本条例第四十五条规定的情况外，不得转让、出租、抵押。

（2）《国务院关于发展房地产业若干问题的通知》（国发〔1992〕61号）第六条明确规定：加强对划拨土地使用权的管理。凡通过划拨方式取得的土地使用权，政府不收取地价补偿费，不得自行转让、出租和抵押；需要对土地使用权进行转让、出租、抵押和连同建筑物资产一起进行交易者，应到县级以上人民政府有关部门办理出让和过户手续，补交或者以转让、出租、抵押所获收益抵交土地使用权出让金。

（3）《建设部关于贯彻〈城市房地产管理法〉若干意见的通知》（1994年8月13日建房字第493号文发布）中规定，划拨土地使用权的转让，必须按国务院国发〔1992〕61号文件的规定，经当地房地产市场管理部门审查批准。房地产法对划拨土地使用权的转让管理规定了两种不同的处理方式：一种是需办理出让手续，变划拨土地使用权为出让的土地使用权，由受让方缴纳土地出让金；另一种是不改变原有划拨土地的性质，对转让方征收土地收益。各地房地产市场管理部门，对于准许转让并认为应办理出让的，按《房地产法》第二章第一节的规定办理出让手续；经有批准权的人民政府决定不办理土地使用权出让手续的，应按《房地产法》第三十九条第二款的规定，并按照财政部（92）财综字第172号文件规定，由房地产市场管理部门在办理房地产交易手续时收取土地收益金上缴国家，或按规定做其他处理。

（4）《辽宁省实施〈中华人民共和国土地管理法〉办法》第三十九条规定：以划拨方式取得土地后，以转让、出租、抵押等形式交易的，应当向县以上土地行政主管部门提出申请。准予交易的，应当依法办理有关手续，缴纳土地使用权出让金等有偿使用费用；经批准保留划拨土地使用权性质的，转让方应当按照国家和省有关规定缴纳土地收益。

（5）《城市房地产管理法》第五十五条规定："以营利为目的，房屋所有权人将以划拨方式取得使用权的国有土地上建成的房屋出租的，应当将租金中所含土地收益上缴国家。具体办法由国务院规定。"

三、政策效果

土地划拨制度作为特定历史条件的产物，在一定时期内起过积极的作用。第一，土地划拨制度促进了公共事业的发展。公益事业由于投入成本高而收益微薄，很少有企业愿意承担，并且能够承担公共事业的建设。国家将土地划拨给公共事业，并无偿使用，在最大限度上减少了公益事业成本，满足了人民群众的切身需要。① 第二，土地划拨制度加强了国家对土地的宏观调控。土地所有权在国家手中，国家可以将土地优先划拨给国家需要重点发展的项目。② 同时，国家还能对土地的供给进行调节，抑制了土地投机行为。

与此同时，土地划拨制度也有着自身的弊端。第一，土地划拨制度造成了国家对土地资产收益的大量流失。③ 1991年到1994年，义乌市进行国有土地制度改革，三年间，各单位和个人补缴转让金6000余万元。④ 第二，土地划拨制度缺乏监管，导致大量权钱交易的产生。⑤ 第三，造成了企业之间的不公平竞争。享受土地划拨的企业不需要为土地支付代价，而没有享受到土地划拨的企业的生产成本将大大提高。第四，造成了土地资源的不合理配置。各种政府机关大楼位于市中心较好的位置，阻碍了土地经济效益的实现。⑥

---

① 贺磊. 浅议划拨土地使用权"无偿性"[J]. 山西财经大学学报，2007（S2）：43.
② 林荣茂. 论经济适用房制度的政策调整——土地划拨与货币补贴的福利、效率与产权分析[J]. 消费经济，2006（4）：52-54，78.
③ 杨沛川，黄猛，宋海鸥. 论我国划拨土地使用权制度的弊端及其完善[J]. 重庆大学学报（社会科学版），2004（6）：146-148.
④ 第三章 土地使用制度改革 第三节 划拨土地使用制度改革[EB/OL]. 义乌市人民政府，（2007-10-21）.
⑤ 刘小玲. 转轨时期我国土地市场化面临的主要问题及对策[J]. 广东社会科学，1998（5）：68-72.
⑥ 罗世荣，黄静芳. 我国建设用地使用权的划拨与出让利弊分析[J]. 高等建筑教育，2004（2）：106-110.

结语与思考

在社会主义的中国，国家以行政权力对城市国有土地使用权进行配置的制度，彰显了政府执政为民的理念，体现了政治和社会的因素，较好地履行了"为人民服务"的宗旨，具有无比的制度优越性。有人认为，在向市场经济转型的过程中，土地划拨制度作为计划经济的产物，极易导致寻租等腐败现象的发生，必须完全予以废止，让土地由市场全面配置。对此，我们必须清楚地看到，土地划拨制度的作用是不可替代的，特别是对于公益性用地的配置而言。土地划拨制度应当成为市场的有力补充。这种土地使用制度，与出让的土地制度相结合，很好地满足了我国城市建设、交通建设、军事建设及其他公共服务建设的需要，我们应继续坚持与完善，让这项用地制度更好地服务于人民大众，推动我国城市国有土地资源的优化配置和集约性使用。

第九章
城市出现商品房

第二十则　广州新湖建新村

题记："盼望着，盼望着，东风来了，春天的脚步近了。"1978年，改革开放的东风来了，住房改革的脚步近了。但是，如何迈好这第一步，需要勇气、需要智慧，祖国南部的两座城市在这方面进行了先尝先试，它们的经验让住房改革的春风吹遍全国、惠及全民。历史选择了他们，他们成就了辉煌，下面我们来看看以下两个案例。

深圳：偷吃螃蟹也成名

改革开放40余年来，中国发展速度最快、最具经济活力、增长动能持续最好的城市要数深圳了。从一个小渔村发展为一个国际化的科技创新之都，深圳向世界人民展示了"深圳速度"，也让国人知悉改革开放的政策红利。

1979年的一个春天，国家决定撤销广东省宝安县，将其改为深圳市。此后，深圳进行了大规模的城市建设，一栋栋摩天大楼拔地而起，全国各地的弄潮儿来到这里寻找商机，准备从改革中把握机遇。

说到深圳改革创新，不得不提一件事，那就是深圳的房地产开发建设模式的创新。深圳经济特区建立以后，成立了当时第一家房地产开发公司，名字叫作深圳经济特区房地产公司。但是，深圳当时只有政策和土地，缺乏的是资金和技术，于是深圳抓住了得天独厚的地理位置优势，那就是靠近香港。

香港在国际上是有名的大都市，作为全球重要的港口城市、贸易中心、金融中心等，成为深圳发展的重要靠山。

1984年在深圳市罗湖区建成的东湖丽苑就是港陆合作的典范之作，其合作模式是深圳市以深圳经济特区房地产公司的名义出地，香港企业妙丽集团出资，双方合作开发建设。也正是这一次尝试，开创了中国内地房地产开发的"香港模式"。

现在看来，这种模式再正常不过，可是在改革开放初期，国内政策还没有这么灵活的情况下，进行这么大胆的创新，有可能背上"反革命""反社会主义"等罪名。据悉，当时深圳经济特区房地产公司是以"补偿贸易"的方式与香港妙丽集团合作，双方签订的不是房地产开发合作协议，而是一份贸易补偿协议。

当时，东湖丽苑成了中国第一个商品房小区，业主主要是港商和华侨。东湖丽苑也是中国第一个进行物业管理的小区。深圳的这次大胆尝试，加快了深圳市城市建设发展的速度，也拉开了中国房地产市场开发的序幕。

广州：引进外资建新村

方迪是黑龙江省齐齐哈尔人，1980年之所以来到广州打工是为了躲避家乡冬天没事干的憋屈。方迪可是一个能干的人，别看当时齐齐哈尔那么穷，他可是当地比较有钱的一个，经常贩卖一些农副产品去南方城市。

来到广州以后，方迪也做了一些小买卖，把东北的土特产带到广东贩卖。刚开放那会儿，南方人觉得北方的东西比较稀奇，生意做得还不错，方迪初步获得了人生的第一桶金。

有了钱以后，方迪最大的愿望就是在广州这个有名的城市安家。这个城市气候好，冬天还那么暖和，适合出摊做生意。不像他们老家，一到冬天只能窝在家里，冷得什么都不想干。

当时的广州虽然是中国比较发达的城市，但是长期受计划经济政策的影响，住房主要还是保障性的，大部分市民主要住单位分配的宿舍，极少数人有属于自己的房子。那时广州市民的住房条件还是比较艰苦的，据市民回忆，当时一家五六口、七八口人挤在仅有20多平方米的狭小空间里很常见，做什么都不方便。改革开放以后，我们看到了西方国家的发展速度和国外居民的居住空间，政府决心改善市民的居住环境，从那时起，广州市每年都要拿出一定资金，解决无房家庭的居住问题。

当时搞房地产开发是比较耗费资金的，广州虽然经济上在全国排名靠前，但是资金缺口很大，不得不学习深圳模式，向港澳台地区招商引资。方迪当时看的就是广州的著名楼盘——东湖新村。据说，这个小区在当时一开工就开始卖房，并且很快就售罄，场景非常火爆。而且，买房的大多是港澳台人，他们非常看好内地的发展空间，买这些房基本上就是为了投资。

方迪花了所有的积蓄买下了这个小区的一套房，让他引以为豪的是这个小区当时创下了多个全国第一，如全国第一个自来水入户、第一个有电话的小区，每栋楼都安装了电梯，堪称当时广州的豪宅。而且，东湖新村的物业管理是参照香港的标准设计的，较为规范。

住在这个小区，方迪非常骄傲，他经常看到有全国各地的参观者过来考察学习，也有一些国际人士来此取经，还有一些高校的建筑系师生来此参观学习。

后来据学者分析，东湖新村给广东乃至全国的住房市场带来了较大的冲击。通过对东湖新村的规划设计，建筑设计师李允鉌把香港积累的经验带到了广州，后来全国就跟着学广东。从历史意义上看，东湖新村是分水岭和转折点，具有里程碑的意义。

政策分析

一、政策背景

改革开放以前，我国实行单一的计划经济体制，各项指令具有浓重的行政色彩，住房领域也是如此。住房由国家建设，归国家所有。按照不同的行政级别，配给不同等级的住房。[①] 行政等级越高，分配到的住房面积越大；而行政等级越低，面积就越小，房屋的质量也难以保证。租金之所以如此低廉，是因为背后有政府的财政补助。行政等级越高，得到的补贴也就越多，这就是福利性分房。一套房屋本应支付租金1000元，居民实际只需支付50元，

---

① 我国城镇住房分配制度的变迁 [J]. 求是, 2009 (3): 40.

剩下的950元由国家财政支付。这变相地增加了居民的收入，也增加了国家的财政负担。30年来，在计划经济体制的控制下，国家无力不断新修住房，仅凭居民缴纳的微薄的房租，难以支付维修房屋所需要的资金。这导致居民的住房条件越来越差，住房面积越来越小。根据相关资料统计，天津市在新中国成立初期的人均住房面积为3.8平方米，而到了1972年，这一数字变为3平方米。行政等级较低的工人，到了20世纪80年代时，他们仍然住在50年代修建的临时性住房，条件非常恶劣。因此，中央有必要对住房制度进行改革，解决与人民群众息息相关的住房问题。[①]

二、政策内容

（一）改革开放以来的住房体制改革进程

住房体制改革是我国经济体制改革的一项重要内容。为了符合建设社会主义市场经济体制的要求，住房体制改革改变了以往福利分房的形式，推动住房商品化、市场化发展，建立起了与市场经济相配套的住房体制。在中国改革开放波澜壮阔的历史进程中，住房制度改革和房地产市场可谓历史天空中的一颗璀璨明珠，产生了深远的影响。

中华人民共和国成立后，直到改革开放前，我国住房发展相对缓慢。与此同时，由于我国长期实行福利分房制度，为了解决职工的住房问题，国家和企业承担了大量的财政负担，使得我国住房建设的脚步放慢。实践证明，依靠计划经济体制来进行房产建设是行不通的，依靠国家进行福利分房也是行不通的。

改革开放以后，国家和企业加大了对住房建设的投资，也开始了住房制度改革的探索。1978年9月，中央召开城市住宅建设会议，提出要扩宽解决住房问题的思路，允许私人建房或者私建公助，分期付款；增强长期规划中对建筑业的重视程度。1980年4月，邓小平同志指出，住房改革要走商品化的路子。这一重要讲话掀开了我国住房制度改革的序幕。

1982年，"三三制"作为我国补贴出售新建住房的新政策，在郑州、常

---

① 杨继绳：住房改革的由来与现状［J］. 炎黄春秋，2009（05）：26-27.

州、四平、沙市进行试点。所谓"三三制",就是由政府、企业和个人各承担1/3的住房成本。试点证明,尽管职工愿意购房并且在经济上能够负担得起,但是相比于低价的福利分房,"三三制"的住房建设成本性价比太低,个人缺乏购房动力,导致住房建设的资金链无法正常循环,国家和企业需要承受大量的经济负担。到1985年,"三三制"正式终结。

1985年,住房制度改革朝着租金制度改革的方向进行。1986年,国家选取了烟台、唐山、蚌埠按照"提租补贴、租售结合、以租促售、配套改革"的方案进行试点。租金以准成本为标准,每平方米使用面积的月租金由原来的不到一角,提升到一元以上,相当于成本租金的80%。公房价格包含了建筑造价、征地和拆迁补偿费的标准价。通过这次试点,人民群众内心根深蒂固的住房福利观念开始动摇,解决了分房的不正之风,调整了国家、企业和个人之间的利益关系,为全国住房改革提供了新思路、新办法。

(二)走在前面的广州

中共十一届三中全会后,全国处于经济建设探索期,许多领域没有现成的经验,都是摸着石头过河。在商品房建设领域,也是冒着犯政治错误的风险进行尝试。下面,我们仅以广州的政策探索为例,回忆那段激动人心的岁月。

广州改革城市土地管理制度在全国走在了前列。据1983—1993年分管广州城市建设的时任副市长石安海回忆:广州是全国最早推行土地有偿使用的城市。广州还是最早引进外资搞住宅建设的城市,当时香港交钱,内地拿房。广州为什么能够做到全国领先?主要是思想解放。

最早启动房地产开发、最早引进外资进入中国房地产市场、中国最早的商业地产项目(五羊新城)、最早的现代化社区、最早的物业管理公司、最早的房地产中介、中国最早的房地产专业刊物《房地产时报》等,都在广州出现。

1984年,中国最早的关于国有土地有偿使用的法规在广州诞生,即《广州市土地有偿使用管理办法》。

1987年,广州出现中国最早的房产证。

1988年，广州国营企业纷纷参与房地产的开发，开创了历史先河。

改革开放后，房地产业一下子成为港澳商人投资的热点之一。1979—1990年，共签订房地产合同（含旅游业和公用事业中的房地产）226项，占同期港澳台直接投资的13.65%；合同投资12.55亿美元，占同期港澳台投资的51.14%。其中，1984—1986年是港澳商人投资广州房地产业的鼎盛时期。①

广州市住房建设贯彻"综合开发，配套建设"的方针，全面实行"六统一"（规划、征地、设计、施工、配套、管理六个方面统一），按照城市规划，成片、成线兴建住宅小区。政府主管部门把土地有偿划拨给房地产开发公司后，开发商除了兴建商品房，还需建设住宅小区的市政设施和公共配套设施，作为开发商取得土地使用权的代价。

至1990年，在大沙头、晓园新村、江南新村、广园新村、五羊新城、二沙岛和花地等地，已建成或在建规模较大的住宅区。这些住宅区按新的规范设计，有较完备的生活配套服务设施，是集居住、生活、学习和娱乐于一体的综合区。

东湖新村：开土地有偿有限期使用的先河。1979年，东山区城建部门首次在广州市编出《东山湖住宅区规划》。在林西副市长和区领导的直接领导下，1979年成立东山区引进外资住宅建设指挥部（1983年改名为东华实业公司），与港商合作兴建东湖新村。港商投资3600万港元（当时折算1080万元人民币），我方提供3.1万平方米土地，建成6万平方米住宅楼宇。1/3由港商在香港出售，1/3用于拆迁户回迁，1/3由指挥部做商品房出售。

国家对土地的所有权以实物地价方式得到体现，开了广州市土地有偿有限期使用的先河。此乃全国利用外资开发房地产的首例成功试点。

最初规划，有条马路穿过小区内部，时任广东省委第二书记、市委第一书记杨尚昆改变规划，把规划路（东湖西路）向南移50米。

由于首次引进外资建房，市里无权审批，广东省主管部门有关领导以没先例而不敢批准，最后得到广东省革委会副主任王全国支持而获批。

---

① 陈菊.理性的辉煌——探寻广州地产20年发展足迹[J].房地产导刊，2005（14）：32-34.

三、政策效果

1998年，我国完成了由住房实物分配向住房市场化的改革过程，并进入了住房市场化全面推行的阶段。[①] 在我国住房体制改革的推动下，住房建设步伐加快，房地产市场调控效果初现。一是住房建设明显加快，1997年，全国新开工住房面积达到1720.57万平方米，并在未来的4年内持续增长。到2001年时，全国新开工住房面积达到5795.97万平方米，相比1997年增幅达236.86%（见图9-1）。二是住宅销售面积较快增长。从1987年到1997年，我国商品房销售面积增长速度较快。1987年时，我国商品房销售面积为2697.24万平方米，到1997年这一数字上涨到9010.17万平方米。1997年之后，我国商品房销售面积快速增长。1999年，我国住房实物分配政策正式退出历史舞台，激发了人民群众购买住房的巨大的消费潜力。到2000年，我国商品房销售面积达18637.13万平方米，相比1997年几乎翻了一番（见图9-2）。

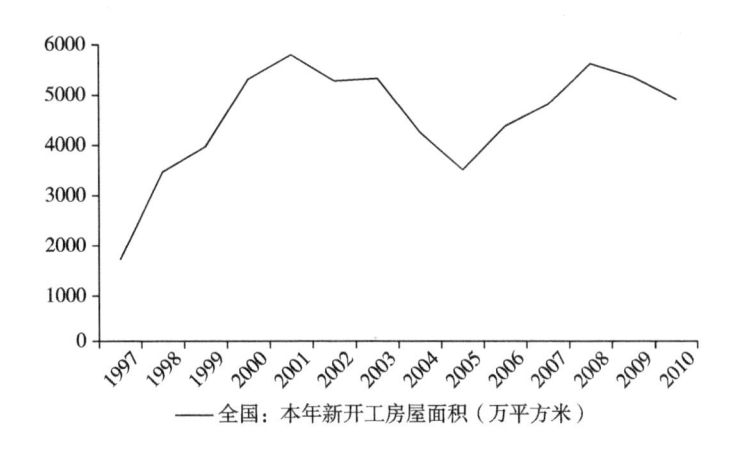

图9-1 我国新开工房屋面积

资料来源：中国统计年鉴。

[①] 李斌. 效率与分化：中国城市住房改革40年回顾 [J]. 人民论坛·学术前沿，2018 (21)：68-80.

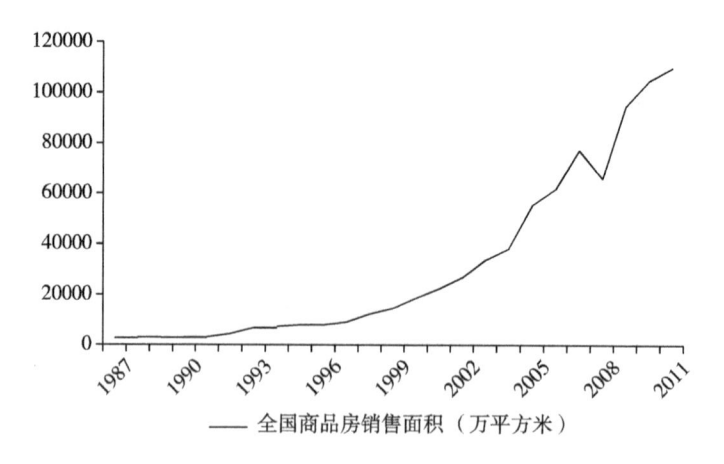

图 9-2　1987—2011 年我国商品房销售面积

资料来源：中国统计年鉴。

结语与思考

中国住房市场的改革同我国商品市场化改革的思路和方向一致，都是渐进式地稳步推进。但相比于普通商品，商品房具有更加特殊的属性，对人民群众日常生活和切身利益影响更大。一是商品房具有财富效应和福利效应。商品房最基本的功能是用于居住。除此之外，房地产作为重要的个人资产，其价格的变化将会直接影响所有者持有的财富。[①] 房地产还直接和城市福利相挂钩，拥有一套城市的房产，才能够享受到教育、医疗等公共领域的稀缺资源。[②] 二是房地产供给的限制。由于土地面积有限，因此商品房供给数量也不可能无限制增加。在政府高度依赖土地财政的情况下，商品房价格上涨是必然的趋势。[③] 三是中国各地区城镇化水平不一致，对住房的需求也不一致，这就导致政府的宏观调控政策很难满足不同地区人民群众的需求。因此，房地

[①] 许坤，卢倩倩，许光建. 土地财政、房地产价格与财产性收入差距 [J]. 山西财经大学学报，2020，42（3）：1-16.

[②] 卢楠，王毅杰. 户籍、房产与生活质量——基于城—城流动人口与本地城市居民的比较 [J]. 人口与经济，2018（3）：37-46.

[③] 徐璐，周健雯，施雨欣. 地方政府财政压力、土地财政与房价 [J]. 政治经济学评论，2020，11（4）：111-133.

产市场改革的难度更大,房地产开发商、企业和普通老百姓之间的关系更难协调。在改革开放初期,住房改革的基本矛盾是满足人民有房住的根本需求,这一阶段房屋的基本功能是居住,与改革的初衷相一致。我国经济发展进入新常态以来,房地产市场的泡沫已经相当严重,不仅拖累了经济增长,还影响了人民群众的生活质量。未来我国应当设法保持房价稳定,通过经济增长和居民收入的提升逐步化解房地产泡沫。[①]

[①] 刘伟,苏剑."新常态"下的中国宏观调控[J].经济科学,2014(4):5-13.

第二十一则　超大社区回龙观

题记：从1998年7月开始，中央以住房分配货币化代替了以往住房实物分配的政策。以经济适用房为主的多层次城镇住房供应体系逐步建立和完善起来。住房金融得到发展，房地产交易市场得到培育和规范。北京市回龙观社区就是在这个背景下建设起来的经济适用房，它解决了许多市民的居住问题，在中国住房发展史上留下了光辉一笔。

亚洲第一大社区

王奶奶是老北京人，最近将近70岁的她迎来了一件喜事，买到了回龙观的经济适用房。她们一家要搬家了，住进靠北边的回龙观小区。回龙观位于北京市昌平区，南距德胜门约16千米，东边是天通苑，位于八达岭高速路东侧，离沙河镇不远。东起黄土南店，西北至二拨子。

说起回龙观小区，现在的北京人都知道，这可是一个超大社区，有人说它是亚洲最大的居民小区。回龙观的历史可以追溯到明朝初期。600余年前，这里曾经是一片牧马草场，附近的西二旗、西三旗的牧马士兵在此居住，并形成了村落。到了明朝中期，迷恋道教的弘治皇帝路过这片草场时，决定在此修建玄福宫。这样就可以不用再忍受朝中大臣的聒噪。弘治皇帝为这个道观赐名"玄福观"，从弘治十七年到正德十年，历经12年最终修成，并更名为"玄福宫"。玄福宫规模宏大，钟楼、鼓楼等建筑一应俱全。在正殿内供奉着真武大帝。玄福宫不仅是一座皇家道观，还相当于明帝谒陵时的一处行宫。明朝皇帝到天寿山拜谒皇陵之后，返程时大多在此休息。因此，玄福宫又被称为回龙观。这个叫法到今天还在沿用。

改革开放之前，回龙观地区是一片农村，核心地带是位于北郊农场的机关所在地（现龙冠大厦）。原来机关单位的办公楼已经被拆除，这块土地现在用于修建商品房。中越友好人民公社原来是北郊农场最初的名称，后来又改成中日友好人民公社。在取消人民公社后，改为北郊农场。

现在的回龙观小区，在原来北郊农场机关驻地的东边。在那个时候，这块地基本都是农田，仅有良庄、周庄、北店、三合庄这几个村庄。北郊农场家属院是这里最早的住宅区，但只有几排平房。后来建成的农场机关大楼是这里最早的楼房。在机关大楼建成后的几年，北郊农场开始修建宿舍楼。后来陆陆续续又修建了五栋家属楼，从此这里的楼群变得成规模起来。

在实施住房改革后，北京市决定将北郊化工厂搬迁，空出来的土地用于修建住宅楼，这就是龙华园小区。与此同时，修建十里长街，将回龙观和霍营连接起来，方便以后开发回龙观东部。在十里长街的基础上，回龙观大街修建了起来。北京市在进行经济适用房建设之后，天鸿集团发现了回龙观地区的投资价值，在这里开工建设回龙观文化居住小区，使得回龙观地区成为北京最大的工地。在六期的住宅建设之后，这里变得高楼林立，柏油路四通八达，许多人在此开始了新的生活。

经过数十年的建设之后，回龙观地区已经从落后的乡村变成了现代化的城市，形成了三纵三横六条商业街总体布局。回龙观地区改变了过去传统配套加住宿的简单格局，形成了以回龙观为基础的"大回龙观同核新城"。回龙观地区将发展一定的产业功能，与昌平共同构成北京北部的"同核城市群"和经济发展带，以此带动整体区域发展。

政策分析

一、政策背景

中华人民共和国成立以后，我国逐渐走向了计划经济制度的轨道，通过国家指令来进行资源配置。与计划经济体制相联系，我国实行住房实物分配制度，特点是"统一管理，统一分配，以租养房"，由国家或者单位投资修建住房，待住房修好后，按照职工的年龄、工龄、级别和家庭人数等一系列因素进行无偿的房屋分配，职工象征性地支付一部分租金。[①] 职工支付租金的金额远远低于实际的租金金额，这相当于国家给职工的一种福利待遇。职工并不担心没有房子居住，而是房子面积大小、居住时间长短、房屋质量和相关配套设施。由于收取的租金极其有限，国家每年需要投入大量的资金进行房屋的维修和管理。

改革开放以后，我国提出要建立社会主义市场经济体制。在这样的大背景下，房地产行业也必然要走向市场化，要求对住房实物分配制度进行改革。与此同时，福利分房的弊端也逐渐显露出来。住房成本由企业承担，给国有企业带来了沉重的经济负担。房屋不能交易，一旦发生了工作上的变动，职工对住房的需求就将无法得到满足。为了分房，职工通过各种手段和部门领导拉近关系，极易发生权钱交易、权权交易，滋生腐败，产生恶劣影响。因此，进行住房制度的改革非常必要。

二、政策内容

经济适用住房是指根据国家经济适用住房建设计划安排建设的住宅，由国家统一下达计划，用地一般实行行政划拨的方式，免收土地出让金，对各种经批准的收费实行减半征收，出售价格实行政府指导价，按保本微利的原则确定。经济适用房相对于商品房具有三个显著特征——经济性、保障性和实用性，是具有社会保障性质的商品住宅。

经济适用房在别的国家和地区一般被称为公共房屋，中国香港称为居者有其屋，中国澳门称为经济房屋，中国台湾称为国民住宅，新加坡称为组屋。

（一）国家政策

1985年，国家提出了"经济适用房"这一名词。原国家科委蓝皮书《城乡住宅建设技术政策要点》中提出："根据我国国情，到2000年争取基本上实现城镇居民每户有一套经济实惠的住宅。"1991年，国务院提出要大力发展经济适用的商品房，切实解决好无房户和住房困难户等问题。1994年，国务

---

① 毛军. 我国城镇住宅分配制度的历史沿革及现实选择 [J]. 福建师范大学学报（哲学社会科学版），1999（3）：5-10.

院提出要实施国家安居工程,为中低收入的城市居民提供经济适用房。1998年亚洲金融危机爆发,出口形势恶化,为了推动经济增长,国家开始重视居民消费,准备大力发展住宅产业。1998年7月,国务院出台《关于进一步深化城镇住房制度改革,加快住房建设的通知》,在这份文件中明确提出"建立和完善以经济适用住房为主的住房供应体系"。国家正式通过政策文件的形式,确定了经济适用房作为新的经济增长点和解决居民住房问题的重要手段。1994年,财政部颁布的《城镇经济适用住房建设管理办法》成为经济适用房建设的纲领性文件。

1998年,国家进行住房制度改革,福利分房正式成为历史,国务院提出要"建立和完善以经济适用住房为主的住房供应体系"。国务院在下发的《关于进一步深化城镇住房制度改革,加快住房建设的通知》中,强调政府将会为城市中大部分家庭提供经济适用房,住房供应中的10%~20%为开发商建造的商品房。这份文件既强调了政府的责任,又强调了房屋的公共产品属性。通过大力发展经济适用房,一方面解决了城镇中住房困难户的住房问题,另一方面带动了整个产业链的发展,促进了经济持续增长。但以现在的眼光来审视这份文件,我们可以发现这份文件的初衷和现实已经有了较大差距。

2008年,全球性的金融危机爆发,为了刺激经济发展,中央计划在未来三年中,增加4万亿元投资,保障性住房的投入增加了9000亿元。其中,有6000亿元用于经济适用房的投资。经济适用房作为我国住房供应体系的重要内容,合理的政策和价格能够解决我国大部分中低收入家庭的住房问题,在我国的住房供应市场发挥着重要的作用。我国深化城镇住房制度改革的目标之一,就是建立和完善以经济适用房为主体的多层次住房供给体系。[①]

2011年7月1日,建党90周年之际,在中共中央机关刊《求是》官方网站发表的《80后最想对党说:我们赶上了最好的时代》一文中,颜晨、张员启、付待娇等作者在谈到住房问题时认为,我们从中央到地方的各级领导同志哪一位不想让自己的人民住上宽敞明亮的房子,过上幸福安康的日子?但是,我们国家是社会主义发展中国家,有很多重要的事要集中财力去办,不

---

① 胡新艳.经济适用住房的发展历程及现状分析[J].商品与质量,2010(S7):30-31.

可能满足每个中国家庭在城市都有一套房的要求，换一种角度讲，房价过低也是不行的，那样会让我们感到没有压力，会导致我们不去努力拼搏、勤俭节约，会导致吃喝玩乐、挥霍浪费盛行。

2013年10月29日下午，中共中央政治局就加快推进住房保障体系和供应体系建设进行第十次集体学习。习近平指出，加快推进住房保障和供应体系建设，要处理好政府提供公共服务和市场化的关系、住房发展的经济功能和社会功能的关系、需要和可能的关系、住房保障和防止福利陷阱的关系。

（二）北京政策

因每地都不一样，这里以北京为例：根据北京市人民政府办公室京政办发〔1999〕4号文件，开发建设单位预售经济适用房应当到北京市国土资源和房屋管理局办理《北京市经济适用住房销售许可证》，开发商销售经济适用房，实行政府限价的政策，开发建设单位只可在最高限价以内调整不同楼层和朝向房屋的价格。具体的程序如下：

（1）居民购买经济适用住房，凭所在单位或有关部门出具的家庭年收入在6万元以下的证明文件、本市城镇居民常住户口卡、居民身份证，到开发建设单位办理购房手续。

（2）需要贷款的，由购买人凭登记后的经济适用住房预售（买卖）合同，到建设项目所在地的房屋土地管理部门办理抵押登记手续，房屋土地管理部门应在登记后的15个工作日内办理完抵押登记手续。

（3）买卖双方在房屋交付使用后的30个工作日之内，到建设项目所在地的房屋土地管理部门办理产权过户手续，办理房地权属证件。其中，购买本单位利用自用土地建设的经济适用住房，由该单位统一到房屋土地管理部门办理上述手续。

三、政策效果

经济适用房适应了社会发展的需求，为解决中低收入人群的住房问题发挥了重要作用。以成都市为例，经济适用房产生了一定的经济效益和社会效益。一是经济适用房价格相对较低，满足了低收入群体对住房的需求。从

2007年到2015年，成都市经济适用房价格从1700元/平方米上涨到3300元/平方米，而商品房价格已经接近9000元/平方米。与此同时，成都市人均住房面积由26.48平方米提升到42平方米，成都市居民的居住环境得到了一定的改善，居住水平有所提高。但是，经济适用房对抑制商品房价格上涨并没有起明显的作用。从2007年到2015年，成都市经济适用房销售价格上涨了近1倍，商品房的销售价格上涨幅度为50%。二是经济适用房政策拉动了经济增长，以成都市为例，从2007年到2015年，房地产开发投资占地区生产总值的比重连续多年超过20%，成为推动经济增长的重要因素。①

结语与思考

住房是人类最基本的生活必需品。在我国，政府应给予保障，这是社会主义制度在我国住房问题上的根本体现。现行的公共住房保障政策在一定程度上满足了中低收入群体的住房需求，促进了房地产市场的健康发展。② 保障房建设不是一件一劳永逸的事情，政府的财力毕竟有限。③ 市场能做好的，就应该交给市场去做，都留给政府或大部分留给政府是不可能的。政府保障范围太大，不仅大大降低了可能性，还会由于政策的反向刺激，导致住房保障陷入福利陷阱。

我们必须深刻认识到这个问题的全面性。这不仅是一个经济问题，更是一个政治问题；不仅关乎经济发展，还关系着社会民生；④ 既有可能在短时间内促进社会经济的快速增长，又有可能产生房地产泡沫，让一个国家的经济瞬间崩溃。我国作为社会主义国家，可以推动房地产市场商品化，但决不能将住宅全部作为商品。如果商品房变为少数人牟取暴利的工具，那将加大两极分化，造成严重的社会不公平，不利于牢固党的群众基础。进入新时代，我们必须满足人民群众追求美好住房水平的需求，不断建设更高质量、多元

---

① 彭洪宣. 成都市经济适用房政策实施效果评估研究 [D]. 成都：四川农业大学，2016.
② 李英，杨国锋. 关系型公共住房保障模式的相关问题研究 [J]. 当代经济管理，2014，36 (3)：57-63.
③ 朱孔来，李励. 中国保障房建设管理的主要问题及改革建议 [J]. 理论学刊，2015 (11)：83-88.
④ 王献玲. 住宅合作社与和谐社会建设 [J]. 理论前沿，2007 (20)：28-29.

化的保障房，适应社会形势发展的客观需求。

因此，建立保障房、限价房、商品房等多种不同性质的住房体系，满足不同人群的利益需要，实现全体人民"居者有其屋"的梦想，是我国政府进行住房改革的题中应有之义。①

---

① 杨丽，崔俊山，陈永文. 居者有其屋 [J]. 宏观经济管理，2017（S1）：188-189.

第十章

房产火爆二十年

第二十二则　市民买房添新器

题记：改革开放以来，中国的城市化进程日益加快，对于市民而言，头等大事就是住房问题，一时间难倒了无数英雄好汉。"无房不成家"，国家陆续出台一系列政策保障市民有房住，买得起房。其中，一项惠民的政策就是"住房公积金"政策，成为商品房销售时代的买房新利器。本篇故事的主人翁就是这一政策的受益者，他对"住房公积金"是充满感恩的。

人生路上多感恩

1999年，发生了太多的大事、喜事，如12月20日，中国政府对澳门恢复行使主权，建立澳门特别行政区；10月，中国人民银行发行第五套人民币（1999版）；中国首次举办世界体操锦标赛等。对于家住成都的赵欢来说，这一年也是非常不平凡的一年，因为在这一年7月，他在二环边买了一套两居室，又在12月12日举办了喜庆的婚礼。

这一年，赵欢的喜庆事太多了，但最让他记忆深刻的是买房的事。说起赵欢，其实他是一个普通人，出生在普通的家庭、干着一份普通的工作、获得一份普通的薪水。他并不是有钱人，但他买了房，这得感谢当时的"住房公积金"制度。

1998年，在新中国短暂的房地产历史上是一个分水岭。在连续两年的北戴河会议酝酿之后，当年 7 月 3 日，国务院颁发《国务院关于进一步深化城镇住房制度改革加快住房建设的通知》，核心内容就是从当年下半年开始停止住房实物分配，实行货币化。继而从 1999 年开始，中央在全国范围内推行住房分配货币化制度。所以，赵欢没有赶上实物分房时代，1998 年整整一年，赵欢都充满了悲观，心想这一辈子也没有房子了。

但是，有一天赵欢和单位的一位大姐聊天，得知现在好多年轻人都用住房公积金贷款买房，不用付全款。赵欢听到这个消息，按捺不住心里的激动，当晚就和父母说了自己的想法。父母眼看儿子的婚期就要到了，没有房子不行啊，于是同意把所有的储蓄拿出来当首付款。

其实，赵欢听到的那个消息就是 1999 年 4 月国务院颁布的《住房公积金管理条例》。这个条例就是中国版的住房公积金制度，它的推出主要是想通过提高职工的支付能力鼓励职工买房。那一年，成都的房屋均价在每平方米 2000 元左右，赵欢的房子位置和户型都比较好，价格是 2500 元/平方米，80 平方米，总价 20 万元，他用公积金贷款了 8 万元，大大减轻了家里的资金压力。

就这样，赵欢借助"公积金"这一买房新器，顺利地实现了有房梦。经过 3 个月的装修，他在大婚的日子欢天喜地地搬进了新屋。

后来的房价上涨，证实了赵欢当时的这一决定是明智的、超前的。他的几位朋友因为不想贷款买房，结果没有赶上买房的好时机，最后以更大的代价去买房。对于成都而言，也就是在 1998 年，房屋的单价跃上 2000 元。现在回过头来看，房地产市场化之后，房价应该大涨。但实际上并没有，1998—2000 年，房价维持不动甚至略有下跌。想来有很多人都会懊悔为啥没有在那几年紧跟政策的脚步。当然，房价的 3 年原地踏步应该和当时遭遇东南亚金融危机有一定的关系。

房价在 2001—2003 年还是给了很多人机会，小幅上涨。不过，也就是在当时，市场上出现了房价泡沫的声音。而从 2004 年开始，房价开始如脱缰之野马，再也不给希望下跌者机会了。全国各地房屋平均单价一路跃过 3000 元、4000 元、5000 元、6000 元、1 万元、2 万元甚至十几万元的关口，直到 2017 年才稍有停息。

现在，已经不惑之年的赵欢经历了太多的世事沧桑，他经常这样教育他的子女："人生路上多感恩，感恩党、感恩政府、感恩父母。"对于他而言，还要感恩当年出台的"公积金贷款政策"。

政策分析

一、政策背景

改革开放以来，我国实行城镇住房制度改革。这一改革承担的两项重要任务，一是要增加投资，扩大住房供给；二是要推动住房市场化、社会化，让政府在住房建设中承担的财政负担减少。这两项任务实际上是有内在冲突的，由于当时社会环境的紧迫性，国家更加重视前一个任务，导致越来越多新修的住房进入了旧有的体制，依然依靠国家和单位来筹集资金。另一方面，由于我国长期实行城镇职工低工资制度，城镇居民储蓄较低，没有足够的购房资金，也就无法使得房地产市场的资金链顺利流通。

经过多次失败的探索，改革进入瓶颈期，在总结上一阶段房改经验时，上海市政府意识到，处理好住房投资和消费的融资来源是关键所在。1991年，时任上海市市长朱镕基学习新加坡的社会保障制度，推出住房公积金制度，大力推行上海市房改方案，为解决好职工住房投资和消费的融资来源提供了一个长期的、廉价的、可靠的机制，顺利破解了这一难题。上海市的房改方案迅速在全国流行起来，得到了中央的认同，进而成为全国性的政策并一直沿用至今。[①]

二、政策内容

住房公积金制度实际上是一种住房保障制度，是住房分配货币化的一种形式。住房公积金制度是国家法律规定的重要的住房社会保障制度，具有强制性、互助性、保障性。单位和职工个人必须依法履行缴存住房公积金的义

---

① 陈杰. 中国住房公积金的制度困境与改革出路分析 [J]. 公共行政评论, 2010, 3 (3): 91-119, 204.

务。职工个人缴存的住房公积金和单位为其缴存的住房公积金，实行专户存储，归职工个人所有。

中国的住房公积金制度经历了以下几个发展阶段：①1991年5月，上海市成为我国第一个借鉴新加坡公积金制度经验的城市；②1994年7月，国务院颁布了《国务院关于深化城镇住房制度改革的决定》，肯定了住房公积金制度在城镇住房制度改革中的重要作用，要求在全国推行住房公积金制度；③改革确定期（1999—2002），修订了《住房公积金管理条例》，确定住房公积金为国家机关、国有企业、城镇集体企业、外商投资企业、城镇私营企业及其他城镇企业、事业单位、民办非企业单位、社会团体（以下统称单位）及其在职职工缴存的长期住房储金。④完善发展期（2002年至今），全国各地基本上落实住房公积金政策。

现行的《住房公积金条例》于2002年修订，规定了公积金提取的6种情况，包括购买、建造、翻建、大修自住住房的；离休、退休的；完全丧失劳动能力，并与单位终止劳动关系的；出境定居的；偿还购房贷款本息的；房租超出家庭工资收入的规定比例的。

（一）中国住房公积金的历史渊源

1999年4月，国务院颁布《住房公积金管理条例》，这被认为是我国推行住房公积金制度的开始。其实，在该条例正式出台前，地方上就已进行了多年尝试。早在1991年，上海市房改方案就借鉴了新加坡的公积金制度，并以此为蓝本，提出了中国版的住房公积金制度，意在通过提高职工的支付能力，鼓励职工买房。①

当时上海市之所以要进行住房公积金试点，是因为在20世纪90年代以前，我国一直实行福利分房体制，但随着地方财力困难、企业效益滑坡等，住房解困速度越来越慢。由于历史原因，住房难更是长期困扰着上海市民，这时借鉴新加坡的公积金制度，综合国家、集体、个人三种力量，特别是把职工的一部分工资投入住宅，从而提高其自我购房支付意愿和能力就显得很有必要。

---

① 邢力. 历史回顾篇：公积金制度的前世今生 [J]. 理财周刊，2014（10）：30-31.

继上海试行后,自 1992 年起,北京、天津、南京、武汉等城市也相继建立了符合当地实际的住房公积金制度。1994 年,国务院在总结部分城市试点经验的基础上颁布了《国务院关于深化城镇住房制度改革的决定》,明确提出要在全国全面推行住房公积金制度。而随着 1998 年 8 月福利分房制度的正式终结,住房公积金制度才开始在国务院的推动下向全国铺开,同时公积金的使用方向也从过去以单位和政府住房项目贷款为主,转变为向职工个人发放购房贷款为主。此后,公积金贷款成了老百姓买房时重要的低息贷款手段。

随着经济的快速发展,许多人依靠投资获得了远超消费者物价指数的收益。但我国公积金存款利率却仍低于消费者物价指数,这难以让大部分人民群众满意。中国的公积金制度是时候进行改革了。

2016 年,中国人民银行等多部门联合印发《关于完善职工住房公积金账户存款利率形成机制的通知》,决定自 2016 年 2 月 21 日起,职工住房公积金账户的存款利率,统一上调为按一年期定期存款基准利率执行。

(二) 当前公积金制度中存在的问题

当前,公积金制度中存在的问题已经引起了相关部门的注意。《住房公积金管理条例》已经完成多次修订。银行里存着上千亿元的公积金,现实中有的上千亿元的公积金缴纳者承担了相应的缴费义务,却无法享受应有的福利。中国的房地产之路仿佛朝着一个奇怪的方向发展:没有房产的人在补贴有房产的人。

在 2011 年十一届全国人大常委会第二十三次会议上,时任住建部部长姜伟新受到多位人大代表关于公积金问题的质询。姜伟新坦言,这也是他上任以来非常头疼的一件事情。他也在考虑住建部是否应该修订公积金制度。经过多方论证,这个任务将由住建部承担,并启动相应的修订工作。

全国人大常委会委员、民建中央副主席辜胜阻谈到这一问题时说,在北京、上海等地进行调查之后发现,由于租金的大幅提高,占用了"夹心层"大量可支配收入,加重了他们生活负担,因此,最近应对公积金条例进行修订,让更多的人看得见公积金,更能拿到公积金,并开辟用公积金租房的绿色通道。[1]

---

[1] 郭晋晖. 千亿公积金沉睡之谜 [J]. 决策探索 (上半月), 2012 (3): 40 - 41.

三、政策效果

我国公积金制度是在特定的历史条件下应运而生的,通过强制性的手段帮助人们筹集买房资金,并养成了住房储蓄的习惯。① 经过数十年的发展,截至 2011 年年底,我国公积金累计缴纳 3.9 万亿元,发放个人住房贷款 1 万多亿元。② 另一方面,我国公积金制度存在着一些问题。一是公积金覆盖范围不广,截至 2008 年,根据国家统计局提供的数据,我国公积金覆盖率仅为 69.3%,并且在不同城市,覆盖率也有着明显差距,一二线城市的覆盖率明显高于三线城市。北上广等地的覆盖率超过了九成,而福建省的覆盖率却勉强超过五成。二是不同地区缴纳公积金的比例不同,根据山东省济宁市 2012 年的调查,辖区内缴纳住房公积金最高的单位和最低的单位相差竟高达 27 倍。缴纳公积金较低的职工无法享受到充分的买房福利。三是住房公积金的使用效率较低。根据 2008 年的调查,有近三成的公积金缴纳余额都在沉睡之中,没有得到合理利用。四是公积金受到多种因素的影响,收益率较低,难以实现保值增值。五是公积金制度需要完善,存在着监管失灵、管理费用高昂和使用不灵活等问题。③

结语与思考

我国住房公积金制度广泛覆盖了社会各界劳动者,是一项具有强制性特点的住房储蓄制度。④ 在公积金制度颁布初期,就显现了强大的资金聚集功能。⑤ 在改革城镇住房体制时,公积金主要用于发放单位建房贷款,从而扩大了职工住宿的修建规模,有效地缓解了房屋短缺的矛盾。在后期,住房公积金主要用于发放购房贷款。随着中国房地产行业的不断发展,20 世纪 90 年

---

① 张恩逸. 住房公积金制度在住房保障中应发挥主导作用 [J]. 宏观经济研究,2008 (6):34 - 40.
② 数据来源:住建部官方网站.
③ 路君平,李炎萍,糜云. 我国住房公积金制度的发展现状与对策研究 [J]. 中国社会科学院研究生院学报,2013 (1):50 - 59.
④ 佟广军. 住房公积金在城镇住房保障中的探讨 [J]. 当代经济,2010 (23):144 - 147.
⑤ 葛扬,徐晓明,贾春梅. 我国住房公积金制度演化的回顾与展望 [J]. 华东经济管理,2015,29 (3):1 - 5,193.

代，部分经济效益较好的企业在内部开始推行职工住房补贴制度，这就使得部分员工具备了一定的经济条件，可以直接进入房地产市场消费。[①] 住房公积金发放的住房贷款，帮助大量职工家庭购买了商品房。在这个过程中，居民的信贷意识不断增强，商业银行的信贷业务也得到了发展。1998年，福利分房彻底退出历史的舞台。在住房货币化补贴政策的支持下，职工个人成了购房的主力军。公积金制度也顺应了这个潮流，开始推出个人住房贷款。

  总体来说，住房公积金制度作为我国政策性住房金融工具，通过发放低息的个人住房贷款，促进了我国住房体制市场化，改变了员工的住房观念，推动了房地产市场的形成和发展，培育了房地产相关的金融服务业，在历史上起了积极的作用。

[①] 李嫣. 我国城镇居民住房制度：历史变迁及改进对策 [J]. 中州学刊，2007 (3)：134–136.

"地的故事"——改革开放后中国土地制度历史回顾

第二十三则　炒房军团忙不停

　　题记：西汉史学家司马迁在《史记·货殖列传》中写道："天下熙熙，皆为利来；天下攘攘，皆为利往。"揭示了普天之下芸芸众生为了各自的利益而奔波的现象。改革开放以后，在中国房价上涨的过程中，也存在这样一批人，为了谋取高额增值，奔赴全国各地进行炒房，最有名的两个就是"温州炒房团"和"山西炒房团"。下面我们就来看看"温州炒房团"的案例吧。

"攻城略地"的温州炒房团

　　温州人，被称为"中国的犹太人"，经过多年的商业积累之后，温州人拥有了大量的资本。温州人敢拼敢闯，在发现房地产市场的商机之后，便开始四处寻找投资机会。最初温州人只在本地的房地产市场投资，从1998年到2001年，随着资本的快速涌入，温州房地产市场价格从2000元每平方米上升到7000元每平方米。温州市人口不过一百万人，但温州市的房地产开发规模相当巨大，和江苏省全省规模相近。在本地房地产市场无法满足投资需求之后，从2000年开始，温州人开始在北京、上海、杭州、苏州和厦门等地购买房产，于是便有了"温州购房团"的称号。

　　2001年，第一支温州炒房团开赴上海，仅仅3天时间，便用5000多万元的现金买走了100多套房子。在之后的几年中，温州炒房团接近2000亿元左右的资金投向了各地的房地产市场，北京、上海两个城市就集中了1000亿元。除此之外，温州炒房军团还来到了杭州、青岛、重庆、沈阳等城市，所到之处房价飙升，引起了人们的大量关注，也给当地的居民带来了许多不便。

　　根据统计，在温州本地，有8万余名市民在外地购置了房产，至少九成是温州炒房军团。如果按照一个人花60万元购买两套房产来计算，那么温州本地的炒房军团便花费了超过400亿元的资金。在外地，还有160余万名温州人，在他们之中，购买房产非常普遍，保守估计，至少投入了250亿。

还有居住在国外的温州人，至少也投入了几十亿元。温州炒房军团偏爱小商铺、公寓和别墅，根据统计，奔赴上海的温州炒房军团中，半数以上的人喜欢买价值数十万元的小商铺，成百上千万元的整栋商铺也有人购买。温州炒房军团在租房时，喜欢用现金一次性结清，显得非常阔气。

温州炒房军团的手法也非常娴熟，在房地产开发的不同时期，都有与之相对应的炒房手法。在前期，如果掌握了房屋的信息，在开发商获得地皮之后，炒房军团就会介入，但这部分人相对来说比较少。在中期，温州炒房军团会研究政府有没有相关的市政规划，比如说建桥修路和学校搬迁。这类住宅对温州炒房团来说有着更大的吸引力。在房地产建设的后期，如果房地产开发商口碑过硬、实力雄厚，小区配套设施完善，温州炒房军团就会花巨资购买，依靠实力拿下这块地产。如果开发商在房屋修建过程中，不得不延期交付，在这种情况下房子一般会半价出售，温州炒房军团就会抓住这个机遇，在囤积了这样的住房之后，再以比市场价格较低的价格卖出。通过这些手法，温州炒房军团"攻城略地"，足迹遍布中国大江南北。

炒房投机行为严重阻碍了中国房地产市场的健康发展。2009年，国家出台"国四条"（增加供给、抑制投机、加强监管、推进保障房建设），明确指出要抑制房价增长过快，温州炒房军团遭到严厉的打击。

马克是温州一家建材企业的老总，2008年金融危机之后，他认为这是一个炒房的好时机，便借了1600多万元进行炒房，但令他感到伤心的是，房子一直没能转手卖出去。当时，他的企业一年的纯利润只有500万元，但他借款的利息一年就有400万元，在银行拖欠了2000万元的贷款，可谓负债累累。从马克的故事我们可以看出，温州炒房军团几乎全军覆没。

在温州，还有一种炒房模式特别流行。在A市购买一套房产之后，用这套房产做抵押，在B市再购买一套房产，有些温州人甚至这样购买了上百套房产。一旦一个地方房价下跌，他的所有房产都会被套牢。不少人因此跑路，甚至跳楼。这也从一个侧面反映出部分温州炒房军团对国家政策的关注度并不高。到2012年，商品房价格相比最高时已经下降了近三成，有些甚至下降了五成。由于融资成本过高，加之限购令等调控政策，部分炒房者就算把房产全部卖出，也是资不抵债。在2012年之后，温州炒房军团中有三成已经退出了市场，近一半的温州炒房军团资不抵债，剩下的一部分炒房军团的资金链也即将崩溃。随着国家调控政策的陆续出台，房价已经不可能发生大幅变化，温州炒房军团的历史已经不能重现。

政策分析

一、政策背景

1998年亚洲金融危机爆发，全球经济疲软。为了刺激经济增长，中国采取扩大内需的方式，将房地产行业作为新的经济增长点，通过房贷优惠、税收减免等政策，鼓励居民购房，房地产行业迎来了快速发展的时期。但由于我国市场经济体制并不健全，房地产行业的快速发展不可避免地带来了一定问题。一些人借机囤积房源，然后通过各大媒体鼓动大家买房，趁机将手中的房源卖出，转手获利。这种特殊的投资行为，被人们称为"炒房"。2003年以来，我国"炒房"行为盛行，上海市就是其中的一个典型例子。根据2003年上海市统计局的数据，有16.6%的购房行为都是炒房行为，在7000元每平方米以上的房价中，这一比例接近四成。与此同时，开发商也借机囤地、捂盘。根据中国建设银行2007年发布的研究报告，从2001年到2007年5月，21.67亿平方米土地被房地产开发商购置，但只有12.96亿平方米的土地实际用于开发建房，剩下接近四成的土地都被囤积或倒卖，严重阻碍了中国房地产市场的健康发展。[①]

二、政策内容

为了促进房地产市场健康发展，国家多措并举，出台了一系列政策，维护了房地产市场的正常秩序，促进了市民安居乐业。下面，让我们从1993年起，按照时间顺序一起来回顾这些政策。

1993年，国务院出台《关于当前经济情况和加强宏观调控的意见》（6号文），通过紧缩银根、收回炒作土地等措施，严厉打击海口、北海等地的房地

---

① 宋天敏．中国房地产投机的成因及对策研究［D］．重庆：西南大学，2009．

产过热现象，使得房地产市场秩序得到规范。

2003年6月，央行发布《关于进一步加强房地产信贷业务管理的通知》（121号文），针对房地产市场出现的供给结构失衡、房地产价格过高、闲置面积增加等问题，对商业银行的开发商开发贷款、土地储备贷款、个人住房贷款等7个方面做出了相关规范。但此时中央对房产问题的认识还不够全面，导致这一政策受到了开发商们的强烈抗议。

2003年8月，国务院颁布《关于促进房地产市场持续健康发展的通知》（18号文）。这份文件将房地产行业定性为国民经济的支柱产业，在扩大内需、促进消费增长等方面发挥着积极的作用，认为我国房地产行业将迎来新的春天。这份文件也成了我国房地产市场发展的纲领性文件。在今后一段时间内，我国各部委的宏观调控政策都是以这份文件为基础展开的。

2004年3月，国土资源部、监察部联合下发了71号令，要求在全国范围内严格监察经营性土地使用权招标拍卖的情况，各地必须在8月31日前，将土地问题处理完毕，否则土地将收归国有。在8月31日之后，各地不得以历史遗留问题为理由，出让土地使用权。这个措施被称为"831大限"，是中央抑制房地产过热的重要举措。

2004年9月，中国银监会公布《商业银行房地产贷款风险指引》。该文件明确规定银行不能够为开发商垫资建楼，房地产开发商自有资金不得低于总资金的35%，购房者的月供房款不得超过每月收入的一半。

2004年10月，央行正式使用市场调节杠杆来调节房地产市场，十年来首次宣布上调存款利率，增加利息。这意味着贷款买房的成本更高。

2005年3月，国务院出台《关于切实稳定住房价格的通知》，针对房价增长过快的情况，将房价上涨作为政治问题来解决。这份文件被业内人士称为"国八条"。

2005年4月，温家宝召开国务院常务会议，对当前的房地产形势进行了分析。会议指出要解决当前房地产市场的一些突出问题，提出了加强引导调控的八项措施。这被人们称为"新八条"。

2005年5月，国务院转发《关于做好稳定住房价格工作的意见》。回顾国务院在2005年出台的关于房地产市场的一系列措施，并没有达到预期解决好需求问题的效果，反而抑制了房地产市场的供给。房价并未如预期的那样下降，在政策效应过后，有更多的人投入购房大军之中，还进一步刺激了房价的上涨。

2006年，国务院出台《关于促进房地产业健康发展的六点意见》，这份被业内人士称为"国六条"的文件，再次强调房地产行业是我国经济发展的支柱性产业。随后，国务院出台多份文件，但房价依然持续上涨。在这一年，央行两次提高利息，要求各大商业银行提高购房时按揭的首付比例，加强对房地产信贷风险的管理。

2007年1月，国家税务总局出台《房地产开发企业土地增值税清算管理有关问题的通知》。这份文件标志着国家对房地产市场的宏观调控力度进一步加大，同时拉开了2007年政府对房地产市场宏观调控的序幕。

2007年8月，国务院出台《国务院关于解决城市低收入家庭住房困难的若干意见》（国发〔2007〕24号）。这份文件标志着政府解决房地产问题的思路发生了根本性的改变，低收入人群的住房困难问题被纳入政府的服务范围中，要求加快廉租房建设，增加住房分类供给。

2007年6月，商务部和国家外汇管理局联合发布《关于进一步加强、规范外商直接投资房地产业审批和监管的通知》，对外资在中国内地的炒房行为进行遏制。9月，央行与银监会联合下发《关于加强商业性房地产信贷管理的通知》（359号文），这份文件提高了第二套房的首付比率和贷款利率，首付不低于四成，利率为基准利率的1.1倍。对于项目资本金不足35%的房地产开发贷款，不得发放。12月，又下发了《补充通知》（452号文），通知中指出，如果借款人家庭人均住房面积低于平均水平，那么购买第二套房的首付比率和贷款利率，可按第一套房执行。这份文件对于抑制房价上涨具有积极的作用。在这份文件出台后，许多地方出现了"退房潮"，北上广深等大城市的房屋中介也纷纷关门，房地产投机得到有效遏制。在同一时期，国土资源部、财政部、中国人民银行联合颁布《土地储备管理办法》，为打击房地产开发商的囤地行为提供了法律支撑，加强了对土地的管理，更好地调控了房地产的供给。

2008年1月，国务院颁布《国务院关于促进节约集约用地的通知》（国发〔2008〕3号），继续为房地产市场降温。2008年下半年，由于金融危机爆发，房地产市场低迷。政府决定出台新政，促进房地产市场复苏。同年10月，中国人民银行下调个人住房贷款利率下限，最低首付比例为两成。个人住房公积金贷款利率也全面下调。11月，个人住房公积金贷款利率继续下调，同时，对个人销售住房，土地增值税暂时免予征收。

2009年，国务院出台《关于促进房地产市场平稳健康发展的通知》。针对土地招拍挂制度引起的土地价格上升，以致频繁出现"地王"的现象，《通知》中明确指出，要探索土地出让综合评标方法，综合考虑土地的价格、企业土地闲置情况、合约开发日期等多种因素。对于违反相关规定的单位和个人，限制其参加土地出让活动。《通知》中还指出要增强住房建设用地的有效供给。

2010年4月，北上广深的房价并未下降，反而有上升的趋势。中央政府重拳出击，出台了号称史上最严的调控政策，遏制房价快速上升。

2013年，温家宝主持召开国务院常务会议，出台了五项加强房地产市场调控的政策措施（被称为"国五条"），各地炒房热度明显降低。

三、政策效果

随着国家多项宏观调控政策出台，炒房团纷纷被套牢，各地炒房现象得到明显的遏制。以温州市为例，2012年，温州商品房交易价格明显下降，新建住房价格同比下降14.3%，全年新建商品房住宅成交价格同比下降24%。2013年，温州市房价持续走低，不少楼盘降价促销。温州一家房屋中介公司的员工介绍道："来看房的很多，但是实际交易量却很少。与过去的最高价格相比，豪宅的价格近乎腰斩，普通住房最低也降了1万元。"不少在外地炒房的温州人，主动将手中的房源降价，以求尽快抛售。在炒房的巅峰时期，温州最贵的二手房接近10万元/平方米，而现在这一楼盘的最新挂牌价格只需要5万元/平方米左右，实际成交价格更低。[1]

---

[1] 炒房团集体被深度套牢 各地抛房套现现象明显 [EB/OL]. 中国经商网，(2013-04-18).

结语与思考

在过去的数十年里,中央政府出台了一系列措施,来控制房价稳定。[1] 这是中央政府政策的重要目标。但我们要清醒地看到,这些政策并没有发挥理想中的作用。一浪高过一浪的炒房热潮,与政府的土地财政、以地生财等政策有着密切联系。[2] 房价不但没有被抑制,反而有所上升。北上广深等大城市的房价上升得更为明显。之所以总体房价上升不明显,是因为城市在不断扩张,郊区房地产的低廉价格拉低了总体的房地产价格。[3]

---

[1] 李雄军. 稳定我国房价的政策探讨 [J]. 重庆工商大学学报(社会科学版), 2008 (1): 43-46.
[2] 吴学安. "温州炒房团"重出江湖,是"天使"还是"魔鬼"? [J]. 社会观察, 2009 (8): 53-54.
[3] 姚洋. 政府如何退出房产调控 [J]. 上海经济, 2013 (7): 11-13.

第二十四则　保障房来市民爱

题记：中国的改革在细分领域发生了许许多多的改革，住房改革就是一例。市场经济的高度发展，生产要素在收入分配中的不同地位，导致了中国人民的贫富差距越来越大，这种差距通过住房的市场化机制传导，导致了大批的低收入家庭买不起房、住不起房。但是，党和政府绝对不会允许这种现象在中国发生，于是就产生了保障房的概念。下面，就让我们一起感受下保障房的伟大吧！

托起市民安居梦

（一）天津的一角

家住秋悦家园12栋1层的李顺泉，无论谁到他家做客，他都会捧上几块糖，笑着说："这是喜糖，我刚当上爷爷。"今年，李顺泉一家住进了新楼房，上个月又抱上了大孙子。提起这一年的变化，他觉得"生活甜得就像喜糖"，他想让每一个来家里的客人都"沾沾喜气，感受到一家人的幸福"。

搬新家之前，李顺泉一家挤在一间30平方米的房子里，屋里除了摆放几件简单的家具和一些杂物外，能走的地方仅剩下一个过道，局促而陈旧。2011年儿子结婚，为了能让小两口先把小日子过起来，李顺泉决定和老伴儿搬出去租房子，就申请了廉租住房补贴，并办理了短期租赁备案。但老两口租着别人的房子，心中还是不太踏实："租房子的价格一涨再涨，而且万一人家说不租了，就得搬走。"

房子的事情在李顺泉一家眼中已经变成了头等大事，对于电视报纸上的报道他开始分外留心，很快看到了公共租赁住房的相关政策。2010年9月，在外租房的租赁备案到期后，老李准备好身份证、户口本、房产证等证件和复印件到了区房管局，按政策申请承租公共租赁住房。"比想象的要顺利，基本上就是在家里等信儿。"

2011年10月，李顺泉拿到了"符合天津市公共租赁住房承租条件通知单"。就在拿到证明的当天，他便迫不及待地到秋悦家园做项目登记。"能尽早做的就尽早办好，这样保险，心里就踏实了。"剩下的只等着摇号选房。等待的那几天，李顺泉一直没闲着，一是准备好搬家的东西，二是到秋悦家园里面转几圈，"转几圈对里面的房型和每栋楼的位置基本上就了解了，选房的时候就能快一点，顺便再看看周边的环境"。

公租房项目摇号选房之前，通过抓阄儿的方式选出摇号代表，可以到现场监督整个摇号的过程。特别幸运的是，李顺泉得到了这个名额，不仅可以去现场，还可以第一时间知道结果。现在他回忆起当时的场景还历历在目。1月份的天气特别冷，摇号现场定在了河东教育中心，整个会场来了将近300位摇号代表，特别热闹。老李的座位比较靠后，但公证人员和操作人员的一举一动通过大屏幕仍旧能看得非常清楚。操作人员坐在电脑前，按下开始按钮之后，所有申请人的信息开始不断地在大屏幕上滚动。停止的那一瞬间，整个会场都安静了，每个人都在仔细找着上面是不是有自己的名字。"李顺泉，25号！"当在大屏幕上看到自己名字的时候，他乐坏了，反复确认几遍之后，他赶忙拿出手机拨通了老伴儿的电话，全家人都开心极了。"房子总算是有着落了。"

今年，李顺泉一家好事成双，先是搬进了60多平方米的两室新房，如今小孙子也出生了。记者去拜访的当天特别巧，刚好赶上李顺泉的小孙子过满月，问到他后面的安排，他说："儿子、儿媳都是独生子女，每年过年都想把亲家约过来一起过，但家里实在坐不开。今年春节，这个愿望终于可以实现了，一大家子能坐在一起热热闹闹地过年了。"

（二）广州的一角

随着商品住宅价格越来越高，广州市民对保障性住房的关注度也越来越高。继2009年8月年内首次推出的经济适用房被抢购后，广州日前推出的上千套经济适用房，再度引起市民的登记热潮。

从10月28日起，经济适用房项目泰安花园、聚德花苑开放样板房并接受购房意向登记，两个项目此次推出的经适房共1092套，虽然比2009年8月的590套有了大幅增加，但市民尽快进行意向登记的愿望依然强烈。据广州市住房保障办统计，泰安花园进行登记的第一天就有近5000人入场，聚德花苑两天累计也有超过3000人入场。截至10月31日，已有1280户家庭进行了购房意向登记，其中泰安花园660户、聚德花苑620户。

据了解，从已进行意向登记的情况来看，70平方米以下的房屋最受欢迎，至于90多平方米的房屋，多数市民认为面积过大。为什么会出现这种情况？原因就在于超出70平方米（不含70平方米）部分，按同地段同类普通商品住房的价格计算。经评估，泰安花园项目房屋市场均价为8000元/平方米，聚德花苑项目房屋市场均价为8200元/平方米，而泰安花园经济适用房基准价格为4385.84元/平方米，聚德花苑经济适用房基准价格为4423.74元/平方米，两者差距太大，大多数购买经济适用房的市民不愿意为此多付出几万元甚至十几万元。

（三）保障房让1亿人受惠

2002年至今，中国房地产市场的发展可谓波澜壮阔。十余年里，中国的房地行业成为中国经济发展的重要支柱。十余年里，为了解决高房价问题，满足民生需求，中国大规模建设保障性住宅。而这种转变则是中国房地产市场发展的思变。

2007年以来，中央财政投入力度不断加大，从当年的72亿元到2011年的1522亿元，仅仅5年的时间，用于保障性安居工程建设的资金实现了20多倍的增长。

从2011年起，我国将进入保障性住房建设"加速跑"阶段。用5年时间建设保障性安居工程3600万套，保障形式继续以包括廉租房在内的公共租赁住房、包括经济适用房在内的政策性产权房和各类棚户区改造安置房等实物住房保障为主，同时结合租金补贴。

2012年8月，时任住建部住房保障司副司长张学勤透露：截至2011年年底，约有3000万户、近1亿人受惠于保障房建设。其中，有2650万户城镇低收入和中等偏下收入家庭的住房困难通过实物解决，还有近450万户通过货币补贴形式受益。

政策分析

一、政策背景

自 1998 年我国实行城镇住房制度改革以来,房地产行业蓬勃发展,[①] 不仅拉动了我国经济增长,还使得人民群众的住房水平得到明显提升。但另一方面,不断上涨的房地产价格,使得城市中低收入群体的住房问题难以解决。为了遏制房价持续上涨,保障中低收入家庭的住房权益,我国相继出台了公共租赁住房政策、廉租房政策以及经济适用房政策,来满足人民群众的住房需求。[②] 不同价格的住房面向不同的人群。政府提供的廉租房和公共租赁住房主要面向低收入家庭,中等收入家庭可以购买经济适用房。我国在 1995 年实施的安居工程,是保障性住房政策的雏形。安居工程计划在原有住房规模的基础上,用 5 年的时间,新修 1.5 亿平方米的住房,并以成本价向中低收入家庭出售。[③]

二、政策内容

(一) 政策性保障房的种类

1. 两限商品住房

两限商品住房即"限套型、限房价、竞地价、竞房价"的商品住房。为降低房价,解决本地居民自住需求,保证中低价位、中小套型普通商品住房土地供应。现在情况来看,首批限价房规定:限价房的套型建筑面积全部为 90 平方米以下。

2. 经济适用房

经济适用房是指具有社会保障性质的商品住宅,具有经济性和适用性的特点。经济性是指住宅价格相对于市场价格比较适中,能够适应中低收入家

---

① 冯严超,王晓红. 土地财政、金融发展与城市扩张 [J]. 贵州财经大学学报,2019 (1):25 – 36.

② 陈阳. 我国保障性住房的发展现状、趋势与对策 [J]. 财经问题研究,2014 (S2):42 – 46.

③ 陈学斌,汪文庆,刘一丁. 90 年代中期住房制度改革回顾 [J]. 百年潮,2010 (7):26 – 34.

庭的承受能力；适用性是指在住房设计及其建筑标准上强调住房的使用效果，而非建筑标准。经济适用住房面积需要严格控制在中小套型，中套住房面积控制在80平方米左右，小套住房面积控制在60平方米左右。

3. 廉租房

廉租房只租不售，出租给城镇居民中最低收入者。在房价疯涨、经济适用房走入困境、百姓居住难的背景下，廉租房便成了社会关注的焦点，也成了低收入家庭住房的"救命稻草"。

据调查，廉租房户型设定以一居室、两居室为主，建筑面积原则上按一居室套型建筑面积35平方米，两居室套型建筑面积45平方米，三居室套型建筑面积55平方米。三个项目中的三居都不大于55平方米，是名副其实的"袖珍"户型。

4. 政策性租赁房

政策性租赁房是指通过政府或政府委托的机构，按照市场租价向中低收入的住房困难家庭提供的可租赁的住房，同时，政府对承租家庭按月支付相应标准的租房补贴。其目的是解决家庭收入高于享受廉租房标准而又无力购买经济适用房的低收入家庭的住房困难。这个概念正好被定格在新出炉的"租赁型经济适用房"。经济适用房以租代售，可以说是将经济适用房变成"扩大版的廉租房"。

（二）政策回顾

在我国，保障性住房建设的发展过程十分曲折。[①] 早在1998年，国务院就已提出要建立以经济适用房为主的多层次城镇住房供应体系，但是2003年，在国务院下发的通知中，房地产行业又成为拉动经济增长的支柱性产业。房地产市场的供应主体还是商品房，导致了经济适用房建设和供应不足。从2000年到2009年，经济适用房的建设面积在2001年达到巅峰后，便持续下跌。而与此同时，商品房的价格却在不断上升。

根据国际经验，在房地产市场供应不足时，国家应该出大力发展经济适用房，来缓解供需矛盾。从1946年到1969年，英国曾大规模兴建保障性住

---

① 冯京津. 我国保障性住房的发展与现状 [J]. 中国房地产业, 2011 (9)：27-31.

房，使得保障性住房占住房总量的比例最高时接近六成。但从中国的实际情况来看，商品房的建设力度远远大于保障性住房，人民群众的住房需求得不到有效解决。为保障民生，拉动经济发展，中国即将进入大规模修建经济适用房的时代。

2012年，李克强在北京考察安居工程建设情况时，走进群众家中，了解群众的实际感受。他指出，建设保障房不仅要房屋质量过硬，更要提供相应的配套设施，让群众生活更加便利。李克强来到海淀区万寿路街道办事处住房保障服务大厅，他强调，保障房必须坚守公平分配，要做到全程公开、严格执行、健全机制。随后，李克强主持召开保障房分配和运行现场会，听取了各省区市相关负责人的意见。他充分肯定了北京市把保障房工程质量作为重中之重，全力以赴抓品质、抓配套；严把资格审核关、分配关、退出关，确保保障房分配公平公正公开；在商品房项目中配建公租房，提供优质物业服务，营造互助友爱、和睦相处的社区环境；创新后期的服务管理方式，探索建立保障房建设运营的长效机制。他说，北京市既从本市实际出发，也参考了国际上成熟的做法，在保障房建设运营上积累了一些成功的经验，这些经验非常可贵。李克强指出，要推进保障房建设和棚户区改造，既有利于城市化过程中促进人口的合理转移，也可以遏制房价的快速上升。同时，还能形成巨大的投资和消费需求拉动经济增长。在当前形势下，更应充分发挥好保障房建设惠民生、稳增长、调结构一举多得的作用。

李克强调研北京时指出，目前保障房开工建设已达到全年目标的70%以上，总体进展顺利。要突出抓好竣工入住这个环节，做到质量可靠、设施配套、布局合理，这样才能真正形成有效供给，更好地实行住房保障政策的初衷。一是对住房质量问题，要实行"零容忍"，严格责任追究，该赔偿的要赔偿，该清出市场的要清出市场。二是对配套设施欠缺的项目，要抓紧完善，保证市政等基本设施同步建成，尽快达到入住条件，并将此作为竣工的重要标准。三是对拟建的保障房项目，要精心规划，项目选址一定要从便利居民就业、就医、就学、购物等实际需求出发，使群众既安居又乐业。

三、政策效果

1998年以来，我国对政策性保障住房的建设进行了一定的探索，但发展较为缓慢，效果不明显。自2008年大规模实施保障性安居工程以来，截至2018年年底，全国城镇保障性安居工程合计开工约7000万套，其中公租房（含廉租住房）1612万套、经济适用住房573万套、限价商品住房282万套、棚改安置住房4522万套，还有近2200万困难群众领取了公租房租赁补贴，累计帮助约2亿困难群众改善了住房条件。[1]

结语与思考

随着保障房建设和供应规模的逐步扩大，选择保障房的居民数量也逐渐增多，在这样的情况下，必须建立实现持续发展的长效机制。[2] 当前，我国各地在动态跟踪居民收入、保障房准入准出、租金收缴等方面已经有了一些成功经验，各省区市要鼓励立法先行，为促进保障房市场可持续发展提供法治保障。在接下来的政策探索中，我们必须创新保障房的运行管理模式，让廉租房和公租房的管理体制并轨，要实行租补分离、明收明补，对不同收入情况的居民应该予以适当的租金补助。公租房租金要在居民的承受范围之内，考虑补贴的支持力度，同时要满足实际运营需要。[3] 在公租房项目中还应建立一定比例的商业用房，充实公租房的管理资金，促进公租房持续发展。[4]

与此同时，我国政策性保障性住房在建设过程中也存在着一些问题。一

---

[1] 努力实现让全体人民住有所居——我国住房保障取得历史性成就 [N] 经济日报，2019 - 08 - 17.
[2] 张艳，刘丽华. 保险资金参与保障性住房建设的长效机制研究 [J]. 经济问题探索，2011 (9)：38 - 41.
[3] 陈金海，陈政. 公租房运营监管博弈和租金定价模型改进研究 [J]. 工程经济，2020，30 (7)：69 - 74.
[4] 李克强：在北京考察保障性安居工程建设情况 [J]. 城市规划通讯，2012 (17)：4.

是住房供给需求不平衡，土地供应量不足。① 二是加大了地方政府的财政压力。② 保障性住房建设的资金多以资本金的形式直接投入项目，不利于发挥财政资金的杠杆作用。三是造成了严重的环境污染。在建设过程中仍采用传统的钢筋、水泥等材料，不利于环境保护。③ 四是公平正义难以得到保证。我国最需要住房的中低收入家庭的需求难以精准解决，公共设施也不够健全。五是缺乏有效的住房管理体制。我国政策性保障住房建设过程还不够透明，工作效率低下，容易出现寻租现象。④

我们坚信，在党和政府的英明决策下，在保障性住房的科学推动下，"大庇天下寒士俱欢颜"的终极住房目标一定会实现的。

---

① 张鹤. 土地供给、保障房建设与商品房价格 [J]. 中国高校社会科学，2019 (6)：58 - 68 + 156.
② 谭锐，黄亮雄，韩永辉. 保障性住房建设困境与土地财政压力——基于城市层面数据的实证研究 [J]. 现代财经（天津财经大学学报），2016，36 (12)：61 - 72.
③ 邓志勇. 基于保障房工业化建设的"四化"问题研究 [J]. 福建建筑，2014 (11)：80 - 82.
④ 郭娜，何龄童，张宁，刘潇潇. 新型城镇化背景下我国保障性住房可持续发展路径探究 [J]. 华北金融，2017 (6)：36 - 41.

第二十五则　国家出台物权法

题记：21世纪以来，中国商品房价格逐年攀升，房产成为人们的重要家庭资产。这样贵重的财产在现实经济中产生了各种各样的纠纷，如何解决这些纠纷，保障人民合法财产，成为21世纪的重要法律工作。庆幸的是，2007年中国颁布的《物权法》填补了过去关于不动产纠纷的法律空白，实现了物的合法身份，给人民的房产添加了一道安全网。

一房多卖的故事[①]

小王是江苏省无锡市的一个普通工人家庭的孩子，父母在当地国有企业上班，20世纪90年代，因为国有企业体制改革，小王的父母就办理了提前退休，在当地经营一家小作坊。小王因为家里生意需要，读完高中就帮父母做生意了，日子过得还算可以，吃穿不愁。

2005年，小王在当地找了一个对象，两人相处得很好，准备来年办理结婚喜宴。按照当地的习俗，男方迎娶新娘，要配置一套婚房。小王的父母在当地一个最繁荣的地段挑中一个即将开盘的楼盘，开发商是广州人，这个开发商最早在20世纪90年代做外贸生意，赚了些钱。2000年以后，这个开发商逐渐进入房地产领域，在全国多个地方都开发过项目。

小王父母与小王两口商量，挑中这个社区中临街一栋采光最好的房子，小王父母拿出40多万元积蓄，全款付清，也获得了开发商赠送的一个车位。按照购房协议，这个开发商承诺精装修的房子将在来年4月15日前交付，小王父母想着用半个月时间给新屋购置家具、家电，选在五一的吉庆时间为这对新人办理婚宴，邀请亲朋好友一起庆祝这对幸福的情侣。

但是，天有不测风云。2005年年底，一群农民工围住这个小区的售楼部，

[①] 本故事中人名、地名纯属虚构，如有雷同，纯属巧合。

打着标旗"×××还我们农民工人的血汗钱"。外面，几辆警车停在旁边，警察们在现场安抚农民工人的情绪，维护现场秩序。小王的父母闻讯赶来，一打听才知道这个开发商跑路了，而且牵涉一些经济纠纷。小王父母这下急了，怎么会这样呢？后来去法院打听，才知道开发商盲目扩张，摊上民间高利贷，最终导致资金链断裂。最麻烦的是，开发商还干了一件缺德的事情，就是一房多卖，真是狗急跳墙呀，小王的父母气愤地骂了出来。

经法院最终查明，小王家订购的那套房子，已经在小王签订协议前卖给了另外的2个业主，最终等待的将是漫长的债务纠纷和法律起诉。在2005年之前，这种案例在全国多个地方上演，给购房者和我国正常的房地产经营市场带来了不小的麻烦。

但是，好消息在2007年出现了。2007年3月16日，第十届全国人民代表大会第五次会议通过了《中华人民共和国物权法》（以下简称《物权法》）。2007年3月16日，中华人民共和国主席令第六十二号公布，自2007年10月1日起施行《物权法》。《物权法》明确规定，登记是购房人的必要程序，我国不动产实行登记生效主义。如果没有进行不动产的登记，即便双方支付合同价款，法律上的房屋所有权并没有发生转移，一旦发生经济纠纷，法律无法保护没有进行登记的房屋。

自《物权法》颁布以后，我国更加注重土地及房产等不动产的权属管理，维护正常的社会主义市场经济秩序，同时地方政府也更加规范监督管理不动产资金的安全使用。自此以后，我国很少出现"一房多卖"的违法现象了，切实地保护了购房者的合法权益。

政策分析

一、政策背景

中华人民共和国成立以来，我国并没有一部完整的《物权法》。尽管1987年，我国出台了《民法通则》，对《物权法》做出了基本的规定，但是相关的法条较少，没有具体的物权细则。① 1993 年，我国立法机构将民法典的立法工作提上日程，正式启动了《合同法》和《物权法》的起草工作。为了制定好这部法律，全国人大常委会坚持科学立法、民主立法的原则，先后召开 100 余次座谈会，收集群众意见 1 万余条，并形成了《物权法》草案。第十届全国人民代表大会第五次会议对草案进行了审议，并于 2006 年 3 月 16 日通过了《中华人民共和国物权法》。

二、政策内容

通过以上的案例，我们可以看到现实生活中关于房产的纠纷很多。如何解决这些问题，有一部法律非常重要，它就是《物权法》。下面，我们看看《物权法》和房地产有哪些关系。

2007 年 3 月 16 日，第十届全国人民代表大会第五次会议表决通过了《中华人民共和国物权法草案》，至此，人们翘首以盼的新《物权法》终于在千呼万唤中出台，将于 2007 年 10 月 1 日起施行。作为民法的重要组成部分的《物权法》，在中国特色社会主义法律体系中起着支架作用。② 但老百姓最关心的是，《物权法》的出台将会如何影响他们的切身利益。

按照《物权法》第一百四十九条规定，在使用权期间到期后，住宅用地可以自动续期。非住宅用地，按照法律相关规定办理。土地上的房屋及其他不动产，有约定的，按照约定执行，没有约定的，按照相关法律执行。我国法律规定，居住用地最高使用权限是 70 年。70 年到期后，居住用地如何处理？对此，《物权法》回应道，居住用地使用权期限到期后可以自动续期。但实际上，《物权法》的规定并没有明确回答这个问题。一方面，受建筑水平的影响，我国建筑的使用期限一般只有四五十年。另一方面，有关法律并没有对自动续期做出相关界定。是否需要收费？自动续期的程序又是怎么样？如果需要收费的话，收费标准又是如何？这些问题在法律上还处于空白阶段。

新《物权法》提出了物权公示制度和统一登记制度，在购房时，必须在

---

① 王利明. 回顾与展望：中国民法立法四十年 [J]. 法学, 2018 (6)：34-49.
② 陈华彬. 中国物权法的意涵与时代特征 [J]. 现代法学, 2012, 34 (6)：76-92.

不动产所在地的登记机构办理登记。以前的购房者在办理房产证时，手续十分复杂。涉及不动产管理的机构非常多，其中就包括土地管理部门、房产管理部门、工商行政管理部门等。这些管理部门的内部资料并不互通。因此就会导致重复登记、登记资料分散等情况发生。我国在进行登记时实行的是物权公示主义，需要登记机关对申请人提交的材料进行实质审查，在必要时还需要查看不动产的实际情况。因此，登记部门的工作量非常大。登记部门要么敷衍了事，要么效率低下。如果购房者和开发商不能够平等地获取信息，就会导致信息不对称，进而导致欺诈行为的出现。

因此，全国人大常委会委员在审议《物权法》草案时，明确提出应该对不动产进行统一登记，以节省当事人的精力。全国人大宪法和法律委员会经过研究，同意了这个意见，并对《物权法》草案做出了相应的修改。全国人大宪法和法律委员会考虑到对不动产进行统一登记还要涉及行政管理体制的改革，不能够马上实现，因此，又在草案中规定："统一登记的范围、登记机构和登记办法，由法律、行政法规规定。"在新《物权法》出台后，购房者只需要往房地产登记机构跑一趟便可办理房产证，极大地节约了自己的时间。

针对以往出现的一房多卖情况，新《物权法》规定，当事人在购买房屋或者其他不动产时，可以按照约定向登记机构申请预告登记，这样就能更好地在未来保证物权。在预告登记后，如果不经过预告登记的权利人同意，对不动产进行处分，处分无效。预告登记后，如果债权消失或者当事人能够进行不动产登记，当事人必须在3个月内申请登记，否则预告登记将会失效。伴随着我国房地产行业的迅速发展，预售成为商品房销售的一种重要形式。预售可以让开发商迅速回笼资金。但是在实验过程中，由于我国房价增长较快，开发商往往一房多卖或者用已销售的房子做抵押贷款，单方面撕毁条约，使得购房者的权益受到了侵犯。在新《物权法》出台预告登记制度后，可以对后来发生的新处分行为产生排他的效力，一房多卖的情况会得到限制，购房者的权益也会得到更好的保障。但是，预告登记有时间限制。在债权消灭或者能够自行进行登记的3个月内，必须申请登记。超过三个月，预告登记将会失效。

针对房地产登记机构产生登记错误的情况，新《物权法》也做出了明确的规定。如果不动产登记错误，给别人的利益带来了损害，登记机构必须进行赔偿，在进行赔偿后，登记机构可以向登记错误的人追责。新《物权法》出台前，法院一般认为只有错误的登记行为是造成不利后果的充分且必要条件时，登记机关才会进行赔偿。在新《物权法》实施后，登记机关有了负责审核材料真实性和合法性的职责，更有利于保障登记双方的公平。

新《物权法》明确规定，不动产同样适用于善意取得原则。之所以做出这样的规定，是因为我国的不动产交易活跃，登记制度不完善，很容易发生误判。如果不适用善意取得原则，极易导致房屋买卖人的权利受到损害。比如说夫妻共同购买的房子，在房产证上写的是丈夫的名字，如果丈夫瞒着妻子，将房子卖给了别人，此人确实不知道这套房子是夫妻俩的共同财产，并且确实付了房款，就可以将这个人认定为善意取得，不必归还房产。

新《物权法》对建筑物的所有权、专有权和共有权也进行了区分。新《物权法》规定，业主对建筑物内的住宅、经营性用房等专业部分享有所有权。对专有部分以外的共有部分享有共有和共同管理的权利。建筑区内的道路、绿地、公共场所都属于业主共有。在购房时，房地产开发商为了更好地销售楼盘，往往承诺对顶层或底层的购房者赠送露台或者花园。在法律中，这种行为侵害了其他业主的公共财产，是无效的。开发商没有权利处分这些区域。因此，购房者在购房时，必须分清共有部分和专有部分，以免上当受骗。另一方面，业主也应该用《物权法》来保障自己的权益。

新《物权法》规定，建筑区划里的车位应该优先保障业主使用。在房价不断提高的情况下，许多开发商将车位高价售出，不少住房也因为附带车位而升值。新《物权法》出台后，开发商就不能够一味追求高额利润，而将建筑区划里的车位卖给小区业主以外的人使用。根据法律规定，规划中的车位应该由业主和开发商共同决定车位归谁所有，如果没有事先预定的话，那就可以默认车位归业主所有。因此，购房者和房地产开发商在签订合同时，应当特别注意合同中有关车位的相关条款。如果开发商将小区内业主共有的道路用于规划停车，那么获得的收益也应该由业主共同分享。①

综上，在商品房交易中处处存在陷阱，处处存在雷区。《物权法》的颁布

---

① 《物权法》与商品房交易［EB/OL］.找法网，(2012-01-30).

已经为我们扫清了不少障碍,① 为购房者合理、安全、便利地购房提供了一定的法律基础。虽然这当中还存在一定的漏洞,有待司法解释的进一步完善。但无论如何,购房者应该更好地利用《物权法》这个法律利器,来保障自己的合法权益。

三、政策效果

新《物权法》的出台,对于我国房地产市场的健康发展具有积极意义。一是营造了合法有序的市场环境。我国由计划经济转向市场经济的过程中,出现了许多混乱的现象,例如侵吞国家财产、制假售假等,产权不清就是重要的原因之一。尽管在新《物权法》颁布之前,我国对国家、集体和个人的财产有着一定规定,但相关法律并不健全,导致社会上出现了很多侵权的行为。新《物权法》的颁布,不仅有利于保护人们的产权,还能够帮助人们树立产权意识,规范市场上的行为。二是为房地产行业提供了发展动力。房子是人们重要的财产。新《物权法》规定,建筑用地使用期限到期后可以自动续期。如果住房的质量过硬,还可以传给下一代。同时,新《物权法》对共有、专有等权利也做了规定,无异于给人们吃了一粒定心丸。三是有利于为房地产开发商树立良好声誉。新《物权法》出台前,房地产领域出现过很多乱象,对房地产开发商的形象产生了非常负面的影响。而新《物权法》可以充分规范房地产商的行为,让他们的形象逐渐变好。②

结语与思考

马克思主义认为,经济基础决定上层建筑,上层建筑是为经济基础服务的。在上层建筑之中,就包含了法律。③ 与各部门法相比,民法最能直接体现这一原理,能够更加直接地为经济基础服务。④ 民法中的许多概念是可以直接

---

① 陈政. "和谐人居梦"背景下预告登记效力的拓展思考——以房地产企业破产中购房人的利益保护为视角 [J]. 河北法学, 2016, 34 (11): 95-102.
② 孟星. 物权法与房地产市场 [J]. 上海房地, 2007 (8): 26-27.
③ 姚远. 历史唯物主义法学原理中的"建筑隐喻" [J]. 法制与社会发展, 2020, 26 (6): 199-221.
④ 王利明. 彰显时代性:中国民法典的鲜明特色 [J]. 东方法学, 2020 (4): 5-17.

反映政治经济学中的术语。比如，民法的所有权就是马克思主义政治经济学所有权的直接体现。[1] 民法保护所有权，就是直接保护了现实中的所有制。在人类历史的进程中，《拿破仑法典》作为一部民法，具有里程碑式的重要意义。[2] 尽管它经历了多次修改，但是在历史的长河中一直沿用至今，它所确定的原则和基本经济制度一直没有改变。

《物权法》中的物，包括动产，也包括不动产。不动产就是不可以移动的有形财产，比如土地、房屋。动产通常是可以移动的有形财产，比如飞机、汽车。物权作为一项重要的权利，可以直接支配法律范围内所规定的物，并免受他人的干涉。以所有权为基础，物权派生出了用益物权和担保物权。用益物权就是依法对所有物享有收益的权利，例如土地经营权、宅基地使用权。担保物权则是为了确保债务的履行。总体来说，《物权法》可以适用于任何因物产生的民事关系。[3]

2021年1月1日起，《中华人民共和国民法典》正式实施。同时，《物权法》作为阶段性的法律予以废止。《中华人民共和国民法典》在买房、卖房、房屋产权等方方面面做出了新的规定，新增房屋"居住权"，落实农村承包地"三权分置"政策的民法表达，规定土地承包经营权人可以自主决定依法采取出租、入股或者其他方式向他人流转土地经营权；针对业主建筑物区分所有权行使中的纠纷，规定有关行政主管部门应积极应对，对物业纠纷的解决提供了必要的法律依据；明确约定住宅70年到期后自动续期，费用待定。这些新的规定开启了人民权益保护的新时代，有利于进一步保障人民群众安居乐业。

---

[1] 刘灿. 完善社会主义市场经济体制与财产权法律保护制度的构建——政治经济学的视角 [J]. 政治经济学评论, 2019, 10 (5): 19-38.

[2] 王巧玲.《拿破仑法典》的世界影响 [J]. 理论学刊, 1996 (2): 59-60.

[3] 谷旭牧. 浅议《物权法》对房地产业的影响 [J]. 辽宁广播电视大学学报, 2008 (2): 105-107.

第二十六则　重庆探索房产税

题记：房产税是以房屋为征税对象，按房屋的计税余值或租金收入为计税依据，向产权所有人征收的一种财产税。世界上，已有许多国家开征房产税，作为调节房地产市场价格和实现社会公平的重要举措。2011年起，重庆成为两个房产税试点城市之一，重庆市主城9个区都属于试点的范围。征收对象包括个人拥有的独栋商品住宅、高档住房、外地客购买的二套房等。让我们来看看本篇的故事吧，一起来了解一下重庆的房产税试点，探索科学合理的房产调控政策。

炒房不成赔把米

家住黑龙江哈尔滨的小龚，今年30多岁，在一家金融机构上班，属于中产阶级，日子过得非常滋润。除了工作顺利外，让小龚更自豪的是，他是一个成功的炒房者，现在他已经在哈尔滨买了3套房，赚得最少的一套也已经赚了40多万元，赶上小龚两年的收入了。

先让我们回顾一下小龚的炒房经历。记得2007年，小龚刚工作，那时哈尔滨的房子已经开始涨了，虽然刚开始工作的他没有太多收入，但父母支持他买房，因为考虑到他的婚事。这一年，是小龚炒房的起点，他用商业贷款加上父母的储蓄买了南岗区的一套房子，这是一套南北走向的小户型，大约80平方米，小两口过渡一段时间足够了。两年以后，小龚一次偶然的机会和房屋中介打交道，因为一直没有找到合适的对象，房子空置怪可惜的，他就打算把房子租出去。中介问他这套房子卖不，他询完价后得知，现在出手这套房子不仅能让他还完贷款，还能赚16万元。那时候，16万元是他三年的工资收入了。

小龚被炒房的巨大收益打动了，他果断地把这套房子卖了，加了一些钱，又在道里区买了一套更大的房子。这套房子150平方米，四室两厅，可以让他们一家人住在一起。就这样，小龚每天除了工作之外，就是不停地关注房价，研究如何炒房、周转资金，他俨然成了一个炒房者。几年折腾下来，截至2017年，他在哈尔滨已经有3套存量房了，而且周转了4次房，还赚了100多万元。这些战绩，成了小龚的骄傲。每每在朋友聚餐时，他就大侃特侃，哥儿们都向他投来羡慕的眼光。

人一旦屡屡成功，就会非常自信，小龚也不例外。哈尔滨虽然属于二线城市，但房价涨得并不快，跟北京、上海等大城市比，哈尔滨的房价根本不叫涨。他有点不满足在本地炒房了，而是要转战外地，但是选哪呢？北京、上海的房价太高了，一套房子都得上千万元，他的这些资金不够。三、四线城市，他又看不上。就在这时，重庆进入了他的眼中。

过去几年，重庆的经济虽然发展得很快，但房价一直没有涨起来，而且重庆的地区生产总值增长率位居全国前列，潜力巨大。这么物美价廉的地方，在全国不好找，于是在2017年元旦放假期间，他去了重庆，果断出手买了一套新楼盘的现房，100多平方米的房子，总价不到100万元。

就这样，小龚欢天喜地地回到了哈尔滨，他感觉他就是这个世界的中心。两周以后，他看到这样一则消息："从2017年1月14日起，将原来执行的对无户籍、无企业、无工作的个人新购第二套及以上的普通住房征收房产税，调整为在重庆没有这三个条件的外地人，新购首套及以上的普通住房征收房产税。"他就属于这类人。忽然间，他感觉大事不妙。以前，他听说重庆试点房产税，但不针对首套房征收，没想到政策变化得这么快。带着不安的心，他认认真真地研究起这则规定。

原来，重庆市政府针对近期重庆主城房地产市场出现的异常现象，为遏制"炒房"牟利行为进行了房产税征收的修订。具体内容如下：

一是严禁已购的预售商品住房转让，严禁以撤销网签合同备案等方式变相进行商品住房转让。

二是严格执行房产税改革试点有关规定，市外在重庆无户籍、无企业、无工作的"三无"人员在重庆市购买第二套房要征收房产税，尤其是房产税一旦计征，该套房屋每年都要征税，该套房屋转让后每年也要征税。对通过提供虚假材料隐瞒身份的，一经查实，所购房屋也要严格纳入应税范围。

三是与金融机构联动，对"三无"人员在渝"炒房"不予办理贷款。值得注意的是，监管层使出的一系列"铁拳重锤"已经在发挥作用。

小龚进一步核查重庆的房地产市场，发现了以下信息：影响重庆房价的重要因素之一是人口数量，国家统计局数据显示，2004年开始，重庆市的人口总数呈现上涨的趋势，从2004年的2793万人逐步增长到2014年的2991万人，2015年增长到了3016.55万人，这比北京、上海、广州、深圳这几大一线城市都要多。

但是，重庆市的面积达8.23万平方千米，而北上广深四个城市合计的总面积也只有3.22万平方千米，重庆市的面积比北上广深四大城市合起来的总面积还要大1倍以上，这也是重庆市房价没有快速上涨的原因之一。

政策分析

一、政策背景

随着我国城市化进程不断加快，经济不断向前发展，居民收入也随之提高。在有了一定的资金之后，人们开始寻找让资金保值升值的方式。由于我国地方政府高度依赖土地财政，房地产行业的发展与政府利益息息相关，[①] 因此越来越多的人将资金投入房地产行业，促进了房地产市场的快速发展。这一方面改善了我国居民的居住条件，另一方面也使得房价快速增长，投机现象愈演愈烈，闲置的商品房数量不断增加。为了给房地产市场降温，政府出台"两限"等多项行政措施，并且将财政政策作为调控房地产市场的重要手段，但效果并不明显。税收作为一项重要的财政政策，逐渐被运用到房地产市场中。我国房地产的开发和销售都曾设有相应的税种，但由于年代久远，已经不能适应当前社会的发展，在一定程度上甚至起了反作用。在这种背景下，我国政府需要对房地产行业的税收进行全面、系统的改革。2011年，上海市和重庆市被中央选择为房产税改革的试点。经过3年的试点工作，改革

---

① 李郇，洪国志．土地财政与城市经济发展问题［J］．中国土地科学，2013，27（7）：41-47．

取得一定成效,并将逐步往更大范围推广。①

二、政策内容

(一)重庆房产税试点

2011年,重庆市政府召开新闻发布会,宣布重庆被选为个人住房房产税改革试点。从2011年1月28日起,将会对个人房产征收房产税。覆盖的目标包括重庆主城九区内存量增量独栋别墅、新购高档商品房、外地炒房客在重庆购第二套房,税率在0.5%~1.2%。

时任重庆市市长黄奇帆介绍道,重庆市房产税改革将采取分步骤实施的办法。第一批被纳入征税范围的有个人拥有的独栋商品住宅、新购高档住宅(高档住房指的是建筑面积交易单价超过上两年主城九区价格的两倍及以上住房),不在重庆市工作、没有重庆市户籍、没有重庆市企业的个人新购的第二套及更多的住房。个人高档住房、多套普通住房等还没有被纳入征税范围的,将会适时纳入。

住房建筑面积交易单价不同,征收的个人住房房产税税率也不同。以上两年主城九区价格为基准,独栋商品房和高档住房成交价格在其3倍以下的,征收0.5%的税率;3倍到4倍的,征收1%的税率;4倍及以上的,增收1.2%的税率;在重庆市无工作、无企业、无户籍的个人购买第二套住房,税率为0.5%。

新购住房指的是房产税改革试点暂行之日起购买的住房。购房时间以签订购房合同,并权属登记的时间为准。存量住房购买时间以办理房屋权属转移、变更登记手续时间为准。

(二)上海房产税试点

2011年,上海市人民政府印发《上海市开展对部分个人住房征收房产税试点的暂行办法》,规定从1月28日起,对上海市市民购买第二套及以上住

---

① 田建.沪渝试点背景下我国房产税改革问题研究 [D].太原:山东财经大学,2014.

房、非上海市市民购买上海住房征收房产税，税率分别为0.6%和0.4%。[①]

上海市居民家庭拥有人均60平方米的免税住房面积扣除。居民在购买第二套及以上的住房时，如果新旧房屋面积之和小于家庭人数乘以60之积，并可免征房产税；人均超过60平方米的，按照超过部分的面积计算房产税。房地产一般适用税率暂定为0.6%；如果新购住房每平方米市场交易价格在"上年度新建商品住房平均销售价格"（由统计部门公布）两倍及以下的，税率为0.4%。

以下几种情况可以免征或者退还房产税：上海市居民在新购第二套住房后，一年内出售了原有唯一的住房，已征收的房产税予以退还；上海市居民家庭子女成年后，购买个人第一套住房时，可免征房产税；符合上海市相关规定的高层次引进人才，持有上海市居住证并在上海工作的，新购第一套家庭住房时，免征房产税；持有上海市居住证满3年，并在上海市工作的居民，在购买第一套家庭住房时，也可免征收房产税。如果持有居住证时间不满3年，仍先按照相关规定征收房产税。居住时间满3年后，退还房产税。

（三）国家政策

房产税是以房屋为征税对象，按房屋的计税余值或租金收入为计税依据，向产权所有人征收的一种财产税。现行的房产税是第二步利改税以后开征的。1986年9月15日，国务院正式发布了《中华人民共和国房产税暂行条例》，从1986年10月1日开始实施。2010年7月22日，在财政部举行的地方税改革研讨会上，相关人士表示，房产税试点将于2012年开始推行。但鉴于全国推行难度较大，试点将从个别城市开始。

国家统计局公布的数据显示，2014年全国城镇居民达7.49亿人，人均住房面积为33平方米，商品房均价为6300元/平方米，按此估算，城镇住房共247.2亿平方米，全国住房总价值共156.3万亿元，按1%税率征收房产税，房产税收入共计1.6万亿元。考虑一定比率免征，实征房产税收入还要再打折扣，不足以完全替代土地收入。按照目前土地收入下降趋势推算，到2017年土地收入将减少到1.5万亿元左右，相当于可征收房产税总额，而很多地

[①] 珈宝. 上海重庆开征房产税 将逐步对个人拥有住房征收[J]. 中国房地产金融, 2011 (1): 14, 32.

方财政的土地出让收入会更早一些下降到不及可征房产税收入的程度。

2011年1月，重庆市首笔个人住房房产税在当地申报入库，其税款为6154.83元。2012年8月12日，30余省市地税部门为开征存量房房产税做准备。

深圳、广州入围房产税试点城市。国家发展改革委发布的《关于2012年深化经济体制改革重点工作的意见》中明确，2012年要加快财税体制改革。适时扩大房产税试点范围。地产业内分析预测，深圳、广州有望接棒上海、重庆，入围第二批试点房产税改革的城市名单。

2014年7月，全国人大正在起草房地产税立法草案，考虑将现有的房产税和城镇土地使用税合并，并将房地产税列为地方税种。与重庆和上海试点的只针对房产征税不同，全国范围的房地产税将会对房产和土地征收。征税的方式仍在讨论中，有可能调整。房产税的税率并未确定，征收的范围是针对新建房产还是已有房产也没有明确的说法。

2017年，国务院发布的《关于创新政府配置资源方式的指导意见》中提及，在维护全国统一大市场的前提下，支持各地区在新型城镇化、国资国企改革、区域性金融市场和金融机构、房地产税、养老和医疗保障等方面探索创新。

表10-1 重庆各年房产税起征点数据

时间	内容
2011年	2011年执行的高档房标准，是由2010年和2009年主城区的新建商品住房成交建筑面积均价决定的，为9941元/平方米。
2012年	主城区高档住房价格标准由上年的建筑面积均价9941元/平方米，提高至建筑面积均价12152元/平方米，提高2211元/平方米。
2013年	由2012年的建筑面积均价12152元/平方米提高为建筑面积均价12779元/平方米，较上年提高627元/平方米，其余未调整。
2014年1月	高档住房应税价格起点标准从建筑面积12779元/平方米调整为13192元/平方米，较上年提高413元/平方米。
2014年10月	重庆市地税局发布消息，调整重庆市个人住房房产税征收办法，成品住宅交易价格扣除20%装修费用后，再确认是否属于应税住宅，此举等同于提高起征点，缩小了应税住宅范围。
2015年	建筑面积均价13192元/平方米，与2014年持平。
2016年	建筑面积均价13192元/平方米，依旧保持不变。

续表

时间	内容
2017 年	调整高档住房标准价格标准为 13941 元/平方米。同时，在重庆市同时无户籍、无企业、无工作的个人新购首套及以上的普通住房，税率为 0.5%。
2018 年	调整高档住房标准价格标准为 15455 元/平方米。

资料来源：根据重庆市政府网收集整理。

三、政策效果

截至 2014 年，上海市、重庆市房产税的改革效果呈现。从对房地产市场的调控效果来看，相比 2011 年，重庆市高档住房建设和成交面积明显下降，高档住房建筑面积在商品房建筑总面积中的比例由 10% 降低至 7%，而高档住房成交面积则由 9.2% 降至 2.2%，对于引导房地产市场合理消费起了一定作用。从房价来看，相比 2011 年，上海市住房价格上涨 18%，重庆市下降了 3.65%。从增加财政收入的效果来看，由于房产税税率较低，征收面积较小，虽然税收金额有了一定上升，但起的作用并不是很大。从 2012 年到 2014 年，上海市房产税金额由 24.6 亿元上升到 99.95 亿元，但占地方财政收入的比例仅仅上升了不到两个百分点。从 2011 年到 2014 年，重庆市的房产税金额由 1 亿元变为 2 亿元，对地方财政起的作用相当有限。在调节收入差距的作用上，因为试点地区房产税只征收增量，不征收存量，并且税率也远低于国际平均水平，因此调节效果作用并不明显。在对税收制度的影响上，由于两地房产税都是按照交易税来征收的，具有商品税的性质，并不是真正意义上的房产税，因此对税收制度的完善作用发挥不足。[①]

结语与思考

从发达国家的历程中我们可以看出，开征房地产税既可以完善税制，也

---

① 贾点点. 房产税还是房地产税？——兼评沪渝两地房产税试点效果 [J]. 现代管理科学，2018 (5)：49-51.

有利于促进房地产价格稳定。① 但在中国特殊的环境下，要因地制宜地开发房产税，还面临着许多困难需要我们解决。

一是征收范围。合理的征收范围能够增加地方收入，调节收入分配。② 在重庆市房地产税改革方案中，最大的问题在于如何区分高档住宅和居民普通住宅，不对普通老百姓加重房地产税负担。而在上海市的房地产税改革方案中，征税目标仅仅是新增房产，不对已有的房产征收房产税。在这场改革中，已经拥有多套住房的居民收益最大，而即将购置房产的居民负担加重，这并不利于社会的公平正义。

二是征收税率。当前税率的设置没有考虑到各地实际情况之间的差距。③ 同时，征收税率过高或过低都无法起到应有的作用。如果税率过低，房地产价格上涨远高于征收税率，房地产税无法抑制投机行为，住房价格将持续上涨。如果税率过高，又不利于房地产行业的持续发展，进而阻碍中国经济增长的步伐。

三是房地产估值。通过房地产的评估值来征收房产税，是国际通行惯例。④ 房地产的价值与周围配套设施、环境、交通、户型、区位等各种因素息息相关。房地产数量众多，这些因素又各不相同，因此要准确评估各套房产的实际价值是一项成本高、任务重的事情。如果只是大致地评估各大房产的价值，又会损害居民的切身利益，引起居民的反对。为了防止房地产价值评估不合理，还应该建立一套与之相符的申诉程序。⑤

---

① 浙江省国际税收研究会课题组，钱巨炎，单美娟. 我国房地产税改革的国际借鉴 [J]. 国际税收，2015 (5)：72-75.
② 赵惠敏，李琦，王晨旭. 中国房地产税改革取向研究 [J]. 当代经济研究，2014 (9)：75-80.
③ 刘方. 完善我国房地产税收体系的政策建议 [J]. 当代经济管理，2015，37 (11)：34-38.
④ 杨杉，邓科. 特征价格模型对房地产税税基评估的适用性 [J]. 商业研究，2015 (6)：90-96.
⑤ 袁立明. 不动产登记，或为房产税"铺路" [J]. 地球，2014 (5)：40-43.

第十一章
房住不炒新时代

第二十七则　共有产权新苗长

题记：人口的流动就是财富的流动，人口流入越多的地方越值钱，但随之而来的就是这些地方的高房价，并进一步成为制约人才流入和城市发展的重大障碍。在这种背景下，各个地方探索如何引才、留才，在这个过程中，一种新的住房产权模式出现了，那就是共有产权。

北京的试点

2017年8月3日，《北京市共有产权住房管理暂行办法》（以下简称《办法》）正式面向社会公开征求意见。

（1）申购要点一：名下无房

"名下无房"的定义有点广，实现从严限购条件：已签订住房购买合同的、征收（拆迁）安置房补偿协议的、有住房转出记录的家庭不得购买共有产权住房。也就是此前卖过住宅的人是不能申购的。另外，申请家庭有违建未拆除的不能申购；有住房家庭夫妻离异单独提出申请，申请时间距离婚年限不满3年的也不能申购。

（2）申购要点二：职住平衡

共有产权住房也会做到精准分配：房源优先配售给项目所在区户籍和在项目所在区工作的本市其他区户籍无房家庭，以及符合本市住房限购条件的、在项目所在区稳定工作的非本市户籍无房家庭。概括一下就是所在区优先，照顾"新北京人"。

（3）共有产权住房卖与租

已购共有产权住房不满5年的，不允许转让房屋产权份额；满5年的，可按市场价格转让所购房屋产权份额。满5年，购房人也可按市场价格购买政府份额后获得商品住房产权。

已购共有产权住房用于出租的，所得租金收入按照购房人与代持机构所占房屋产权份额比例进行分配。共有产权住房上，会有"代持机构"。购买5年后想要转让所购房屋的产权份额，在同等价格条件下，代持机构可优先购买，继续作为共有产权住房使用；代持机构放弃优先购买权的，购房人转让对象应为其他符合共有产权住房购买条件的家庭。

（4）共有产权住房便利问题

北京市住建委相关负责人说："共有产权住房结合城市功能定位和产业布局进行项目选址，优先安排在交通便利、公共服务设施和市政基础设施等配套设施较为齐全的区域，推动就业与居住的合理匹配，促进职住平衡。"同时，共有产权住房建设用地采取"限房价、竞地价"和"综合招标"等多种出让方式，遵循竞争、择优、公平的原则优选建设单位，并实行建设标准和工程质量承诺制。房屋方面，市住房城乡建设委会同市规划国土委制定共有产权住房建设技术导则。市相关部门将严格按标准进行规划设计方案审查，并依法进行日常监督。

（5）新老政策衔接

《办法》施行前已销售的自住型商品住房项目出租、出售管理，仍按照原规定执行；《办法》施行后，未销售的自住型商品住房均按本《办法》执行。相关部门从严查处虚假申购和违规使用行为，禁止10年内再次申请本市各类保障性住房和政策性住房。申请家庭成员在本市信用信息管理系统中有违法违规或严重失信行为的，将限制购买共有产权住房。

（6）房地产调控

北京市住建委相关负责人说，通过推出共有产权住房政策，通过合理定价，分配更加公平合理，坚决抑制投资投机性购房需求，将对本市房价平稳运行起有效推动作用。"新北京人"分配不少于30%，北京市住建委相关负责人说："各区人民政府根据共有产权住房需求等情况合理安排共有产权住房用地，其中，满足在本区工作的非本市户籍家庭住房需求的房源应不少于30%。"

（7）征求意见

2017年8月6日北京明确共有产权住房规划设计标准。主要内容如下：城六区新建项目容积率不应高于2.8，套型总建筑面积不应大于90平方米，层高不应低于2.8米；主城六区以外新建项目容积率原则上不应高于2.5，套型总建筑面积在90平方米以下的占建设总量的70%以上，最大不超过120平方米。层高不应低于2.9米。起居室、卧室等主要功能空间外窗洞口高度不应小于1.4米。在土地供应方面，鼓励带方案招标，可由区人民政府依据导则先行组织编制规划设计方案，方案经专家评审、社会公示后作为挂牌（招标）文件的附件。工程质量监管部门将对装配式建筑和全装修成品交房的质量进行重点监管，全装修成品房在交房5年之内不得拆除房屋内的装饰。

通知提出要建设智慧社区和智慧小区，推广智能化建筑技术，实行三网融合，Wi-Fi网络覆盖全小区。在智慧社区和社会服务方面。通知提出，推广使用智能化建筑技术。全面推行三网融合，实现小区无线网络（Wi-Fi）全覆盖。使用智能人脸识别系统。将健身馆、图书馆、咖啡厅作为小区的标准配置，为小区居民的学习、健身、交流营造良好氛围。[1]

（8）意见反馈

2017年8月14日，北京市住建委公布了此次公开征求意见的情况反馈：截至8月10日6时整，针对《办法》共收到2730条反馈意见，其中邮件2694封、传真36件；针对《导则》共收到58条反馈意见。总体来看，社会各界对北京市共有产权制度和建设导则表示支持和赞同，认为这是北京市完善符合首都特色的基本住房制度和房地产健康运行长效机制的重要举措。群众提出的意见主要集中在单身申请年龄、离婚限制年限、住房转出记录、东西城房源以及能否落户、入学等方面。逐条回复如下：

---

[1] 北京明确共有产权住房规划设计标准[J]. 城市规划通讯，2017（16）：8-9.

①关于单身申请年龄。有群众反映30岁年龄限制过高,但也有群众赞成,认为共有产权住房应优先保障家庭结构稳定且人口较多的家庭。不满30周岁单身家庭可"先租后买",形成梯度消费。据此,下一步,我们将制定支持政策,引导单身青年通过租房方式解决住房困难问题,实现有效衔接。

②关于离婚、有住房转出记录人员限制申请。对于离婚人员申请问题,北京市住建委已在《办法》中明确,仅限制"有住房家庭夫妻离异后单独提出申请"的情形,对离婚前家庭成员无住房或再婚家庭,不受此限制。也就是说,离婚前家庭如果没有住房,那么自然就是一直没有购买过住房。而离异后再婚,那么也是正常的离异和再婚,而非假离婚来购房。再婚家庭如果符合条件,也可以申请共有产权住房。对于要求无住房转出记录,目的是聚焦无房刚需家庭首次购房需求,符合回归自住属性、杜绝投资投机需求。同时,采纳部分群众提出的应将"无住房转出记录"明确为"在本市无住房转出记录"的意见建议,在《办法》中予以修改。

③关于东城、西城的房源。对此,《办法》第五条规定,市住建委在发展新区统筹部分房源用于弥补中心城区房源供应不足。根据第十一条规定,东城、西城区户籍但在项目所在区工作的家庭,与项目所在区户籍家庭享有同等待遇。

④关于能否落户、入学等问题。共有产权住房属于产权类住房,可以按照本市相关规定办理落户、入学等事宜。

上海的试点

《上海市共有产权保障住房供后管理实施细则》于2016年9月30日开始实施。细则解读如下。

(1) 5年后交易价格如何计算

购房人取得房地产权证满5年后交易住房统一执行房源项目市场基准价格。房源项目市场基准价格,由住房保障实施机构委托具有相应资质和良好社会信誉的房地产估价机构评估,参考届时房源项目相邻地段、相近品质商品住房价格等因素,拟订住房基准价格和浮动幅度,报请同级房管部门组织发展改革、财政、地税、规土等部门共同审核,并报住房保障领导小组批准后公布。

各类交易价格计算方法如下：政府指定机构优先购买的，交易双方以房源项目市场基准价格及其浮动幅度为基础，协商确定交易价格；购买政府产权份额的，按房源项目市场基准价格及其浮动幅度计算；上市转让的，按照上市转让价格及其浮动幅度计算，如上市交易价格低于房源项目市场基准价格的，按房源项目市场基准价格及其浮动幅度计算。

（2）违规违约使用如何处置

购房人、同住人应当按照房屋管理有关规定和供后房屋使用管理协议约定使用住房，在取得完全产权前严禁实施擅自转让、赠与、出租、出借共有产权保障住房或者设定除共有产权保障住房购房贷款担保以外的抵押权等行为。

购房人、同住人实施上述行为，违反供后房屋使用管理协议约定的，房屋所在地区住房保障实施机构可以按照协议约定，要求其改正，并追究其违约责任。

购房人、同住人违规使用房屋且逾期未改正的，房屋所在地区住房保障行政管理部门可以责令其腾退住房，并禁止5年内再次申请本市各类保障性住房。同时，对于存在因违规违约使用行为受到处理后又再次实施等严重违规情形的对象，区房管等部门可以将其违规违约行为情况和行政处理决定等信息，纳入市公共信用信息服务平台，供有关主体查询使用。

2016年10月12日，上海市住建委宣布，上海第六批次共有产权保障住房申请受理工作将于第四季度开展。共有产权保障住房准入标准维持不变，继续执行《上海市共有产权保障住房（经济适用住房）准入标准和供应标准》（沪府发〔2014〕53号）及相关配套文件，第六批申请人的年龄、婚姻状况年限和户口年限以2016年12月31日为截止时点前溯计算。

本批次房源主要分布在奉贤南桥东、松江南站与佘山北、嘉定黄渡、浦东惠南民乐、宝山顾村拓展和闵行马桥等基地，并视具体情况进行必要调整和补充。

按照"沪九条"相关要求，相关部门将于2016年第四季度分三个轮次在全市开展共有产权保障住房申请受理工作，全市各个街道（社区）事务受理中心将陆续启动申请受理。第一轮次于10月中旬启动申请受理，包括虹口、杨浦、长宁、松江、青浦和崇明；第二轮次于10月下旬启动，包括徐汇、静安、宝山、闵行、奉贤和金山；第三轮次于 11 月上中旬启动，包括黄浦、普陀、浦东和嘉定，12 月底各区申请受理工作结束。

在受理结束后，将对申请人的相关材料进行审核，并根据市统筹房源建设情况，力争 2017 年三季度确定房源价格。房源定价工作将按照新颁布的《共有产权保障住房价格管理办法》（沪发改价督〔2016〕004 号）规定，并考虑土地成本上涨、近期市场价格上涨等因素，更加合理地确定第六批共有产权保障住房的销售基准价格和购房人产权份额，预计本批次供应房源价格较 2014 年批次将有一定幅度上涨。计划明年年底陆续启动使用市统筹房源各区的摇号、选房供应，郊区根据受理户数和自筹房源情况可先行启动轮候供应。

2016 年 10 月 14 日晚间，上海市住建委等部门公布《上海市共有产权保障住房供后管理实施细则》。上海市住建委的相关负责人介绍，上海自 2010 年开展试点工作以来，预计到第五批次结束，历年累计签约的家庭将达 9 万余户。

政策分析

一、政策背景

很多年轻人都将北上广作为自己梦想开始的地方，年轻时怀着一腔热情到此闯荡，希望能够做出一番事业。北京是中国的政治中心，拥有深厚的文化底蕴。各种名牌大学、名胜古迹帮助北京吸引了很多人才。但是北京的高房价也让许多年轻人望而生畏，可以说是寸土寸金。高昂的房价始终刺激着人们的内心，一次又一次登上报纸版面的头条。2006 年，北京市平均房价仅为 7877 元每平方米。2016 年，北京市平均房价已经到达 35000 余元每平方米。在这 10 年的时间里，北京房价年年上升，几乎没有停顿和下降。2017 年，中央重申"房子是用来住的，不是用来炒的"之后，北京市人民政府接连出台多项政策，一方面是"限购、限贷、限离"等一系列以"堵"为特点的主要政策，另一方面出台了共有产权住房制度，体现了"疏导"的特点。①共有产权住房并非新名词，在欧美国家及中国香港地区都有大量类似的实践，但在中国内地还是一次新鲜的尝试。② 长期以来，在我国住房供应市场，一头是房地产商开发商提供的商品房，一头是政府提供的政策保障房。这就忽略了中间大部分收入不高，又不能够享受政府政策保障的人群。这种情况下，迫切需要探索新的住房模式，满足这部分人的居住需求。

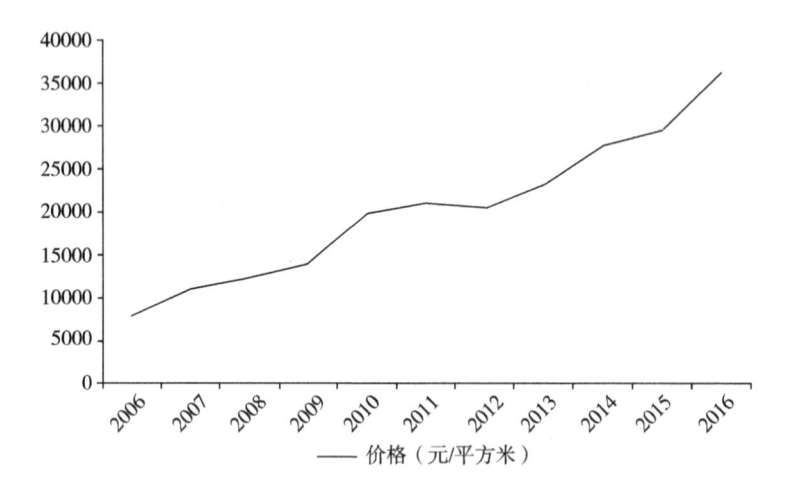

图 11-1　2006—2016 年北京商品房价格

资料来源：中国统计年鉴。

二、政策内容

2006 年 8 月 18 日，共有产权概念在《中国发展国际教育服务贸易优劣势分析及发展对策》的培育和完善教育服务市场体系中提出。建立健全现代教育产权制度是建立教育服务市场体系的关键所在，必须以一个真正意向的学校法人产权为基数，将国有产权、共有产权和个人产权相融合，打造一体的

---

① 尚维，俞骏. 北京市共有产权住房制度主要特点与潜在问题研究 [J]. 住区，2018 (3)：106-110.

② 胡吉亚. 英、美、新共有产权房运作模式及其对我国的有益启示 [J]. 理论探索，2018 (5)：95-102.

教育产权结构。对高校、政府和市场的职能进行清晰界定，由此产生对教育市场主体的激励作用。①

2007年8月，淮安市开始试验，核心内容为中低收入住房困难家庭购房时，可按个人与政府的出资比例，共同拥有房屋产权。其用地由划拨改为出让，将出让土地与划拨土地之间的价差和政府给予经济适用住房的优惠政策显化为政府出资，形成政府产权。

政府在出让土地之初，就在土地价格上做出一定让步，差价则作为政府收购共有产权房的资金。通常，一个楼盘预留5%～10%的共有产权房。与经济适用房相同，购房者存在一定的条件约束。在其购买共有产权房后，仍有各种优惠。按照淮安的做法，购房者在5年内，可以按照原始价格购买政府拥有的产权，5年后按照市场价格购买。5年内政府产权部分不收房租，5年后按照廉租房收取对应产权的租金。共有产权的模式下，购房者拥有其所属产权的全部权利，可以抵押、转卖。

（一）无人抢购

2007年10月，淮安市推出了首批300套共有产权房。这300套住房面向的是自主购房者，而非拆迁安置户。拆迁安置户中的住房困难户，同样可以购买共有产权房。这些房源散落在新新花园、洪福小区和嘉润苑三个小区，每平方米均价为2300元。当时，市场价格约为每平方米2500元。销售结果让制度设计者淮安市房管局局长邵明非常意外，按照当时的设计门槛，人均收入低于400元/月的家庭，可以申购共有产权房。随之出现的一个情况是咨询者众多，但真正申请的却很少。截至当年12月，实际申请家庭仅有70户。

在走访调查后，房管部门发现，即便是共有产权房，低收入者仍然买不起。事实上，按照制度设计，如果是7:3的共有产权房，购房者需要支付的房款，与购买一套普通经济适用房的价格一样。"这个7:3的比例并不是凭空想出来的，而是把经济适用房的价格与普通商品房的价格比较后得出的一个比例。"淮安市随后放低准入门槛，把人均收入放宽到700元/月，实际操作

---

① 陈爱娟，弋敏. 中国教育服务贸易的发展趋势与对策 [J]. 开放教育研究，2006 (6)：38-41.

过程中，甚至放宽到 800 元/月。300 套住房刚刚够，也并未出现普通经济适用房供不应求的局面。

2008 年，淮安继续推出 200 余套共有产权房，门槛继续降低，标准为人均收入 800 元/月，实际上刚好达到"紧平衡"，申请人数稍稍超出房源。第一批共有产权房推出后反应冷淡，其压力很大。在走访调查过程中，有人坦言说，共有产权房不值得炒作，获利空间不大，不如炒商品房。

（二）倒逼得出

这恰好达到了共有产权房设计的目的：挤出弄虚作假的炒房者。"当初搞共有产权房，就是想规避经济适用房的制度漏洞。其最大的漏洞就是土地划拨。这导致了同样属性的商品，在市场上却存在完全不同的两个价格，且相差很大。其暴利空间，足以让君子变小人。这相当于计划经济时期的价格双轨制，必然出现'官倒'，最后的解决办法是什么？就是并轨。放到经济适用房而言，就是土地由划拨改为出让。"

2004 年，上海当时正在考虑让此前的经济适用房统一转性为商品房，此后不再做划拨土地的经济适用房。2005 年，江苏开始出现"租售并举"的经济适用房模式，主要是为了解决拆迁困难户中买不起经济适用房家庭的住房问题。两种模式合而为一，倒逼出了淮安的共有产权房模式。再根据价格比例，倒逼出了 7:3 的共有产权模式。5:5 比例的推出，是为了照顾更为困难的家庭，实际上就是让买不起 7:3 共有产权房的家庭，再按照 5:5 的比例购买。共有产权房模式的核心，即把传统经济适用房中政府的隐性产权显化，以解决经济适用房产权存在的诸多问题和"退出"机制，并以此限制"进入"机制。通过明确产权，让经济适用房价格依据市场调节，解决经济适用房中存在的权力寻租等分配不公的痼疾，其基础是把土地划拨改为出让，在根源上让经济适用房和市场接轨。

这个机制体现了政府资助低收入者的公正和公平，并使部分人从福利制度中及时退出成为可能。这个政策出台的直接原因应该是经济适用房制度的漏洞已经越来越突出，其初衷和功能被遮蔽或者削弱了。

（三）引发争议

共有产权房推出至今，也并非没有争议。数量是最急需解决的一个问题。

区区几百套房子，能多大程度起到保障功能？共有产权房的数量，与普通经济适用房的数量还不在同一个级别之上。当初推出共有产权房的时候，是一个全新事物，是一个试验，因此没有大规模推广，也是在"摸着石头过河"。

另外，在这一模式中，淮安市政府并未拿出真金白银，这一点也成为共有产权房被诟病之处。最为严厉的批评认为，淮安模式涉嫌与民争利，没有把经济适用房政策中的优惠给予购房者，最为明显的一点莫过于以一套经济适用房的价格只能买到70%的房子产权。对于这一点，大多数房地产业内人士并不认同。一个不为人关注的关键问题是，经济适用房其实也是有限产权，政府拥有的产权，只有在购房者退出时才显现，为隐性产权。事实上，在住房和城乡建设部内部，有关共有产权房问题也一直存在很大的争议。一名不愿署名的官员透露，最初反对的意见占上风。现在，经过淮安两年的试验，这一模式正在逐步得到认可。

（四）中央表态①

2014年政府工作报告中提出共有产权住房，成为一种整合了过去政策性产权住房（包括经济适用住房、限价商品住房、自住商品住房等）的新住房供给类型。共有产权住房作为租赁与自有、保障与市场的过渡，能在住房政策中发挥许多作用：一是增加自有住房机会，满足国人拥有住房的愿望；二是补贴成本远远低于公租房，可减轻政府财政压力；三是产权责权明晰，降低了寻租空间；四是不同收入和产权家庭混合居住，有利于社会和谐稳定；五是支持市场增加新建住房产出，促进经济发展。从国外的相关经验来看，共有产权住房作为一种住房提供模式，在政府住房政策支持下的准市场领域和完全市场领域都能够发挥作用。

三、政策效果

2019年6月，北京市已有30余个共有产权住房项目可以进行申购，在3.46万套房源中，有2.57万套房源已经售出，销售率为76%。通过对官方数据的整理，北京市共有产权住房存在诸多问题。一是冷热不均，不同区域申

---

① 庄艳美. 共有产权住房可在"特色小镇"落地［J］. 现代商业银行，2018（4X）：33.

购家庭和房源的比例差距较大。在朝阳区、海淀区等热门区域，申购家庭和房源的比例大概为10∶1，朝阳区最热门的锦安家园项目的申购家庭和房源的比例达到了13∶1，但是在大兴区、顺义区等冷门地区，这一比例小于5∶1。二是弃选率较高。在26万户参与摇号的家庭中，有13万户被通知参加选房。其中，受通勤距离、周边配套设施的影响，只有2.57万户家庭选中了房屋，剩余11万户都放弃了选房。在郊区，家庭对共有产权住房的性价比并不认可。①

结语与思考

以上试点打开了中国"房住不炒"新时代的大门，这些地区的探索给全国其他城市提供了经验。过去，我国房地产价格扭曲，价格极大偏离了价值，由此形成了房地产泡沫。②"房住不炒"政策的出台，标志着我国房地产市场发生重大改变，即将开启一个新的时代。在未来，"房住不炒"政策将会在很长一段时间内成为我们党调节房地产市场的基础性指导思想。这不仅体现了党中央对住房矛盾问题认识的新高度，也体现了我们党敢于创新、勇于变革的品格，更体现了我们党坚持以人民为中心的发展理念。

近日，笔者看到这么一则消息。珠海市计划成立珠海市安居集团，未来5年筹集不少于30000套人才住房，用于妥善解决各类人才安居需求。③被评定的一、二、三类人才则可选择与政府按各占50%的比例，申请购买珠海市共有产权房，分别为160平方米、120平方米、100平方米，连续工作10年后可无偿获赠政府所持有的50%产权。给人才赠送50%房产的做法在全国属于首创，这也从另一个侧面反映出当前房地产价格高涨、买房难、住房难给城市引进人才、留住人才带来的阻碍。我想在不久的将来，更科学、更合理的共有产权模式将会在许多城市生根发芽，为化解城市居民住房难题助力，也会有更多的住房创新模式诞生，实现每一个人的安居梦。

---

① 北京调整共有产权房配售政策：取消不合理的准入条件［EB/OL］. 环球网,（2019 - 05 - 22）.

② 张开, 王声啸, 王腾, 等. 习近平新时代中国特色社会主义经济思想研究［J］. 政治经济学评论, 2020, 11（3）: 4 - 34.

③ 陈昱帆. 广东省城乡住房建设历程与住房保障制度研究［D］. 广州: 华南理工大学, 2018.

第二十八则　租售并举长效剂

题记："一花独放不是春，百花齐放春满园。"党的十九大以后，住房市场翻新篇，租售并举扭乾坤，许多人因此而欢呼，体会到这一政策带来的好处。本篇主要讲述毛毛上学的故事，就见证了租售同权的惠民之处。"常怀感恩之心，常念相助之人。"党和政府时刻不忘初心，一心为民，人民也会感谢你，会更加支持你。在这样的和谐社会下，我们伟大的社会主义事业会建设得更加美好！

租房也能入学

毛毛的爸爸下班以后，带回来许多好吃的东西给毛毛。刚一进屋，他抱起毛毛就亲。这一动作，毛毛很熟悉，肯定是爸爸遇到什么高兴的事了。

果不其然，毛毛的爸爸开心地对毛毛说："小宝贝，你可以在北京上公立小学了，咱不用去上私立学校了，爸爸省下的这些钱，以后都给你买书和玩具。"

毛毛虽然没有听懂爸爸的话，但听到玩具，两只眼睛瞪得大大的，抱住爸爸的脸就亲了一口。这一刻，父女俩是那么的开心。

说起毛毛上学的事，以前可把毛毛的爸爸愁坏了。毛毛的爸爸、妈妈都是北京名牌大学毕业的，毛毛的爸爸在一家国企工作，毛毛的妈妈在一个杂志社做编辑，两人都是体制内的工作，收入不算太高。加上他们俩毕业那时，北京的房价已经涨到四五万元一平方米了，他们俩的收入根本不够付首付。就这样，结婚这么多年，他们一直租房生活。

当同事们都在谈论学区房的事时，毛毛的爸爸就暗自伤心，因为没有房子，即便有了北京户口，也不能让孩子上公立小学。因此许多家长竭尽全力地为孩子买学区房，如此一来就形成了恶性循环，天价学区房不断刷新纪录。

到了 2017 年，毛毛已经 5 岁了，毛毛的爸爸越来越着急，托人打听了附近的民办学校、私立学校甚至国际学校，这些学校不仅学费高，还不好进。那段时间，毛毛的爸爸非常焦急。

到了年底，毛毛的爸爸忽然发现一则消息，上面说中央要求建立租售同权的住房体制。毛毛的爸爸敏感地感觉到机会来了。从此以后，他每天都关注北京市教委的网站、周边学校的网站及相关政策消息。

到了2018年4月份，北京市的政策落地了，毛毛的爸爸符合这一条件，于是就有了前面的一幕。下面，就让我们来清楚地了解一下北京的相关政策吧。

2018年4月，北京市发布《关于2018年义务教育阶段入学工作的意见》，提出2018年，北京市义务教育继续坚持稳中求进、稳中求严的方针政策。"稳"意味着政策的连续性和稳定性，和往年一样，坚持免试就近入学，在入学年龄、方式等方面保持政策不变。"进"字体现了入学政策的进一步完善，孩子将会有更多的机会享受优质教育。"严"字表现了监管力度之大，群众反映的问题将会积极得到解决，违规行为将会得到精准整治。①

1. 稳妥实施北京市户籍无房家庭在租住地入学办法

北京市首次在小学入学政策中规定，本市户籍无房家庭，长期在非户籍所在区工作、居住，符合在同一区连续单独承租并实际居住3年以上且在住房租赁监管平台登记备案、夫妻一方在该区合法稳定就业3年以上等条件的，其适龄子女可在该区接受义务教育。具体办法由各区人民政府结合实际情况制定。部门联动审核本市户籍无房家庭、合法稳定就业、实际居住等入学资格条件。依托北京市住房租赁监管平台核验本市户籍无房家庭住房租赁登记备案信息，租赁信息核验自5月7日与入学信息采集工作同步启动。

2. 稳妥推进单校划片和多校划片相结合的入学方式

经过上一年的探索和实践，2018年北京市将继续推进单校划片和多校划片相结合的入学方式。单校划片的对象为户口和房产符合条件，且居住年限符合相关规定的居民子女。不符合单校划片条件的，实行多校划片。各地区根据学校实际情况制定具体细则。

---

① 柴如瑾. 京户无房家庭可在租住地入学[N]. 光明日报, 2018-04-26.

3. 优先保障残疾儿童少年就近入学

根据党的十九大精神，要办好北京市特殊教育。北京市第一次在文件中指出要优先保证符合条件的残疾儿童在离家相对就近的学校上学。

4. 非本市户籍适龄儿童少年入学政策保持稳定

非北京市户籍的适龄儿童要上学必须有5个证明，即在京务工就业证明、在京实际住所居住证明、全家户口簿、北京市居住证（或有效期内居住登记卡）和户籍地无监护条件证明。各地区政府结合本区实际情况制定审核细则，建立5个北京市联合审核机制。[①]

在以上政策的保障下，毛毛爸爸多年的忧虑消除了，他目前正在整理相关证明，准备给心爱的女儿报名附近的公立学校。大家看到这一幕，心里也由衷地舒坦起来。我们也希望这种政策让更多的家庭受益，圆每一个儿童的就近入学梦。

破冰之旅

租售并举，精髓就是落实决策层对于住房的定位——房子是用来住的，不是用来炒的，[②] 即通过补位长期瘸腿的住房租赁市场，改变一直以来"重交易、轻租赁"的市场状态，打造商品房交易和租赁市场并列的多元化住房体系。

这一政策是在此前房地产调控15年中决策层从未动用过的"全新"想法，将对我国的房地产市场带来巨大影响。各方消息显示，将"租售并举"纳入长效机制的决策已基本确定。未来5年，效法新加坡、德国等国家模式，在全国建立并推行租售并举的住房制度已经几无悬念。毫无疑问，"租售并举"制度的确立将成为中国房地产发展史上的一个里程碑。或者说，租售并举意味着我国住房市场真正的制度"拐点"即将到来。

之所以说租售并举是大势所趋，主要有三条理由：第一，与此前多轮调控不同的是，"租售并举"政策的推进是一次自上而下的部署，而非放权地方

---

① 刘冕. 京籍无房户可在租住区入学 [N]. 北京日报, 2018-04-26.
② 易宪容, 郑丽雅. 中国住房租赁市场持续发展的重大理论问题 [J]. 探索与争鸣, 2019 (2)：117-130, 144.

的结果。在国家层面,关于规范租赁市场的政策越来越密集,可以说,决策层的力度和决心都非常大。第二,地方积极配合。截至目前,北上广深一线城市的住房租赁政策已全部下发;合肥、无锡、郑州、扬州、济南等多个城市出台了租赁房屋入户口的鼓励政策。第三,高房价倒逼和时代需求。房价高昂让越来越多的人远离买房梦,这一现实形势的逼迫下,租售并举是不得已而为之。此外,租售并举也有顺应时代需求的一面。数据显示,目前,中国7亿多城镇居民中有20%长期租房,热点城市有40%的常住人口长期租房,2.45亿外来人口中有80%租房居住。随着租房需求的上涨,市场也需要提供更多的租赁房源。

"租售并举"并非只停留在"试水"阶段的鼓励政策及土地政策,而应该是一整套分层次、分体系的租赁机制,既能解决土地供应、企业开发等方面的供应端问题,又能解决租赁方式、租房权益等需求端的问题。

政策分析

一、政策背景

通过对中国房地产行业发展过程的回顾,我们可以明确地看到,进入21世纪以来,房地产行业进入了一个发展的黄金时期。[①] 全国房地产的平均价格也在节节上升,2000年我国房地产行业的平均价格仅为2000元/平方米。根据国家统计局统计年鉴数据,2018年国内商品房销售均价约为8736元/平方米,同比增长10.7%,是自2010年以来最大的同比增幅,创18年来之最。[②] 这一价格已经远远超过了许多城市白领的收入水平。许多人奋斗了很多年也难以买到一套属于自己的房子。对于刚刚毕业的大学生来说,如果要买房的话,自己父母半生的积蓄会花掉一大半,甚至全部花掉。中国人如此热衷于买房,一方面是因为中国人有着安土重迁的思想,将房子作为财产的象征,[③]

---

① 财政部财政科学研究所课题组,赵全厚. "十三五"时期我国财政金融领域面临的主要风险 [J]. 经济研究参考,2015 (9):12-29.
② 数据来源:国家统计局官方网站。
③ 周利. 高房价、资产负债表效应与城镇居民消费 [J]. 经济科学,2018 (6):69-80.

另一方面是因为在中国社会的长期发展中，房地产已经和城市福利相挂钩，只有拥有房产，才能够享受到教育、医疗等资源。在不少城市，拥有房产之后，甚至可以直接落户，这就让房子成了一种稀缺产品。过高的房价直接影响了人民群众对美好生活的追求，这个问题迫切需要中央解决。

二、政策内容

2016年6月，国务院发布了《关于加快培育和发展住房租赁市场的若干意见》，这是国务院强力推动建立租售并举住房长效机制的指导性文件。

党的十九大开幕式上，国家最高领导人在大会报告中针对房地产市场做出最新指示：坚持"房子是用来住的、不是用来炒的"的定位，加快建立多主体供给、多渠道保障、租购并举的住房制度，让全体人民住有所居。

2017年1月，广东省人民政府印发《关于加快培育和发展住房租赁市场的实施意见》，鼓励发展房屋租赁。

2017年5月，住建部就《住房租赁和销售管理条例（征求意见稿）》公开征求意见。

2017年7月，广州明确将"租售同权"纳入楼市调控体系。随后，住建部等9部门联合印发《关于在人口净流入的大中城市加快发展住房租赁市场的通知》，并选取了广州、深圳、南京、杭州、厦门、武汉、成都、沈阳、合肥、郑州、佛山、肇庆等12个城市作为首批试点开展住房租赁。

2017年8月28日，国土资源部会同住房城乡建设部公布第一批在北京、上海、沈阳、南京、杭州、合肥、厦门、郑州、武汉、广州、佛山、肇庆、成都等13个城市开展利用集体建设用地建设租赁住房试点。

本轮政策从中央到地方轮番出台，中央出台政策之密集、地方落地细则跟进之迅速，也反映并有效向市场传达出政府推动租赁市场发展的决心。短期内，在已发布的政策中，最具影响力的有两个：一是增加土地供应，二是租售同权。

2018年1月6日，曾经严控商住的上海市也正式实施商改住政策。三栋商住楼正式调整为租赁型住宅，从土地属性上进行根本性的调整。在上海市，只要签订土地补充出让合同，商用住房转变为租赁住房之后，土地的使用年限和容积率不会发生改变。同时，还可按照租赁住房的审批要求，进行规划和建设。住房租赁合同登记备案也可以进行办理，[①] 可以享受城市租售同权的教育配套。同时，国家也出台了利用集体建设用地建设租赁住房的政策。以上两方面举措，从租赁用地的价格和规模上都向市场传达了鲜明的预期，对市场形成了一定的震慑作用。而租售同权的核心是租房者与购房者能"享受同等的公共服务权利"，更给予了部分刚需者较强的期待。

然而，一方面，核心城市是否能够长期坚持执行租赁用地供应和长期让利，尚待观察；另一方面，由于城市公共资源有限和分布不均，所有的租售同权政策都有较高门槛，如广州规定政策对象仅为"具有本市户籍的适龄少年儿童、人才绿卡持有人子女等政策性照顾借读生、符合市及所在区积分入学安排学位条件的来穗人员随迁子女"等，加之执行落地难度大，租售实际很难同权。

最后，对于购房者来说，受中国传统观念的深刻影响，且考虑到资产的保值增值功能，虽然租售并举政策能在一定程度上削减买房的紧迫性，但实际效果可能是给城市储备大量潜在的购房者。租赁市场可能由今起步快速发展，短期内部分需求会减缓入市，但住房市场的需求基础仍然存在，只是房价涨幅将更趋向平缓，且实际效果将取决于后续政策的持续性和力度。政策对一二三线城市会产生不同影响。一线、环一线和热点二线城市租赁市场将会有较好发展机会，而普通二线和三、四线城市预计受益较小。

三、政策效果

根据党的十九大报告对住房租赁的指导精神，各地两会纷纷聚焦"住房租赁市场"和"租购并举"，这两个词也成为各地政府工作报告中的高频关键词。

各地政府工作报告纷纷提出要扩大租赁房源，优化供应结构成。北京市提出要推动集体建设用地建设租赁住房，建设共有产权住房和商品住房近900

---

① 王栋，赵薇薇．购租并举——上海市培育和发展住房租赁市场政策简析［J］．检察风云，2017（24）：11-13．

万平方米。上海市计划新增各类租房和保障性住房接近35万套。南京市提出要在人才就业集中的区域，提供100万平方米租赁房源。在福建省，福州市的新增租赁住房和共有产权住房，当年要开工和新增供应5000套；厦门则要新开工1万余套，新增供应8000套。关于公租房，各地政府也提出了相关政策，河北省当年要新开工建设23万套公租房，湖北省则是24万套。

各地政府为保障租赁房源，纷纷出台相关政策。一是要加速供应租赁土地。2017年起，北京将在5年内供应1000公顷集体土地，用于建设集体租赁住房，平均每年供地任务量约200公顷。① 二是鼓励租赁企业规模化、专业化发展。广州市明确指出，各市必须建成一家国有住房租赁企业。三是出台相关配套细则。广州市教育部门明确指出学位要和住房挂钩，而不是和人挂钩。无论是租房还是购房都享受一样的权利。目前，我国租赁人口已接近2亿人，但相对于总人口的比例还较低，拥有很大的提升空间，租赁市场潜力无限。②

结语与思考

改革开放40年来，特别是"房改"20年来，中国住房产业发展迅速，③城镇常住居民人均住房面积达到36.6平方米，超过发达国家的平均水平，不仅迎合了快速城市化期间每年新增2000万左右城镇人口的居住需求，而且极大地改善了计划经济时期受"短缺经济"约束的住房需求，④ 城市面貌和公共服务也因为房地产发展而大为改观。但是，近几年来，房地产却逐步偏离居住和民生属性，演变为资产和金融属性。⑤ 以上局面，如果不及时纠正，会对我国经济、社会发展造成严重危害。因此，在这种背景下，党中央高度重

---

① 数据来源：北京市规划国土委、北京市住建委联合印发《关于进一步加强利用集体土地建设租赁住房工作的有关意见》。
② 郑钧天，董建国. "四梁八柱"正在搭建"租售并举"格局加速形成 [J]. 金融世界，2018 (3)：40-41.
③ 李正图，杨维刚，马立政. 中国城镇住房制度改革四十年 [J]. 经济理论与经济管理，2018 (12)：5-23.
④ 王宇锋. 改革开放四十年我国城市住房制度体系：演变逻辑与展望 [J]. 江西财经大学学报，2019 (3)：30-39.
⑤ 张道航. 住房缘何与民生渐行渐远——兼论房地产业回归民生的路径及对策 [J]. 中共天津市委党校学报，2010，12 (4)：70-74.

视这种现象。尤其是党的十八大以来，在加强房地产调控的同时，房地产长效机制建设、住房制度改革全面起步。在2016年中央经济工作会议中，习近平总书记首次提出"房子是用来住的、不是用来炒的"，明确了我国住房新定位，成为住房改革及住房长效机制建设的总纲领。在党的十九大报告中，习近平总书记再次强调"加快建立多主体供给、多渠道保障、租购并举的住房制度"，彰显了让住房回归"居住属性"、实现百姓"宜居梦"的改革导向，也明确了推进住房制度改革的目标，即包括外来人口等新市民在内，要让全体人民住有所居。①

由此可见，党和人民始终心连心，人民遇到的各种问题，党和政府都记在心中，急人民之所急、忧人民之所忧。② 租售同权、租售并举等住房政策就是见证以上的一例。同时，我们不否认问题，我们发展的过程中存在许多困难甚至顽疾，但我们始终不忘初心，继续前行，相信我们社会主义的伟大事业必定会更加美好！

---

① 王栋，赵薇薇. 购租并举——上海市培育和发展住房租赁市场政策简析 [J]. 检察风云，2017 (24)：11 – 13.

② 李生. 人民立场是党的根本政治立场 [J]. 人民论坛，2017 (28)：104 – 105.

第二十九则　雄安新区展宏图

题记：21世纪初，中国经济在世界舞台中崭露头角，并发挥着越来越重要的作用。其中，中国经济最火爆的便是地产行业，上车的人（买了多套房的人）在狂欢庆祝，享受房价暴涨带来的资产增值，没上车的人（没有房的人）在迷惘等待，在房价暴涨的这趟列车上，他们或许永远也上不了车。下文的小马，作为一个高材生，北漂多年以后不得不重回家乡，大城市的美梦暂停了。但命运就是这么神奇，或许他能在雄安新区的崛起中实现他的城市梦。由此，笔者想起了狄更斯的一句名言：这是一个最好的时代，也是一个最坏的时代。但我们只要坚持以人为本，必将迎接一个光明的时代。

一代人的苦恼

马超是河北省雄县的一个农家孩子，在家里排行第二，还有一个姐姐已经嫁人，在当地过得还算平稳。说起雄县，估计没有多少人了解，但2017年4月1日，当人们欢度愚人节时，一个爆炸性新闻在全国传开：中共中央、国务院印发通知，决定设立河北雄安新区，这是继深圳经济特区和上海浦东新区之后又一具有全国意义的新区，其中雄县就是雄安新区的重要组成部分，另外两个部分是安新县和容城县。那么，就让我们从雄县和马超的故事来看看雄安新区的由来及发展定位。

先说雄县。雄县是隶属于河北省保定市的一个县级市，2017年4月1日后由雄安新区托管，不再由保定市管辖。雄安地处冀中平原，北距北京五环100千米，东距天津外环100千米，西距保定城区约40千米，处于京津保三角核心区，地理位置较为优越。雄县县城面积并不大，县域面积约524平方千米，辖6镇3乡223个行政村，2016年末人口39.4万人，其中：城镇人口

17.9万人，城镇化率为47.82%。① 在经济方面，雄县表现一般。以"十二五"末数据为例，2015年雄县地区生产总值完成94.39亿元，比上年增长5.9%。人均生产总值为25564元，比上年增长3.9%。②

从全国范围来看，雄县绝对是一个并不起眼的县城，无法跟珠三角、长三角的百强县比，也无法跟中部省份的部分县城相比。那到底是什么原因，让中央看中这样一个地方，将雄安新区定为千年大计、国之大事呢？我们从小马的个人情况可窥见一斑。

小马在家中绝对是个好孩子，2005年他考上了天津的一所大学。那时，小马还挺自豪的，因为全村的孩子很少有上到高中的，大部分九年义务教育结束以后都外出打工了，赚了几年钱回家娶媳妇生娃，继续种地。小马不甘心这样世代循环，想通过读书改变家族的命运。大学四年，小马学习认真刻苦，是老师和同学眼中的好孩子，大家都对他寄予了很高期望。

到了2009年，小马毕业了。但是，时运不济，那年正好赶上了全球金融危机，大学生就业难开始出现了。小马学习的专业也不具有很强的技术性，有些单位做销售的都是中专生，这些单位小马也看不上。最后，经过海投简历，小马终于在北京一家外贸公司找到了工作，一开始的薪水是3500元，基本上算收支平衡吧。每月1000多元的房租（还是和别人合租的），生活费1000元，还要给父母寄1000元。因为小马的父亲患有风湿病，常年需要药物治疗，父母都是地道的农民，种田那点钱仅够糊口。

干了三年，小马又去了一家电子商务公司，每月的基本工资有1万多元，扣除五险一金及税费后，到手的大约有6500元。虽然工资涨了，但小马的日子并没有好转，北京的房租也涨得飞快，即便合租也得1500～2000元，生活费每月1000元也不够了，需要1500～2000元，寄给父母的钱也涨到了1500元，最可怕的是同学、朋友结婚还要随份子钱，而且这些份子钱每次都500元左右，不然拿不出手，影响同学之间的友谊。

又过了3年，小马实在在北京扛不下去了，这几年攒了不到10万块钱，

---

① 数据来源：雄县政府信息公开专栏。
② 数据来源：雄县2015年国民经济和社会发展情况统计公报。

而北京的房价一直不停地上涨。小马感觉这个城市不属于自己，他想放弃这种生活方式。现在，他的发小在老家已经住上了农民别墅，有的还开上了汽车，基本上家家户户都已经抱上两个娃，生活得很滋润。而他自己呢，在北京没户口，没房子，没有女朋友，他的这种境况也不会有女孩愿意跟他。而且，父母年龄大了，在老家也需要人照顾，年年过年父母操心的就是他的婚事。现在他已经而立之年了，在这座城市奋斗这么多年也看不到希望，所以他打算放弃了。

2015年春节，小马背上行李回到了老家，看到儿时的故乡，变化很大，基本上每家每户都盖上了别墅，只有他们家还是十几年前的老砖房，显得有些矮小和破败。乡音已改，但乡情没变，回到家里，儿时的发小便来看望小马，他们非常高兴小马能回家一块发展。当天发小们请小马吃家乡饭、喝家乡酒，这天晚上小马喝了很多，他的心里是痛苦的，他感觉自己选择错了，读了无用书，害父母过得这么惨。

小马的故事是悲惨的，但是真实的，类似小马的故事还有很多。回首过去十年，城市的快速发展，房地产"绑架"了中国经济，地产商、炒房者等既得利益者牢牢控制着大城市资源，尤其是住房市场，沦为了资本的炒作对象，已经脱离了居住的本质，而且这种局面已经无法通过正常手段来调节。平民百姓家的孩子无法再进入大城市，在城市温馨地生活、就业，房子、户口、社保成为压在他们头上的"三座大山"。

这种现象，我们英明的政府和伟大的党注意到了，他们想消除这种现象，准备探索和建立一套社会主义住房市场发展新模式，实现"大庇天下寒士俱欢颜"的宏伟愿景，于是雄安新区诞生了！

明日中国看雄安

首先，我们必须清楚，雄安新区的长远规划并不是要成为中国经济发展的第三极。雄安新区不像深圳，身边缺乏香港这样的"超级联系人"；也不像上海，非万里大河的出海口。它前不着村后不着店，自然地理条件远不如深圳和上海浦东，将它造就成一个地区生产总值超万亿元的超级城市，难度很大。但是，在这个发展基础不好的小县城建设特区，其中一个重要的目的就是要转变城市发展理念，扭转房产价值导向，实现"房住不炒"新时代，保障中国每一位公民自由发展。

在当前的城市病、房产热的背景下，中央对雄安新区寄予了非常大的期待，定位为"千年大计、国家大事"，用词极为罕见。在中国几大战略中，京津冀协同发展、长江经济带，甚至天字号工程"一带一路"，官方也只是说百年大计，雄安新区的规格之高可见一斑。这体现了中央政府对当前发展模式的反思，对城市建设的新探索，对房地产炒作的不满，以及对无房百姓的关心和关切。

结合当前中央政策及雄安新区的规划理念，雄安新区在以下几方面可能有所创新。

一、打造中国第一个租城

过去20多年了，房地产一直火爆，与地方政府脱不了干系。纵观过去几十年的城市史，地方政府经常像挤牙膏一样供应土地，造成物以稀为贵，地方政府一直是土地一级市场的垄断者。这种模式有利有弊。好处是政府可以收割一大笔土地出让金，手里有了钱，可以反哺城市基建；坏处是间接推高了房价，造成全民炒房，脱实向虚。

初步设想如下：一是来了就是雄安人，政府提供租赁住房，包你有房住，而且租购同权；二是如果想买房，那你要工作时间长、贡献大，攒够一定积分才能下单；三是买房后房子半冻结，必须持有20年以后才可出售；四是出售的时候政府有优先购买权。

二、建设中国第一个公民社会

推进社会治理现代化，是一项极为复杂、艰巨的系统工程。过往中国底层的种种矛盾，很大程度上都是源于上下良性互动的长期滞后。在这方面，雄安犹如一张白纸，没有历史包袱，更容易化繁为简，闯出一条新路。

首先，当前雄安新区核心所辖人口尚不到10万人。根据规划，雄安新区远期将承载200万至250万人口。这个体量放在全国来看也是一个"小"城市，可操作性很强。而且雄安新区主要承接北京的非首都功能，未来会有行政事业单位、企业总部、金融机构、高等院校等迁移过来，加上其他配套环节，流入的人口主要是素质相对较高的青壮年。

其次，雄安是继上海浦东、深圳之后又一处具有全国意义的新区，至少是副省级，地方立法权充足，又是千年大计，自主权有可能更大。

最后，正如前文所说，雄安新区的住房制度让居民"来了就是雄安人"，向心力比较强。

三、全球第一个聪明城市

从2017年开始，国内互联网大鳄纷纷布局雄安新区。马云把阿里应用最广的云计算、物联网带到了雄安，李彦宏把他最得意的无人驾驶车辆开到了雄安，马化腾则拿出了大数据、金融云、区块链。

未来的雄安必然是一座聪明的城市。想象一下这样的场景：出门前先在手机上下个单，无人驾驶汽车就来到了家门口等候；进超市买东西，刷下脸就支付了；开车出商场车库，抬杆就走。城市的"神经网络"能够自主思考、学习和成长，并通过物联网系统（比如安装在全市每个角落、可人脸识别的摄像头）将人与城连接在一起，由城市的"智脑"来调配人的需求，从此告别拥堵、排队、短缺。未来，它很有可能会是中国第一个无人驾驶城市，中国第一个告别手机的城市，中国第一个数字城市……

按照中央的定位，雄安新区要建设成为创新驱动发展引领区。外界普遍认为，雄安新区有可能会成为硅谷一类的存在，在人工智能、生物科学、节能环保设备等高精尖领域有所突破。由此，它会早早遇到更多类似无人驾驶事故的难题。来之，论之，修之，解决之。作为技术的试验区，雄安或许会颠覆很多传统观念。

政策分析

一、政策背景

在华北地区，各省区市内部发展极不平衡，北京、天津发展水平较高，而河北、山西等省份发展滞后，① 京津冀的协同发展水平远低于长三角和珠三角，而中国南方经济也强于中国北方经济。随着新一轮改革开放的全面推进，党和国家需要出台一系列政策来使得京津冀的联系更加密切，促进华北地区的均衡发展，重振北方经济，使得中国南北方经济的发展更加均衡。另一方面，2017年，北京市人口已达到了2100多万人。由于人口过多，北京深陷交通拥堵、环境恶化、房价高涨和资源超负荷等"大城市病"。② 作为首都，北京不仅是我国的政治中心，还是我国的经济中心和文化中心，存在着大量的教育资源、文化资源和医疗资源；北京不仅是我国各部委部门所在地，也是各大型企业总部所在地，吸引了大量人口及产业。习近平总书记多次强调，疏解北京的非首都功能是推动京津冀协调发展的关键。河北省雄县、容城和安新三个县距离北京、天津100千米左右，三者正好构成一个正三角形，既能够独立发展，恰到好处地承接北京的非首都职能，又能够与北京保持紧密联系，增强新区的吸引力。因此，党中央决定在此设立雄安新区，具有较强的资源禀赋优势。

二、政策内容

2017年4月1日，中共中央、国务院发布通知，决定在河北设立雄安新区，与深圳特区、上海浦东新区级别相同，是第三个具有全国意义的新区。雄安新区的规划范围包括河北雄县、容城、安新三县及周边地区。雄安新区起步面积约100平方千米，中期面积200平方千米，远期控制面积可达2000平方千米。

2017年4月26日，在雄安新区首场新闻发布会上，雄安新区启动区域30平方千米，设计规划面向全球进行招标。

2017年8月，北京市人民政府和河北省人民政府共同签署《关于共同推进河北雄安新区规划建设战略合作协议》。《协议》重点突出了三个方面的内容：一是要展开全方位合作，河北省在科技创新、交通、生态、产业等方面

---

① 许锋. 雄安新区的城市职能定位与发展路径思考 [J]. 城市发展研究，2018，25 (9)：1−8.
② 武义青，柳天恩. 雄安新区精准承接北京非首都功能疏解的思考 [J]. 西部论坛，2017，27 (5)：64−69.

大力支持雄安新区建设；二是对接雄安新区的功能定位，支持雄安新区建设北京非首都功能疏散集中承载地，积极推动优质教育资源、医疗卫生资源向雄安新区转移，提高雄安新区的承载能力；三是注重实效，在重点领域打造一批有共识、看得准、能见效的合作项目。

2017年10月，原国家工商行政管理总局发布《关于支持河北雄安新区规划建设的若干意见》（工商综字〔2017〕161号），提出了企业商标、企业管理、公司登记注册、广告业发展等方面的11条意见。

2018年4月，中共中央、国务院对《河北雄安新区规划纲要》进行批复。这份纲要是雄安新区建设的基本依据。纲要包括总体要求、空间布局、城市风貌、产业发展、公共服务、交通建设、城市安全等10个方面的内容。

2018年12月，国务院对河北省人民政府、国家发展改革委《河北雄安新区总体规划（2018—2035年）》进行批复。总体规划是对规划纲要的补充、细化和完善，描绘了雄安新区未来发展的蓝图，为雄安新区的建设指明了方向。

2019年1月，中共中央、国务院发布《关于支持河北雄安新区全面深化改革和扩大开放的指导意见》，紧紧抓住北京非首都功能疏解集中承载地这个初心，提出要打造创新雄安、智慧雄安、民生雄安、人才雄安、绿色雄安和开放雄安，并提出了雄安新区建设时间表。

2019年5月，《河北雄安新区启动区控制性详细规划》和《河北雄安新区起步区控制性规划》对外公示，提出了雄安新区的发展定位、建设目标、发展规模、空间结构、蓝绿空间、城市设计、高端高新产业、科技创新、智能城市、公共服务、绿色交通、基础设施、城市安全等方面的发展规划，充分听取社会各界意见和建议。

2019年8月，国务院发布《关于6个新设自由贸易试验区总体方案的通知》，雄安片区属于中国（河北）自由贸易试验区。

2019年10月，党中央、国务院印发《交通强国建设纲要》后，交通运输部确定河北雄安新区入选第一批交通强国建设试点。

2020年5月，雄安新区等46地获批设立跨境电商综合试验区。

三、政策效果

2020年，雄安新区已转入大规模开工建设阶段。在这1770多平方千米的土地上，一幅波澜壮阔的画卷正在缓缓展开。京雄城际铁路雄安站是雄安新区的首个重大交通项目，2020年12月正式开通运营，自此半小时内便可从雄安新区直达北京。雄安新区要顺利地承接北京非首都功能，就必须有高质量的公共服务设施，2019年9月，北京市支持雄安新区建设的"三校一院"（北京市北海幼儿园、史家胡同小学、北京四中、宣武医院），正在按照要求逐步推进。

2019年年底，雄安新区主城区正式起步建设，起步区域面积约198平方千米，未来这里将成为北京高校、企业、医疗机构和科研机构的重要承载区域。在起步区域南北中轴线的最北边，雄安新区绿博园从2020年3月起正式全面开始建设，卡车轰鸣，工人们干劲十足，于2021年6月全面竣工。雄安新区始终坚持"先植树、后建城"的发展理念，从2017年11月栽下第一棵树，现在雄安新区的总造林面积已经达到31万亩，植树1400万棵。截至2020年3月27日，雄安新区共注册企业2184户，其中，有近八成来自北京。①

结语与思考

将"改革"放在第一位的雄安新区，意义不亚于深圳特区，也不亚于上海浦东新区。② 深圳经济特区开创了"筚路蓝缕"的开拓伟业，浦东新区完成了"开路先锋"的开放大业，雄安新区奠定的是我国未来"千年大计"的发展基业。③ 它将中国人民的根本利益和国家兴盛放在首位，它敢于挑战一切，抛弃一切落后的、不符合当前中国观念的制度与规则。

建设雄安新区，是千年大计，是我国在经济发展进入新常态下、改革进

---

① 雄安新区设立三周年巡礼 [EB/OL]. 人民政协网, (2020 – 04 – 01).
② 韩雪. 雄安新区发展功能定位研究 [D]. 北京：中共中央党校, 2019.
③ 孙久文. 雄安新区的意义、价值与规划思路 [J]. 经济学动态, 2017 (7)：6 – 8.

入纵深发展的重大战略性抉择。① 雄安的责任，就是为国家充当第一块社会主义试验田，总结成功经验并复制推广，帮助中国刮骨疗伤。雄安新区的传统产业必须转型升级，实现跨越式发展。②

关注雄安，并不是说它会带来多少投资和就业机会，这不是最重要的。最关键的地方在于，它的一举一动都可能覆盖现有游戏规则，打破陈旧的利益格局。这是创新驱动发展的雄安，是雄安的历史使命和战略定位。③

雄安新区的战略意义已经突破了经济范畴，上升到了更深层次。中国从一个封闭的经济体发展到现在，一路披荆斩棘，卸掉了身上种种枷锁，剩下的都是一些硬骨头，涉及经济体制、社会治理、土地财政、生态环境等。许多顽症牵一发而动全身，几乎无从下手。

雄安，中国人民欢迎你，世界人民也欢迎你！希望你尽快长大，造福中国人民，给全球一个新的城市建设发展理念。

---

① 李兰冰，郭琪，吕程. 雄安新区与京津冀世界级城市群建设 [J]. 南开学报（哲学社会科学版），2017（4）：22-31.
② 覃毅. 雄安新区传统产业的功能定位与转型升级 [J]. 改革，2019（1）：77-86.
③ 武义青，柳天恩，窦丽琛. 建设雄安创新驱动发展引领区的思考 [J]. 经济与管理，2017，31（3）：1-5.

第三十则　双山医院拔地起

题记：2020年年初一场新型冠状病毒引发的肺炎疫情在武汉暴发，短短时间内迅速蔓延至湖北全省及全国大部分主要城市。刹那间，武汉告急、湖北告急、全中国告急，重点疫情地区的医疗资源严重不足，发生医疗挤兑事件。在危急时刻，我们用短短几天就建设了两座现代化的防治疫情的大型医院——火神山医院和雷神山医院，在防治疫情和救助危重病人方面发挥着重要的作用。这得益于我国一项重要的土地制度，即城市土地国有制，在国家安全和重大应急方面，我们能够即刻征收征用，以保障广大人民群众的生命财产安全，这在西方土地私有制的社会中是很难做到的。

雷神山医院拔地而起

小马，今年27岁，在南通建恒建筑劳务有限公司上班，从事建筑工作。2020年春，新冠肺炎疫情暴发，很多人都不敢出门，不敢走亲访友，为了安全起见，只能待在家中。2月5日，小马正在值班。突然间，他接到上级的任务：我们公司要去支援雷神山医院建设。收到任务后，他第一时间报了名并与同事小蔡一同前往武汉，参加雷神山医院水电、管道、桥架的安装施工。那时还是下午5点，公司要求晚上10点就要动身。在这短短的5个小时内，小马抓紧时间赶回家，来不及和家人道别，匆匆忙忙拿了几件换洗的衣服就赶往车站。经过一夜的辗转，6日早晨7点，他抵达雷神山医院施工现场，没有休息就匆忙开始施工了。小马是家里的独子，为了不让爸爸妈妈担心，他只给父母报了平安，没敢告诉他们自己去了雷神山医院。一直到回家后请求隔离14天，家人才知道他去武汉了。原本，小马的工作是进行水电、管道和桥架的安装施工，但是，在工地上，只要他们能帮上忙，一招呼，他们就立刻跟着，虽然工种不同，但仍然尽最大努力帮个忙、搭把手。为确保工程进度，雷神山医院的工人们实行24小时轮班施工。如此高强度的工作，让小马每天只能睡 6 个小时，即使不算宿舍到工地的往返时间，基本上他每天都要工作超过 12 个小时。即使到了饭点，他也只是随便地扒几口饭，然后转过身去，重新投入工作。小马说："有时候累得眼皮真的撑不住了，就眯着眼睛，地上太湿了，就躺在布袋上小憩一会儿。"由于要把物料运到工地的各个地方，小马每天都要走很远很远的路，所以他的脚上都会有水泡，但不久水泡就被磨破了，变成了茧子，小马回忆起这段经历时总是说："走路多，脚底出汗，鞋袜都湿了，脚都泡成白色了，晚上洗脚袜子都脱不下来。"小马是家里的独子，怕爸妈担心，在元宵节只给家里打了个电话，但没有详细说援建武汉的事。2 月 13 日晚上 11 点，小马和同事们终于回到了他们所在的城市，结束了为期 8 天的援建任务，进入了预先安排好的隔离点，进行 14 天的隔离。

小马是参加雷神山医院建设队伍中最普通的一位成员，他参与援建的雷神山医院在短时间内拔地而起。他的朋友圈里清清楚楚地记录着雷神山医院从无到有的点点滴滴，他目睹了中国速度、中国力量和中国精神，党和政府为保障人民的安全不惜一切代价，使他感到无比的骄傲。当回忆起这段经历时，他说，如果再让他做一次选择，他还是会义无反顾地前往雷神山医院。

方舱医院迅速生长

2020 年 2 月 3 日，武汉市开始建设首家方舱医院，收治患者以解决武汉市医疗资源严重不足的问题。武汉市原本计划修建 60 座方舱医院，但最终只有 14 座医院投入使用。到 2 月 27 日，方舱医院已经出现了"床等人"的现象，以往"一床难求"的局面得到了彻底的改善。到 3 月 10 日，武汉市的 14 座方舱医院全部休舱。据统计，在这一个月的时间内，武汉方舱医院共收治新冠肺炎疫情轻症患者 12000 余名，是名副其实的"生命之舱"。

"方舱医院"是机动医疗场所，具有紧急救治、外科处置、临床检验等多种功能。在 2008 年汶川地震中，中国人民解放军的野战"方舱医院"第一次投入使用。2019 年国庆 70 周年阅兵仪式上，"方舱医院"还被列入抢修抢救方队，接受祖国和人民的检阅。

首次提出要建立"方舱医院"的是曾在"非典"时期担任北京医疗专家组组长的王辰。他来到武汉调研，发现武汉各个医院的床位早已满员，但仍有大量患者已经确诊，由于床位紧缺而无法得到应有的治疗，存在着疫情扩散的风险。尽管武汉已经修建了雷神山医院和火神山医院，但是增加的床位数量远远赶不上确诊人数增加的速度。只有修建"方舱医院"，才能做到对确诊患者"应收尽收"，让他们避免与家人和社会接触，以防造成新的感染。

在武汉国际会展中心、武汉客厅、洪山体育馆、江岸区武汉全民健身中心、硚口区武汉体育馆、洪山区石牌岭高级职业中学、汉阳区武汉国际博览中心、江夏区大花山户外运动中心、黄陂区黄陂一中体育馆、东湖高新区光谷科技会展中心、武汉经济技术开发区武汉体育中心等地，各个方舱医院在短短的一两天时间内拔地而起。武汉客厅、会展中心、汉口北方舱医院是武汉卓尔控股有限公司旗下的资产，董事长阎志也是武汉人。在疫情暴发之后，他便组织集团进行采购，以最快的速度购买了大量的医疗物资送到武汉，并在城市需要的时候，义不容辞地捐出了这三个场地用于修建方舱医院。

建设方舱医院的场地，不仅仅有民营企业家免费提供的设施，更多的是国家的大型体育馆、展览馆等公共设施。今后一旦发生类似的重大疫情突发事件，可以对其进行改造建设，快速建造救治和避灾场所。国家发展改革委新闻发言人孟玮表示，今后国家将借鉴此次方舱医院修建的经验，加强对大型体育馆展览馆等公共设施的改造，为应急避难预留发展空间。

政策分析

一、政策背景

我国建立城市土地国有制度，实行城市土地归国家所有，是社会主义制度的自我发展与完善，是在我国社会发展起来的新型城市土地使用制度，既有利于促进经济社会快速发展，也有利于保障人民群众各项利益，有利于巩固社会主义公有制，保障国家的稳定。中华人民共和国刚成立时，我国曾实行过一段时间城市土地有偿使用。三大改造完成后，社会主义制度基本建立了起来，取消了土地有偿使用制度。通过土地划拨的形式，城市土地通过这种形式被无偿使用。中共十一届三中全会以后，由于市场经济体制的逐渐完善，城市土地划拨的弊端慢慢显露出来。土地所有权虚化、土地资源无法得到有效配置等问题日益严重。我国逐渐开始了有偿出让土地使用权形式的试点与探索，在全国人大常委会和国务院的支持下，我国修订了《土地管理法》，从此明确了国家对城市土地的所有权。

二、政策内容

（一）政策沿革

1949年4月25日，中国人民革命军事委员会主席毛泽东和中国人民解放军总司令朱德签署的《中国人民解放军布告》中明确宣布"保护全体人民的生命财产"，并在提出"农村中的封建的土地所有权制度，是不合理的，应当废除"的同时强调"城市的土地房屋，不能和农村土地问题一样处理"。

1949年9月，中国人民政治协商会议第一次全体会议通过了《中国人民政治协商会议共同纲领》，提出："没收官僚资本归人民的国家所有，有步骤地将封建半封建的土地所有制改变为农民的土地所有制，保护国家的公共财产和合作社的财产，保护工人、农民、小资产阶级和民族资产阶级的经济利益及其私有财产，发展新民主主义的人民经济，稳步地变农业国为工业国。"

1955年12月16日中共中央书记处第二办公室提出并由中共中央于1956年1月18日批转的《关于目前城市私有房产基本情况及进行社会主义改造的意见》中，提出了"对私有房产的社会主义改造"政策。其中指出，"对城市房屋私人占有制的社会主义改造，必须同国家的社会主义建设和国家对资本主义工商业的社会主义改造相适应。这是完成城市全面的社会主义改造的一个组成部分。各级城市党委，必须予以重视。"这是目前可以找到的最早的提出将城市私人土地国有化的文件。

改造形式如下：

（1）由国家经租，即由国家进行统一租赁、统一分配使用和修缮维护，并根据不同对象，给房主以合理利润。在此基础上，合理地调整租金，取消一切中间剥削和变相增租的不合理现象。

（2）公私合营。根据各个城市的实际情况，对原有的私营房产公司和某些大的房屋占有者，可以组织统一的公私合营房产公司，进行公私合营。

(3) 工商业者占有的房屋，可以随本行业的公私合营进行社会主义改造。他们出租的，与企业无关的房屋可由国家经租。

(4) 对于除了自住外尚有小量房屋出租的小房主，以及暂时还不能纳入国家经租的其他房主亦须加强管理，使私人房屋出租必须服从国家政策，服从政府关于租金、房屋修缮等的规定。

(5) 一切私人占有的城市空地、街基等地产，经过适当的办法，一律收归国有。

1967年，《国家房管局、财政部税务总局答复关于城镇土地国有化请示提纲的记录》提出："关于土地范围问题，无论什么空地（包括旗地）无论什么人的土地（包括剥削者、劳动人民）都要收归国有。什么叫城镇土地，应按具体情况划分，不宜扩大，像山东淄博这类的城市，如果把三市（张店、淄川、博山）之间的农地也划入城镇土地就不适当了。公社社员在镇上的空闲出租土地，应该收归国有。""任何生产单位都不应当经营土地出租的业务，农业生产队租给城镇居民的土地，如系国有土地，应当收回，如原系生产队粮田或菜田，也应当采用征用的办法收归国有。"中共中央批转的中央书记处工办文件中提出："一切私人占有的城市空地、街基等地产，经过适当办法一律收归国有。"其中，街基等地产应包括在城镇上建有房屋的私有宅基地。

1990年，国家土地管理局发布《国家土地管理局关于城市宅基地所有权、使用权等问题的复函》，对私人所有的城市土地转为国有土地的问题进行了解答，其中指出：我国1982年《宪法》规定城市土地归国家所有后，公民对原属自己所有的城市土地应该自然享有使用权。例如上海市人民政府曾于1984年发布公告，对原属公民所有的土地，经过申报办理土地收归国有的手续，确认其使用权。在城市土地收归国家所有后，国家向原空闲宅基地所有人继续征收的地产税，事实上已属土地使用税性质。作为正式税种，根据国务院发布的《中华人民共和国城镇土地使用税暂行条例》规定，"城镇土地使用税"从1988年开始征收。

（二）关于"双山医院"项目用地的法律依据

火神山医院位于武汉市职工疗养院用地上，其用地性质属于国有划拨医疗卫生用地；雷神山医院选址在军运村北侧，其用地性质为城镇建设用地。根据《中华人民共和国土地管理法实施条例》第二十七条规定："抢险救灾等急需使用土地的，可以先行使用土地。其中，属于临时用地的，灾后应当恢复原状并交还原土地使用者使用，不再办理用地审批手续；属于永久性建设用地的，建设单位应当在灾情结束后6个月内申请补办建设用地审批手续。"因此，该项目用地不论是从法定条件上，还是从土地性质上，武汉市人民政府均有权先行使用土地，无须办理用地审批手续，在疫情结束后再根据实际情况需要另行决策处理用地程序事宜。

同上所述，根据《中华人民共和国建筑法》第八十三条第三款规定："抢险救灾及其他临时性房屋建筑和农民自建低层住宅的建筑活动，不适用本法。"火神山医院先行建设，无须办理工程施工许可及报建手续，在疫情结束后再根据政府对用地性质的另行决策处理报建手续。

三、政策效果

社会主义城市土地公有制有效地保障了人民群众的身体健康和生命安全。在疫情暴发初期，国家能够迅速征用土地，并修建医院，这是西方资本主义国家难以比拟的。在西方资本主义社会中，土地归私人所有，征用土地需要烦琐的手续。"火神山医院"和"雷神山医院"都是参照2003年抗击"非典"疫情防控期间北京小汤山医院模式建设专门集中收治新型冠状病毒感染的肺炎患者的医院。武汉火神山医院用了10天建成，从2020年1月24日到2月2日，仅仅10天的时间，这座可以容纳1000张床位的专用医院就建成了。2020年1月25日下午3点半，武汉市防疫指挥部举行调度会，决定在武汉火神山医院之外，再建一所"小汤山医院"——武汉雷神山医院。2020年2月6日，雷神山医院正式通过武汉市城建和卫健部门的验收，并开始逐步移交。2020年2月8日，武汉雷神山医院交付使用。短短半个月，两座大型医院拔地而起，令外媒惊叹不已，再一次向全世界展现了"中国速度"。

结语与思考

2020年新冠肺炎疫情充分彰显了我国城市土地国有制在保障人民群众身

体健康和生命安全方面的优越性,但也暴露了我国关于土地紧急征用相关法律的缺陷。在强大的动员能力的保障下,在集中调动医疗资源的形势下,我国抗击疫情在全球范围内取得了率先胜利,而美国等资本主义国家仍然面临着医疗资源挤兑的难题。但我们也要看到,在我国现行法律体系中,并没有关于土地紧急征用的相关制度,只有通过《土地管理法》,以"征用转征收""先行用地审批代替征收审批"等形式进行变通。纵观世界各国,德国、日本和法国等国家都对土地征收制度有着专门的规定。土地紧急征收制度的缺失,不得不说是我国立法的一个遗憾,我国有必要构建土地紧急征收制度。① 在这次疫情之下,我们应当抓住《中华人民共和国突发事件应对法》修订的难得机遇,进一步完善我国的应急征收、征用、调用和征购等应急保障制度。应该在《中华人民共和国突发事件应对法》中设专章,命名为"应急财产和服务保障",对紧急征收土地等物资进行制度规定。②

---

① 刘锐,陈雪. 论中国紧急土地征收制度的构建 [J]. 中国土地科学,2020,34 (6):28 - 34.
② 刘锐. 从云南大理征用口罩事件反思我国紧急征用制度 [J]. 中国应急管理科学,2020 (6):61 - 73.

中国共产党百年农村土地制度改革的"变与不变"

——献给中国共产党百年华诞

摘要：中国共产党成立百年来，始终心系农村土地问题，其土地政策可分为三个历史阶段：一是中国共产党成立至中华人民共和国成立初期的土地改革，其任务是消灭封建土地所有制及其剥削关系；二是互助组和合作社时期，其目标是探索农业集体化之路；三是改革开放至今，通过家庭承包经营制、"三权分置"等政策调整，在土地公有制的前提下解放和发展社会主义生产力。纵观中国共产党百年农村土地政策变迁，可以总结出其中的"变"与"不变"。土地政策的"变"是依社会形势而变，包括应不同历史时期的政治斗争需要而变，应结合社会主义生产力的发展需要而变，应满足不同历史阶段中国农民的内在需要而变，应顺应国际农业发展竞争的需要而变；土地政策的"不变"是指坚守的初心使命不变，包括始终坚持中国共产党的领导不变，始终坚持为农民群众服务的宗旨不变，始终追求并坚守农村土地公有制的性质不变，始终坚持提升农业生产效率的目标不变。这些"变"与"不变"的经验，将在新时代的农村土地制度改革中继续发挥纲举目张的作用，助推社会主义现代化新农村建设迈入更高层次的发展阶段。

伟大的无产阶级革命导师列宁同志指出："为了更好地了解今天的政策，

有时不妨回顾一下昨天的政策。"① 2021 年，中国开启全面建设社会主义现代化国家新征程，进入了推动"构建新发展格局"的新发展阶段，"三农"在未来中国经济中的地位更加凸显，没有农业、农村的现代化，就没有整个国家的现代化。因此，在中国共产党建党 100 周年之际，本书研究中国共产党百年农村土地政策的变化历程，从历史中汲取智慧与经验，以更好地指导今后的农村土地制度改革，并有力推动农业农村现代化，具有重要的理论意义与现实意义。

一、中国共产党百年农村土地改革历程

（一）消灭封建土地所有制阶段（1921—1951）

正如毛泽东同志所言："谁赢得农民，谁就赢得中国。而谁解决了土地问题，谁就赢得了农民。"② 纵观中国历史，封建王朝末期的农民起义风暴，大都因土地兼并及其附带的苛捐杂税而起。中国共产党在新民主主义革命中，深刻吸取历史教训，将解决农村土地问题作为始终如一的工作重心。

建党之初，中共就提出了土地公有、分地于民的初步设想。1921 年，中共一大宣布，将"机器、土地、厂房、半成品等，归社会所有"③。1923 年 5 月，共产国际指示中共三大"没收地主土地，没收寺庙土地并将其无偿分给农民"④。1925 年 11 月，中共发布《中国共产党告农民书》，提出"耕地农有"⑤ 是改变农民生活困境的根本办法。1927 年 5 月，中共五大明确提出要进行彻底的土地革命，通过土地国有方式实现平均地权的最终目标。这一设想旨在消灭封建土地所有制和阶级剥削关系，直到 1951 年土地改革完成前，这一直是中共土地政策的根本出发点。

---

① 列宁全集：第 12 卷 [M]. 北京：人民出版社，1987：21.
② [美] 埃德加·斯诺. 斯诺文集：第 1 册 [M]. 北京：新华出版社，1984：208.
③ 中国革命博物馆. 中国共产党党章汇编 [M]. 北京：人民出版社，1979：1.
④ 孙武霞，许俊基. 共产国际与中国革命资料选辑（1919—1924）[M]. 北京：人民出版社，1985：246.
⑤ 第一次国内革命战争时期的农民运动资料 [M]. 北京：人民出版社，1983：27.

中国共产党百年农村土地制度改革的"变与不变"——献给中国共产党百年华诞

1. 土地革命时期（1927—1937）

1927年至1937年，中国共产党与国民党当局进行了为期10年的内战，史称"第二次国内革命战争时期"。又因中国共产党于全国各地建立苏维埃政权，在苏区内部开展"打土豪、分田地"的斗争，故该阶段亦称为"土地革命时期"。该阶段的土地政策具有如下特点。

第一，主张通过没收方式，废除封建土地所有制，实现土地公有和平均分配。当然，没收范围也有一定调整。1927年8月的《最近农民斗争的决议案》中提出："没收大地主及中地主的土地，分这些土地给佃农及无地的农民。"[1] 仅过去3个月，中共中央即决定将一切私有土地完全归苏维埃国家的平民所共有。到了1929年4月，情形又是一变，《兴国土地法》将"没收一切土地"改成"没收一切公共土地及地主阶级的土地"[2]。

第二，对地主和富农采取打压态度。1929年4月，红军在赣南发动政治宣传，进行"打土豪、分田地"运动试点，并很快在各苏区广泛开展。所谓"土豪"，就是农村地主阶级，理应列入打击范围。对于富农阶级，中共亦曾采取打压态度。中共六届四中全会后，王明等人主张"地主不分田，富农分坏田"；"抽多补少，抽肥补瘦"。虽然毛泽东同志提出要区别对待富农和地主阶级，但直到1935年年底，中共中央才予以纠正："富农之土地，除以封建性之高度佃租出租于佃农者，应以地主论而全部没收之外，其余富农自耕及雇人经营之土地，不论其土地之好坏，均一概不在没收之列。"[3] 此时，土地革命已临近尾声。

第三，保护广大贫中农的土地权利。1930年"二七会议"提出一要"分"，二要"快"，确定了"立即没收土地分与农民"和按人口平均分配土地的政策要求。[4] 1928年7月颁布的《土地问题决议案》进一步强调："最近几年的经验之中，可以看见中国农民的斗争是反对一切封建的束缚，反对农

---

[1] 中央档案馆. 中共中央文件选集：第3册 [M]. 北京：中共中央党校出版社，1989：295.
[2] 中国社会科学院经济研究所中国现代经济史组. 第一、二次国内革命战争时期土地斗争史料选编 [M]. 北京：人民出版社，1981：277.
[3] 毛泽东文集：第1卷 [M]. 北京：人民出版社，1993年：374.
[4] 沙健孙. 中国共产党史稿（1921—1949）：第三卷 [M]. 北京：人民出版社，2006：147.

业之中的一切中世纪式的剥削,而斗争的主要的目标,是要推翻地主的封建式的剥削和统治、力争乡村社会制度的完全民权主义化。"① 1931 年,毛泽东同志又基于民生考虑,指示苏区农民在土地革命中分得的田地,可以视情况自由租借和买卖。

2. 全面抗日战争时期(1937—1945)

从 1937 年至 1945 年,日本发动全面侵华战争,民族矛盾上升为主要矛盾。面对亡国亡种的危机,中国共产党从团结一切可以团结的抗日力量出发,对农村各抗日力量均加以团结,推行"三三制"土地政策,并形成了"抗日民族统一战线的土地政策"。该政策的指导思想不是简单地没收一切地主阶级的土地,而是规定地主要对农民减租减息,且农民要对地主交租交息,以最大限度地争取抗日力量。故这一时期的土地政策具有较强的灵活性,体现出应时局而"变"的"大局观"。

第一,在地权归属问题上,暂缓土地的公有化和分配进程。1937 年 2 月,中国共产党致电国民党五届三中全会,保证只要国民党联共抗日,中共即"停止没收地主土地的政策,坚决执行抗日民族统一战线之共同纲领"②,体现了中国共产党在一致抗日上的坚定决心。这一点在整个抗日战争时期始终不变。

第二,在对待地主和富农的政策上,各根据地配合"三三制"的政权组建形式,落实"地主减租减息,农民交租交息,团结富农"的统一战线土地政策。一方面,将地主阶级予以分类,对于大奸大恶分子仍然严惩不贷,而对那些愿意执行"双减"政策的开明地主则可以作为联合对象。另一方面,将富农视为"农村中的资产阶级",作为"抗日与生产的一个不可缺少的力量",富农同样应享有减租减息的权利和履行交租交息的义务。这样的土地制度调整是为了团结一切可以团结的力量抗击日本帝国主义的侵略。

第三,切实减轻贫中农的负担。1938 年 2 月,中共颁布《晋察冀边区减

---

① 中国社会科学院经济研究所中国现代经济史组. 第一、二次国内革命战争时期土地斗争史料选编 [M]. 北京:人民出版社,1981:223.
② 中共中央党史研究室. 中国共产党历史大事记(1919.5—1990.12)[M]. 北京:人民出版社,1991:92.

中国共产党百年农村土地制度改革的"变与不变"——献给中国共产党百年华诞

租减息单行条例》,规定"地主之土地收入不论租佃、半种,一律照原租额减收百分之二十五","钱主之利息收入不论新债旧欠,年利率一律不得超过一分"①。1942年出台的《关于抗日根据地土地政策的决定》中再次强调:"农民是抗日与生产的基本力量,故党的政策是扶助农民,减轻地主的封建剥削,实行减租减息,保障农民的人权、政权、地权、财权、借以改善农民的生活。"② 即便在国民党及地主阶级的压力下,中国共产党仍始终坚持对贫下中农的土地保障,推行的这些政策极大地减轻了贫下中农的经济负担,也为后续赢取新民主主义革命积累了最坚实、最可靠的力量。

3. 解放战争时期(1945—1949)

抗日战争胜利后,中国的阶级矛盾重新上升为社会的主要矛盾。解决解放区的土地问题,成为中国共产党最基本的历史任务和一切工作的重中之重。为调动人民群众投身到解放战争,推动新民主主义革命向前发展,中国共产党在解放区开展了轰轰烈烈的土地改革运动,其基本方针如下。

第一,废除封建土地所有制,在解放区推行土地公有制和平均分配。1947年出台的《中国土地法大纲》明确指出,要废除封建土地制度,没收地主土地收归农会所有,农村中所有土地按照人数进行分配,在土地面积和质量上不分男女老幼,人人平等。

第二,对地主和富农采取斗争策略。1947年12月,中共中央在陕北米脂县杨家沟召开会议,毛泽东做了《目前形势和我们的任务》的报告,指出彻底的土地改革是巩固工农联盟的关键,必须牢牢坚持土地改革路线。会议还详细讨论了土地改革中的具体政策问题,反对土地改革中出现的"左"倾错误倾向。尽管一些地区将部分中农错划为富农、将部分佃富农错划为地主、农民殴打士绅泄愤等,但瑕不掩瑜,土地改革划分农村阶级的标准本身是正确的,只是在执行过程中出现了瑕疵。

第三,保障贫中农利益,实现"耕者有其田"。1946年,中共发布《五四指示》,拥护群众参与反奸、清算、减租、退租、退息等斗争,从地主手中

---

① 彭真传:第一卷[M]. 北京:中央文献出版社,2013:185.
② 肖一平,翁仲二,杨圣清,等,中国共产党抗日战争时期大事记(1937—1945)[M]. 北京:人民出版社,1988:334.

获得土地。1948年，毛泽东进一步强调："依靠贫农，团结中农，有步骤地、有分别地消灭封建剥削制度，发展农业生产。"① 这一点延续了抗日期间对贫下中农的土地政策，赢得了广大农民阶级的一致支持。

4. 中华人民共和国成立初期土地改革的完成阶段（1950—1952）

1950年4月，第四野战军攻克海南岛。至此，除台湾、西藏和少数沿海岛屿外，全国领土悉数被中国共产党解放。当时，老解放区已完成土地改革，而新解放区尚有封建土地制度残余，故中华人民共和国成立初期的土地政策，实际上是解放战争时期的延续和发展，具体体现在以下三个方面。

第一，彻底废除封建土地所有制，没收地主阶级土地，平均分配给农民。1950年6月通过的《中华人民共和国土地改革法》指出，要废除封建土地所有制，解放和发展农村生产力，为实现国家工业化奠定基础。中国共产党始终坚持这一目标，并在实践中摸索积累经验。

第二，对待地主和富农农村的态度，经历了一个"右—左—中"的调整阶段。在土地改革实施之初，部分地区对地主阶级采取孤立策略，适当保留富农经济。如闽粤沿海的地方史料表明，其宗族势力大，公田比例高，农村乡绅往往兼具华侨和工商业者身份，故对其进行土地改革的手段较为柔和，甚至鼓励其发展，这是相对"右"的。② 但是1951年4月，这种"和平土改"遭到批判，各地将那些租赁土地的富农、商人和华侨错划为地主，扩大了打击面，此时又明显偏"左"。从1951年下半年开始，中央着手对土改进行复查纠正，在"右"和"左"之间找到平衡点，土地改革也得以顺利完成。

第三，让广大贫中农真正成为土地的主人。据统计，解放前的贫农只占有全国耕地的8%左右。而经过中华人民共和国成立初期的土地改革，3亿农民分到了7亿亩土地，除新疆、西藏外全国各地农民均获得了土地；从相对比例上来看，占农村人口90%以上的贫农、中农占有全部耕地的90%以上。③

---

① 毛泽东选集：第4卷[M]. 北京：人民出版社，1991：1317.
② 广东省恩平市政协学习和文史委员会. 恩平解放初三年评论集：第2卷[M]. 江门：广东省恩平市政协学习和文史委员会，1995：201.
③ 高清海. 文史哲百科辞典[M]. 长春：吉林大学出版社，1988：34.

中国共产党百年农村土地制度改革的"变与不变"——献给中国共产党百年华诞

中国绝大多数农民成为土地的主人,其生产积极性得到彻底激发,为后续的农村合作化运动铺平了道路。[①]

(二)探索农业集体化的阶段(1952—1977)

土改运动后,农村的阶级差异趋于消亡,但个体经济依然有所残留。中共中央认为中国社会主义的农业生产应是一种新型的生产关系组合,关键在于让农民的个体经济行为转变为集体决策的组织行为,进而提升集体范围内更高的经济效率,并让每一位集体成员受益[②]。1952年至1977年,是中国共产党对农业集体化的探索阶段。在这一过程中,并无现成经验可资借鉴,在取得伟大成就的同时,难免走了一些弯路。

1. 农业互助组和初级合作社阶段(1952—1956)

1952年开始的农业社会主义改造,是从个体经济向集体经济转变的必由之路。如前文所述,经过土地改革,农村的封建土地生产关系和阶级矛盾等均不复存在,故这一时期土地政策在于让农民联合起来,走合作化的道路。1953年年底,党中央通过了《关于发展农业生产合作的决议》,标志着农业生产合作社在制度层面正式确立,指导农民进行土地的统一经营、评工计分、按工分配提供指导,开启了农业互助组的发展阶段,为后续进入初级社和高级社做了实践预演。据1953年10月的中央第三次互助组会议统计,当时全国参加互助组与初级合作社的农户有4790余万户,占农村总户数的43%。毛泽东在会议上,要求互助合作"积极领导,稳步前进",争取下一年度再翻两番。[③]

[①] 总体上看,中国共产党成立的前30年,其土地政策的"变",是应政治斗争需要而"变"。围绕建设新中国这一目标,中国共产党因时制宜、相机决策。从土地革命时期的"打土豪,分田地",到抗日战争时期的"双减双交",到解放战争时期的土地改革,再到新中国成立初期的新土改,中国共产党的土地政策经历了一个"左—右—左—中"的变化调整,并最终争取实现了废除封建土地所有制及其剥削关系这一永载史册的革命任务。

[②] 事实上,早在中华人民共和国成立前我国就已经提出要发展"互助合作组"和"生产合作社"。1949年9月29日,中国人民政治协商会议(历史上我国先有政协后成立人大,此时政协即代表全国人民的共同政治主张)通过了《共同纲领》,其中提出要开展互助合作和生产合作的问题,要求人民政府组织农民及一切可以从事农业的劳动者,在发展农业及副业中引导农民逐步按照自愿和互利原则,进行各种形式的劳动互助和生产合作。

[③] 曾培炎. 新中国经济50年(1949—1999)[M]. 北京:中国计划出版社,1999:752.

2. 农业高级合作社阶段（1956—1977）

早在马克思、恩格斯的经典论述中，已经提出用合作社改造小农的办法，苏联将这一理论落实于实践之中。按照这一经验，初级合作社不是农业集体化经营的终点。农业改革的最终目标，是建立大型的、专门的高级农业合作社（或称集体农庄）。从1956年下半年开始，随着互助化运动的开展，各地互助组以村为单位，成立了农业、渔业、畜牧业联合社。以联合社为基础，农村的组织模式由"小互助"向"大合作"迈进。从1954年至1958年，高级社数量从原来的13.8万个发展到75.3万个，又在一年时间内被改编为5.4万个人民公社。① 1958年3月，中共中央出台了《关于把小型的农业合作社适当地合并为大社的意见》，指示各地加快集体农庄的建设进程。

由于国情差异，苏联经验移植到中国难免出现"水土不服"，导致了农业集体化的进程过快、手段过激。1960年，中央吸取三年严重困难时期的深刻教训，提出"调整、巩固、充实、提高"的八字方针，为农村发展的道路纠偏。刘少奇提出"三自一包"，即"自由市场""自留地""自负盈亏""包产到户"四项积极措施。1962年9月，中共八届十次全会通过了《农村人民公社工作条例修正草案》，允许人民公社分配自留地，由社员耕种。此举调动了农民的生产积极性，并持续至"文革"结束。②

这一阶段，中国共产党始终探索马克思主义理论下的集体经济，在中国进行了世界历史上第二次大规模的集体化运动。虽然出现一些挫折，但很快得到纠正，坚持了马克思主义提出的生产关系一定要适应生产力发展要求的基本原理。

3. 解放和发展生产力的阶段（1978年至今）

1976年，"文化大革命"结束，但以"两个凡是"为代表的"左"的错误依然存在。1978年，邓小平等引领和支持的真理标准问题大讨论，揭开了

---

① 国家统计局. 中国统计年鉴（1981年）[M]. 北京：中国统计出版社，1981.
② 总之，在1952—1977年的25年间，中国共产党土地政策是应经济发展需要而变，旨在巩固中国社会主义经济基础。从互助组、初级合作社，到高级合作社和人民公社，中国共产党的基本宗旨是逐渐消灭农村私有经济的残留，建立"一大二公""一平二调"的大型、专业化集体农庄。而1960年之后，中国共产党又在人民公社试行"自留地"政策，适当放宽对小农经济的限制，给人民公社注入了一定活力。

全面拨乱反正的序幕。在党的十一届三中全会上,邓小平指出解放和发展生产力是社会主义的本质,为包括农村在内的全面改革铺平了道路。

(1)"两权分离":家庭承包经营制。

1978年冬,安徽省凤阳县小岗村的18位村民签订了包干责任书,开启了向土地要收益的时代。次年,小岗村迎来史无前例的粮食丰收,得到中央领导的褒奖和支持,并在全国范围内迅速推广。这种"包干到户"被命名为家庭联产承包责任制。后来,应农民群众的需要,我们更进一步放开了管理权,赋予农民更加自由、更加市场化的生产决策权,将"联产"与"责任"两词去掉,改为"家庭承包经营制",实现农村家庭经营模式的制度定型。这一阶段,各地农民的生产积极性空前提高、粮食产量快速提升、乡镇企业异军突起、乡村经济全面发展,农民的生活也比以往更加幸福。

这场由"草根农民"发起的经济改革,拉开了中国改革开放的第一幕,也在世界经济发展史上写下了浓墨重彩的一笔。经济学者将这次改革运动称为"自下而上的诱致性制度变革",农民是这场运动的主角,他们应社会变化与自身需求而进行土地制度探索;党和政府是裁判,农民的优异成绩获得了党和政府的高度认可,并在政策上给予高度重视与支持。为了进一步凝聚力量,提升农村经济体制改革效果,党中央在1982年到1986年连续发布5个中央一号文件,聚焦农业、农村、农民问题。家庭联产承包责任制适应了生产力发展的要求,农村经济发展程度和农民生活水平得到显著提高。数据显示,从绝对量来看,1977年我国粮食产量为2.83亿吨,而1986年的粮食产量为3.92亿吨,短短几年内粮食产量提高了1亿多吨;从相对量来看,1977年我国农村人均粮食产量为298千克,而1986年的人均粮食产量为364千克,人均粮食产量提高了66千克。从农民人均收入来看,1977年农民人均收入为117.10元,到了1986年农民人均收入达到423.8元,增加了近3倍。[①] 这一阶段的土地制度改革,为农村经济发展积累了制度红利。

此后多年,农村粮食产量和农民收入均能保持正常增长。但是,从国内外对比来看,"三农"在我国经济社会发展大局中仍处于弱势地位。从国内

---

① 国家统计局.中国统计年鉴(1986年)[M].北京:中国统计出版社,1986.

看，我国改革开放缘起于农村，但改革开放的经典之作却在城市和第二、三产业，尤其是在20世纪90年代以后，随着沿海开放城市的政策红利释放，以外向型为主的国际贸易为我们积累了发展资本，这些资本大多留存在城市，甚至农村资金也转移至城市服务于第二、三产业的发展；同时，农村剩余劳动力低价输送到城市从事第二、三产业的建设；人才与技术也被城市的"涡轮效应"而虹吸。由此，中国"城乡差距"问题日益凸显，到了不得不进行改革的地步。于是，有学者描述21世纪初期的中国是两极分化严重的经济格局，一边是发达的城市和工业经济，一边是落后的农村和农业经济。这些问题与马克思主义城乡融合发展理论严重背离，与我国社会主义和谐社会建设格格不入，伴随产生了农村剩余劳动力跨区域跨省际转移、农民工群体性事件、乡镇企业衰落、农村留守老弱病残、农业生产技术改进缓慢等现象。

从国际来看，此处以美国为例对比两国的农业生产情况，由于农民数量、农民收入、耕地面积等绝对指标受国别、历史等多重因素影响，因此此处不对这些指标进行比较，而主要从单位面积粮食生产水平和生产成本来看，我国远远落后于美国。[1] 面对"三农"困境，农民群众是不满意的，他们要求改变这种境遇，因而中国共产党总结经验，提出要为农民改变以往"面朝黄土背朝天"的传统农耕模式，为中国农业生产注入资本、技术、人才、管理、数据等，探索新一轮土地制度改革，提升中国农业生产的资本有机构成，改善中国农业与国内第二、三产业和国际农业在资本有机构成较低上的弱势地位。

（2）"三权分置"：土地流转新时代

习近平总书记强调："中国要强农业必须强，中国要美农村必须美，中国要富农民必须富。"[2] 党的十八大以来，面对中国"三农"问题，党中央始终坚持在马克思主义理论指导下探索土地制度改革，在一些试点地区进行经验

---

[1] 此处以2014年的数据为例，我国种植小麦的总成本平均为每亩965.13元，是美国的3.03倍；种植玉米的总成本平均为每亩1063.89元，比美国高53%；种植大豆的总成本平均为每亩667.34元，比美国高39%。上述三者平均总成本比美国高80%，且当前这一状况并没得到明显改善。

[2] 中共中央文献研究室.十八大以来重要文献选编（上）[M].北京：中央文献出版社，2014：658.

总结后，我们先后实施"土地确权""三权分置"等政策来保障和推动农村土地流转。如2013年中央一号文件提出在5年时间内，由中央和地方政府出资，对土地的所有权、承包经营权进行确认，颁发农村土地承包经营权证。2014年的中央一号文件中首次正式使用"土地经营权"概念，提出"鼓励有条件的农户流转承包土地的经营权，加快健全土地经营权流转市场"[①]。2014年11月，《关于引导农村土地经营权有序流转发展农业适度规模经营的意见》中首次提出"实现所有权、承包权、经营权三权分置"，顺应农民早已在实践中形成的保留土地承包权，流转土地经营权的趋势，将土地的承包经营权进一步细分为承包权和经营权，实现了土地所有权归集体所有、承包权归农户所有和经营权市场化流转的"三权分置"模式，拉开了我国新一轮农村土地制度改革的序幕。

"三权分置"改革释放了土地活力、实现了土地价值，从根本上改变了"三农"的弱势地位。一方面，"三权分置"坚持土地所有权归集体所有、解决了土地"归谁有"的问题，承包权归农民所有，土地是否流转、形式如何确定、收益将有多少，这些问题都由农民自身决定，土地作为一种财产将为农户提供了生活保障。同时，将土地流转出去的农民可以向第二、三产业转移，通过兼业经营获得更高的收入，解放了农村剩余劳动力。另一方面，以专业大户、家庭农场、农民专业合作组织和龙头企业为代表的新型经营主体将在农村拥有更广阔的天地，解决了"谁来种地""如何种地"的问题，土地和先进生产要素结合得更为密切，成为农业农村现代化的重要载体。

概而言之，"三权分置"的制度配套就是助力中国农村土地要素"动起来""活起来"，将土地从"死资产"变为"活资本"，通过资本运动实现价值增值，逐步让农村剩余劳动力一部分分流为农业产业工人，就地实现农民的现代"工人"身份。未来，中国农民的土地资源将有效地与资金、技术、人才、管理、数据、市场等有机结合，提高中国农业生产的资本有机构成，使农业逐步回归到一个与第二、三产业平均的利润率水平。到那个时候，也就是中国城乡差距、工农差距、农与非农（产业）差距合理化的时期。

---

① 关于全面深化农村改革加快推进农业现代化的若干意见[M]．北京：人民出版社，2014：16．

二、中国共产党百年农村土地工作中的"变":依社会形势而变

(一)应政治斗争需要而变:争取一切力量建立社会主义新中国

中国共产党在新民主主义革命时期,为了尽可能地争取最广大人民群众的支持,采取灵活调整的土地政策。这个特征在中华人民共和国成立之前尤为明显,中国共产党在马克思主义理论指导下,认识到中国两千多年封建社会的土地制度弊端,不能再重演封建社会"土地周期率"的覆辙。为此,在第一次国共内战期间,中共苏区主张将土地收归公有,并实施打击地主和孤立富农的政策;在全面抗战的历史阶段,各根据地停止没收土地政策,推行"三三制",团结地主之中的开明分子一致抗日,同时不再强制性区分贫、中、富农的阶级差异,将富农视为农民的一部分加以团结,服务于抗日大局;而到了解放战争时期,解放区又重新实施没收土地政策,废除封建土地所有制,明确划分农村阶级的标准,对地主和富农采取斗争策略。中华人民共和国成立初期,中国共产党彻底废除了封建土地所有制,在"右"和"左"之间找到平衡点,顺利完成土地改革。在风雨飘摇、危机重重的旧中国,中国共产党一方面不忘初心,始终与农民阶级一道进行伟大的革命斗争,另一方面应当时社会主要矛盾而变,"识大体、顾大局",并积极调整土地政策,以争取最大力量进行不同性质的政治运动,并因此取得了新民主主义革命的胜利。因此,从某种意义上来看,中国现代史也是一部农民土地制度的改革史,土地始终是中国共产党联结中国农民最好的桥梁,土地制度改革成败在较大程度上决定了中国共产党政治斗争的成效。

(二)应经济发展需要而变:巩固新中国社会主义经济基础

生产力是一直向前发展的,这是历史的必然,但生产关系可能会是迂回型的上升。对此,马克思指出,生产关系是适应生产力发展要求而建立起来的,是生产力的发展形式,生产关系的性质必须适应生产力的状况。中华人民共和国成立以后,稳定的政治经济环境推动了农村经济的快速发展,我国快速进入社会主义改造,农村先后推行初级农业生产合作社、高级农业生产合作社,夯实了新中国社会主义的农业根基,为进行国防建设、工业建设积

中国共产党百年农村土地制度改革的"变与不变"——献给中国共产党百年华诞

累了物质基础;但是,在当时的历史条件下,人民公社的制度优势并没有得到很好的发挥,在实践中一些地区出现走样,呈现出"浮夸风""共产风"等不良现象,生产力与生产关系的裂痕逐渐拉深。"穷则思变"的农民将目光盯在土地上,自发地探索了"家庭承包经营制"[①],极大地调动了以农户家庭为单位的生产积极性,将中国小农生产效率推向历史顶峰,这是特定历史阶段中的必然选择。21世纪以来,中国出现了严重的"三农问题",即农民如何致富、农村如何振兴及农业如何发展等问题,并得到党和政府的高度关注。为了解决这些问题,我们党和政府以及农民不约而同地将改革焦点锚定在土地上,从农民自发地探索土地流转,到政府鼓励土地流转至规模农业、现代农业、生态农业等,并在农民意愿与政策理论的高度一致下推行了"三权分置"的土地制度。这一次制度改革的核心是在坚持集体土地所有权、稳定农户家庭承包权的基础上,重点盘活农村土地的经营使用权,让资本、技术、人才、市场、管理、数据等与土地有机融合,提升中国农业发展的资本有机构成。同时,我国土地制度的调整与改变,并不是随意而变,而是在遵循马克思主义生产关系相对稳定论的基础上,始终坚持土地制度的公有属性,结合生产力发展不同阶段来局部调整土地制度以更好地匹配彼时的农村生产力的发展要求,是在稳定的基础上进行应经济发展需要的改变。

(三)应农民需要而变:由"自上而下"改为"自下而上"的改革策略

中国共产党成立百年,无论在革命战争年代还是在和平建设年代,始终秉持尊重农民的发展意愿。毛泽东同志强调:"一切空话都是无用的,必须给人民以看得见的物质福利。"[②] 物质利益是最实在的利益,关系到民心向背,关系到革命成败,一点也疏忽不得。在改革开放前的两个历史阶段,我们推翻封建剥削的土地制度和探索农村集体化之路,主要是在马克思主义理论指导下探索符合中国国情的发展之路,这一历史时期我们主要推行"自上而下"的土地改革政策;改革开放以后,面临着城乡差距、工农差距,党和国家领

---

① 最初的叫法是"家庭联产承包经营责任制",是一种谨慎的做法。后来,实践证实放活农民对土地的自主权是正确的,经理论界与政界的一致同意改为"家庭承包经营制"。

② 毛泽东文集:第2卷[M].北京:人民出版社,1993:467.

导人更加尊重农民发展意愿,推行"自下而上"的土地改革策略。对此,邓小平同志指出:"占全国人口百分之八十的农民连温饱都没有保障,怎么能体现社会主义的优越性?"[①] 从社会主义制度的层面强调了保护农民利益的重要性。邓小平同志还指出:"农业本身的问题,现在看来,主要还得从生产关系上解决。这就是要调动农民的积极性。"[②] 江泽民同志也指出:"我们一切政策是否符合发展生产力的需要,就是要看这种政策能否调动农民的积极性。"[③] 习近平总书记进一步强调:"不能把农民利益损害了。"[④] 历史反复证明,我们什么时候尊重农民意愿,我们的革命、建设与发展就能顺利推进;我们什么时候忘记或违背农民意愿,党和国家的建设发展就会遭受挫折。任何时期的土地改革,必须倾听农民的意愿,尊重农民的利益表达,因为他们是充满智慧的。正如著名经济学家舒尔茨所言,农民是理性的,他们的智慧不亚于资本家,他们会按照预期收益进行决策选择。[⑤] 因此,回顾中国共产党百年农村土地制度改革,其经历一场由"自上而下"的改革策略转为"自下而上"的改革策略。改革开放以前中国共产党用马克思主义理论带领中国农民推翻三座大山,建立社会主义新中国,并巩固社会主义经济根本,这是一场用中国共产党的先进性进行的一场改天换地的历史运动,符合农民的利益需要并得到了农民的支持;改革开放以后的土地制度改革更加尊重农民的意愿,我们用农民的智慧推动农村土地制度改革的火车头,在这场"自下而上"的土地制度改革中,中国共产党尊重和实现农民的意愿表达,这将是一次实现社会主义新农村翻天覆地的历史进程。

(四)应国际竞争需要而变:逐步提升中国农业生产的现代化水平

新世纪以来,中国的"三农"问题矛盾加剧,有学者形象地比喻"中国农村建设得像非洲、城市建设得像欧洲",这个比喻背后映射出中国城乡之

---

① 邓小平文选:第3卷[M].北京:人民出版社,1993:255.
② 邓小平文选:第1卷[M].北京:人民出版社,1994:323.
③ 江泽民文选:第2卷[M].北京:人民出版社,2006:209.
④ 中共中央文献研究室.十八大以来重要文献选编(上)[M].北京:中央文献出版社,2014:2671.
⑤ [美]西奥多·W.舒尔茨.改造传统农业[M].北京:商务印书馆,2006.

间、工农之间的巨大差距、关系失调甚至出现危机，这只是从国内层面来看。若从国际层面来看，中国农业竞争力与世界农业强国相比差距非常明显。以美国 2010 年数据为例，美国家庭农场数量为 220 万个，每个家庭农场平均耕作面积为 2400 亩以上，每个农场所需平均劳动力仅为 1.4 个，美国的家庭农场模式造就了美国世界农业霸主的地位，也创造了美国仅用占国民总人口 2% 的农业人口，养活了其余 98% 的非农人口，并为世界其他国家输送大量粮食产品，且其农产品被贴上"物美价廉"的标签。美国家庭农场的成功主要得益于美国规模农业、科技农业、现代农业的发展之路，这种模式也成为世界许多国家借鉴学习的对象。反观当下的中国，我们与美国的差距巨大，我国许多粮食作物即便在政府补贴的托底下，也难以与美国等农业强国进行竞争。[①] 在这种局面下，外在的压力倒逼中国农业必须走现代农业、规模农业发展之路。理性的农民也看到了这种趋势，一些外出参加非农就业的农民主动将土地流转给种粮大户、现代农业企业等，农民的这种诉求也得到了政府的积极回应。自 2013 年始中国政府拿出上百亿元资金对农民承包土地进行确权颁证，并从顶层构建"三权分置"的土地制度体系和相关法律规章，为农民顺畅流转土地创造了最优的软环境，最终目的是要提升中国农业生产的资本有机构成。这场应国际竞争需要和城乡融合发展需要的农业经营方式转变，再一次创造了农村土地集体所有制在新时代的新表达方式，即把家庭承包经营权下的"二元产权"模式进一步明晰为"三元产权"模式，并用国家法律保障农民将自己的承包权和经营权分开（《民法典》《土地流转法》等），目的是要实现土地资源从经营效率较低的一方流转至经营效率较高的一方，实现流转双方更好的效益提升。通过这种方式缩小城乡差距、工农差距、农业与非农业差距，这是国内发展需要而形成的改革"推力"；我们还要缩小与世界发达国家在现代农业上的差距，这种国际比较为我们农村改革而形成的"拉力"，在这双力的共同指向下，我们历史必然地选择了土地这种农村至关重要的生产要素进行改革。

---

① 尽管美国的国情、史情决定了美国规模农业的成功，其依托殖民时期对印第安人的土地掠夺而完成土地"流转"和集中，但是社会在向前发展，规模农业、现代农业是未来农业发展主方向，我们应结合自身的国情史情推行渐进化的发展之路。

三、中国共产党百年农村土地工作中的"不变":初心使命始终不变

(一)向导不变:始终坚持中国共产党的领导地位

要解决好"三农"问题必须始终坚持和加强党的领导,中国共产党是中国人民发展社会主义事业的总向导。中国共产党的先进领导地位是历史的必然和人民的选择,中国共产党是中国人民和中华民族的主心骨,是处理好中国问题的关键。以毛泽东同志为核心的党的第一代中央领导集体建立起了牢固的工农联盟,并强调党在工农联盟中的领导地位,取得了新民主主义革命的胜利。以邓小平同志为核心的党的第二代中央领导集体整顿党的基层组织,重新焕发了农村基层党组织的凝聚力和战斗力,确立了以党支部为核心的村级组织工作格局,使得农村基层党支部在改革开放的历史进程中领导中国农村发生了翻天覆地的变化。历史已经证明,坚持和加强党的领导是解决"三农"问题的成功经验。而且,现实将继续证明,只有继续坚持和加强党的基层领导力,"三农"问题才能得到有效解决。坚持农村基层党支部在农村的核心领导地位是坚持和加强党的领导地位的具体体现。火车快不快,全靠车头带。进入新时代,农村基层党支部在乡村振兴战略的部署下,在脱贫攻坚战中发挥着不可替代的战斗堡垒作用。2020年已经过去,我们进入新发展阶段,农村基层党组织必须按照《中国共产党农村工作条例》的要求,加强农村基层党建,提高领导农村工作的水平和能力,全力守护好脱贫攻坚战的历史功绩。

(二)宗旨不变:始终将为农民服务作为党的重要宗旨

中国共产党以马克思主义理论为指导,沿着社会主义发展方向风雨兼程、勇往直前。在农民土地问题上,中国共产党始终坚守初心,为广大农民谋福利。也正是这一初心不改,在中国共产党的坚强领导下,中国最广大的农民群众始终跟着中国共产党走,取得了抗日战争、解放战争的重大胜利,建立了新中国。美国学者石约翰说出了中国共产党成功的一个重要原因,即中国共产党全心全意为农民服务,满足土地所有权与使用权统一于农民的要求,从而导致国共两党在大陆成败的差异。改革开放以来,中国共产党始终不忘

为农民服务的宗旨，农民有什么样的利益诉求，中国共产党领导的人民政府就推行什么样的制度改革。家庭联产承包责任制就是底层农民引导的一场诱致性自下而上的制度改革，顺应了民心，调动了农民的积极性，解决了中国人民的吃饭问题。"三权分置"也是应农民需要而进行的制度设计，基于农村存在大量剩余劳动力和农业生产效应较低，一些农民想流出土地专职从事非农就业，另一些想流入土地进行规模农业生产，这种土地流转满足了双方更好的利益表达和实现双方更优的经济利益。历史反复证明，中国共产党从成立之日，一直相信农民、依靠农民、服务农民，为农民服务是中国共产党的重要宗旨之一，这个宗旨在当下及未来任何时候都将不会改变。

（三）底线不变：始终坚持农村土地公有制的根本属性

中国共产党在取得了新民主主义革命胜利以后，开始着手进行社会主义经济建设，农村地区是社会主义经济建设的重要组成部分。新中国刚刚成立，中国共产党领导的中央人民政府就开始发展农村土地制度的公有制经济，从初级合作社的探索，到高级合作社在全国的推广，旨在保障具有农民身份的人员时时刻刻有地种，不能成为失地农民、无业农民。毛泽东同志在《湖南农民运动考察报告》中写道，"农民的主要攻击目标是土豪劣绅，不法地主，旁及各种宗法的思想和制度，城里的贪官污吏，乡村的恶劣习惯。"[①] 农民是反对土地私有的，农民憎恶那些剥夺他们享有土地权益的一切力量，历朝历代的农民起义和王朝更迭都与土地制度息息相关。改革开放以后，不管我们的经济思想如何受国际化的影响，我们在农村地区始终坚持土地公有制的根本，"家庭承包经营制""三权分置"等改革始终在集体所有制的框架下进行制度调整以更好地适应农村生产力的发展。因为我们牢记中国历史中的"土地周期律"[②]，决不能让农村土地问题成为社会主义基业的掘墓人。习近平总书记多次强调，农村改革不管怎么改，都不能把农村土地集体所有制改垮了、不能把耕地改少了、不能把粮食生产能力改弱了、不能把农民利益损害了。

---

① 毛泽东选集：第1卷 [M]．北京：人民出版社，1991：14.
② 罗玉辉．新中国成立70年农村土地制度改革的历史经验与未来思考 [J]．经济学家，2020（2）：109－116.

必须坚持农村土地制度改革的底线思维，集体所有制就是农村稳定之基，我们应牢记历史顺应国情，不能过于冒险。改革是没有回头路的，一旦出现问题历史不能倒流，这个代价和成本是高昂的。无论一个人还是一个政党或国家，都应规避这种风险，因而我们改革既要面向未来，又要守好底线，不能盲目求快、跟风。

（四）追求不变：始终将提升农业生产整体效率作为党的重要工作

每一个国家都结合自身的史情、国情，构建和谐的"人—地"关系，实现更好的土地产出效率。中国奴隶制社会时期、封建社会时期，这种剥削性的土地制度，让土地这种重要的生产资料的所有制和使用者（耕种者）成为对立关系。随着矛盾的不可调和，农业生产效率极为低下，中国2400多年封建社会的农业生产基本没有太大进步。更为严重的问题是，不可预测因素极易引发阶级斗争，导致王朝更迭，据初步统计平均每个王朝经历两次大大小小的农民起义。事实上，在阶级社会中，统治者不是不想提升农业的生产效率，而是囿于其剥削性的生产关系，导致生产关系不能很好地促进生产力的发展。中国共产党的诞生，打破了中国两千多年的封建社会剥削制度的魔咒，新中国成立之前的历次"土地革命"，赋予了农民独立自主地享有土地的占有使用权利，他们与土地结为亲密的伙伴关系，实现了农业生产的较好经济效率，这一时期中国的小农生产效率达到历史顶峰。中华人民共和国成立后，中国共产党为了更好地构建农村的先进生产关系，在马克思主义理论指导下，探索中国历史上规模宏大的农业合作社、高级合作社和"集体所有制"下的"家庭承包经营制""三权分置"等，这些制度均在不同历史时期推动了农村经济的发展，解决了中国农民和全体中国人民的吃饭问题。中国共产党始终代表先进生产力的发展方向，中国共产党又是中国工农阶级的先锋队，将生产发展放在政府工作的重要位置，我们的一切改革重心也是围绕这个目标展开的。改革开放后，我们用占全球7%的耕地养活了占全球22%的人口。随着改革的深化，农村的生产结构不断地优化，将资本、技术、管理、人才、市场、数据等融入农村经济，将提升农业资本的有机构成水平，中国农民将把中国人的"饭碗"牢牢地"端好"，并更好地推动农业农村现代化，最终将逐步化解中国"三农"问题,实现乡村的全面振兴。

四、结语

中国共产党成立百年来,始终将土地问题作为"三农"工作的重中之重。从中共一大首次提出"土地公有",到新时代贯彻落实"三权分置",无论历史条件如何变化,土地一直是联结中国共产党与中国农民的桥梁。建党最初的 30 年,中共通过土地革命、"双减双交"、土地改革等举措,消灭了封建土地所有制及其附带的剥削关系;1952 年土地改革完成后,共产党又以互助组、合作社等形式完成土地整合,于徘徊曲折之中探索农业集体化之路;中共十一届三中全会以来,中国共产党又领导农民由"包产到户"向"三权分置"转变,在坚持农村土地公有制的基础上极大地解放和发展了社会主义生产力。回顾百年来的路,中国共产党领导中国农民弦歌不辍、砥砺前行,推动人地关系愈加和谐、愈加紧密。我们在百年实践探索中总结出了一系列"变与不变"的历史经验,"变"的经验包括应政治斗争需要而变,应经济发展需要而变,应农民需要而变,应国际竞争需要而变;"不变"的经验包括坚持党的领导不变,坚持农民服务的宗旨不变,坚持农村土地公有的底线不变,坚持提升农业生产整体效率的追求不变,这些都是我们农村土地改革工作中的宝贵财富。未来,无论历史条件如何变化,我们党对农民的初心始终坚如磐石,我们党要继续深化农村土地制度改革,让农民从土地中找到财富和尊严,让土地在农民手中更加彰显生机和活力。我们坚信:在以上"变"与"不变"的经验指导下,在我们党与时俱进的多措并举之下,土地制度改革能为伟大复兴的中国梦补齐"三农"短板,能让农民在全面建设社会主义现代化国家的广阔舞台上焕发风采。

中国土地制度改革大事记（1978—2020）

一、农村土地

1978 年

安徽省小岗村率先突破传统体制，在村内实行了以"包产到户""包干到户"为主要内容的各种承包责任制。

1980 年

9 月 27 日，中共中央印发的《关于进一步加强和完善农业生产责任制的几个问题》的通知是我国推行家庭联产承包责任制的纲领性文件。其中要求清除极左路线的影响，落实中央两个农业文件。特别是尊重生产队的自主权，因地制宜地发展多种经营，普遍建立各种形式的生产责任制，改进劳动计酬办法，初步纠正了生产指导上的主观主义和分配中的平均主义。

1982 年

1 月 1 日发布《全国农村工作会议纪要》，这是我国正式出台的第一个关于农村工作的一号文件。文件要求要纠正长期存在的管理过分集中、经营方式过于单一的缺点，使之更加适合于我国农村的经济状况。构建一种多样化的社会主义农业经济结构，以促进社会生产力的更快发展和更好地发挥社会主义制度的优越性。此后，连续发布 5 个涉农一号文件，掀起了中国农村经济改革的高潮。

12月4日，第五届全国人民代表大会第五次会议通过的《中华人民共和国宪法》规定："农村和城市郊区的土地，除由法律规定属于国家所有的以外，属于集体所有；宅基地和自留地、自留山，也属于集体所有。"这是中国第一次以宪法的形式明确土地产权关系，用法律保护农民土地权益。

1986年
6月通过了《中华人民共和国土地管理法》。其中规定："集体所有的土地按照法律规定属于村民集体所有，由村农业生产合作社等农业集体经济组织或村民委员会经营、管理。已经属于乡（镇）农民集体经济组织所有的，可以属于乡（镇）农民集体经济组织所有。村农民集体所有的土地已经分别属于村内两个以上农业集体经济组织所有的，可以属于各该农业集体经济组织的农民集体所有。"这项土地制度将土地的所有权、经营权分开，调动了农民生产积极性，进一步推动了中国家庭小农经营效率的提高。

1991年
11月25—29日举行的中共十三届八中全会通过了《中共中央关于进一步加强农业和农村工作的决定》，其中提出把以家庭联产承包为主的责任制、统分结合的双层经营体制作为我国乡村集体经济组织的一项基本制度长期稳定下来，并不断充实完善，进一步肯定了家庭联产承包责任制的历史意义，这也标志着"一大二公""大锅饭"旧体制的彻底结束。

1992年
1月18日—2月21日，邓小平视察南方时的讲话，标志着中国改革进入新的阶段。南方谈话最主要的是加快改革，是继毛泽东思想之后，马克思主义与中国实际相结合的第二次伟大历史性飞跃的思想结晶——邓小平理论的最终成熟和形成，也标志着中国改革开放第二次浪潮的掀起。邓小平视察南方时的讲话，对中国20世纪90年代的经济改革与社会进步起了关键性的推动作用，对21世纪中国的改革与发展产生了不可估量的推动作用。

1993 年

2月，国务院发布了国发〔1993〕10号文件《关于促进中西部地区乡镇企业发展的决定》，其中规定：可以多渠道筹集资金，各地可以建立乡镇企业发展基金，推动各级财政每年安排一定资金支持发展乡镇企业。

1999 年

5月，国务院（国发办1999〔39号〕）对集体非法交易、转让土地使用权行为予以制止，对于以"果园""庄园"名义炒作土地行为加强管理，防止出现"炒地热"，第一次提出土地流转要依法合规，为后续农村土地流转的健康发展指明了方向。

5月6日生效的《国务院办公厅关于加强土地转让管理严禁炒卖土地的通知》提出，商业、旅游、娱乐和豪华住宅等经营性用地原则上必须以招标、拍卖方式提供，由此开启了我国土地财政的序幕。

2000 年

11月，国土资源部发出《关于加强土地管理促进小城镇健康发展的通知》（国土资发〔2000〕337号），第一次明确提出建设用地周转指标，主要通过"农村居民点向中心村和集镇集中""乡镇企业向工业小区集中和村庄整理等途径解决"，对试点小城镇"可以给予一定数量的新增建设用地占用耕地的周转指标，用于实施建新拆旧"。对目前我国土地政策具有重要影响的《国务院关于深化改革严格土地管理的决定》（国发〔2004〕28号）也提出，"鼓励农村建设用地整理，城镇建设用地增加要与农村建设用地减少相挂钩。"

2002 年

8月29日，中华人民共和国第九届全国人民代表大会常务委员会第二十九次会议通过《中华人民共和国农村土地承包法》，该法自2003年3月1日起施行。这标志着家庭联产承包经营制发展到成熟阶段，并用完善的法律法规约束和规范农民享有的权利和义务，并以此为依据处理现实中的纠纷。

2003 年

1月，国务院发出了《关于做好农民进城务工就业管理和服务工作的通知》（国办发〔2003〕1号），提出了"公平对待、合理引导、完善管理、搞好服务"的政策原则。此后，国务院办公厅又发出了"国办发78号""国办发79号"文件，分别对农民工子女的义务教育问题和农民工技能培训问题做出专门规定，标志着农民工问题成为党和政府的重点工作任务。

2004 年

3月31日，国土资源部、监察部联合下发的国土资发〔2004〕71号文件《关于继续开展经营性土地使用权招标拍卖挂牌出让情况执法监察工作的通知》，要求2002年7月1日《招标拍卖挂牌出让国有土地使用权规定》实施后，除按国家有关政策规定属于历史遗留问题等之外，商业、旅游、娱乐和商品住宅等经营性用地供应必须严格按规定采用招标拍卖挂牌方式，2004年8月31日前应完成关于《招标拍卖挂牌出让国有土地使用权规定》实施前的历史遗留问题的界定和处理。

11月，国土资源部下发的《关于加强农村宅基地管理的意见》规定，"严禁城镇居民在农村购置宅基地，严禁为城镇居民在农村购买和违法建造的住宅发放土地使用证。"

2007 年

中央1号文件指出："加快制定农村金融整体改革方案，努力形成商业金融、合作金融、政策性金融和小额贷款组织互为补充、功能齐备的农村金融体系。"此后，连续发布多个一号文件强调发展农村金融，补充农村经济发展短板，助力农村经济的快速发展。

2008 年

1月，国务院下发的《关于严格执行有关农村集体建设用地法律和政策的通知》指出，任何涉及土地管理制度的试验和探索都不能违反国家的土地用途管制制度。7月15日，国土部下发通知，要求尽快落实农村宅基地确权发证工作，但明确指出不得为小产权房办理任何形式的产权证明。

2009 年

9月1日，国土部下发《关于严格建设用地管理促进批而未用土地利用的通知》，再次向地方政府重申，坚决叫停各类小产权房。中央政府下发一系列文件，坚决抑制打压小产权房。

2011 年

2月，农经发〔2011〕2号文件《关于开展农村承包经营权登记试点工作意见》中，明确指出承包经营权登记的主要任务是"查清承包地块的面积和空间位置，建立健全土地承包经营权登记簿，妥善解决承包地块面积不准、四至不清、空间位置不明确、登记簿不健全等问题，把承包地块、面积、合同、权属证书全面落实到户，依法赋予农民更加充分而有保障的土地承包经营权"。

2013 年

11月，中共十八届三中全会通过的《中共中央关于全面深化改革若干重大问题的决定》提出，在符合规划和用途管制的前提下，允许农村集体经营性建设用地出让、租赁、入股，实行与国有土地同等入市、同权同价。《决定》提出的是改革的方向，包括土地制度改革的方向，为中国"房住不炒"新时代指明了方向。

12月，中央农村工作会议首次提出将农民土地承包经营权分为承包权和经营权，实现承包权和经营权分置并行，实现农村土地流转权能的明晰化，这是"三权分置"制度的始源。

2014 年

9月，银监会、农业部联合印发《关于金融支持农业规模化生产和集约化经营的指导意见》。《意见》明确了各类银行业机构支持农业规模化生产和集约化经营的具体要求。中国农业发展银行要强化政策性金融服务职能，加大对农业开发和农村基础设施建设的中长期信贷支持。

8月，国土资源部、财政部、住房和城乡建设部、农业部、国家林业局联合下发《关于进一步加快推进宅基地和集体建设用地使用权确权登记发证工作的通知》，明确将宅基地和集体建设用地使用权确权登记发证纳入不动产统一登记制度的实施进程，强调要为建立城乡统一的建设用地市场奠定产权基础。

10月，中央印发了《国务院关于进一步做好为农民工服务工作的意见》（国发〔2014〕40号），为深入贯彻落实党的十八大、十八届三中全会、中央城镇化工作会议精神和国务院的决策部署，进一步做好新形势下为农民工服务工作，切实解决农民工面临的突出问题，有序推进农民工市民化，并重点做好以下工作：着力稳定和扩大农民工就业创业；着力维护农民工的劳动保障权益；着力推动农民工逐步实现平等享受城镇基本公共服务和在城镇落户；着力促进农民工社会融合。

11月20日，中共中央办公厅、国务院办公厅印发《关于引导农村土地经营权有序流转发展农业适度规模经营的意见》，提出土地流转和适度规模经营是发展现代农业的必由之路，引导农村土地（指承包耕地）经营权有序流转、发展农业适度规模经营，让农民成为土地流转和规模经营的积极参与者和真正受益者。

12月31日，中共中央办公厅、国务院办公厅印发《关于农村土地征收、集体经营性建设用地入市、宅基地制度改革试点工作的意见》，决定在全国选取30个左右县（市）行政区域进行试点。这一意见加快落实了党的十八届三中全会决定关于农村土地征收、集体经营性建设用地入市和宅基地制度改革。

2015年

1月22日，国务院办公厅印发《关于引导农村产权流转交易市场健康发展的意见》，其中指出：引导农村产权流转交易市场健康发展，事关农村改革发展稳定大局，有利于保障农民和农村集体经济组织的财产权益，有利于提高农村要素资源配置和利用效率，有利于加快推进农业现代化。

8月，国务院发布〔2015〕45号文《国务院关于开展农村承包土地的经营权和农民住房财产权抵押贷款试点的指导意见》，其中提出要进一步深化农村金融改革创新，加大对"三农"的金融支持力度，引导农村土地经营权有序流转，慎重稳妥地推进农民住房财产权抵押、担保、转让试点，做好农村承包土地（指耕地）的经营权和农民住房财产权抵押贷款试点工作。

2016 年

1月4日，国务院办公厅印发《关于推进农村一二三产业融合发展的指导意见》，其中提出：鼓励发展股份合作；强化工商企业社会责任；健全风险防范机制；搭建公共服务平台。

2017 年

5月，中共中央办公厅、国务院办公厅印发的《关于加快构建政策体系培育新型农业经营主体的意见》正式公布。《意见》鼓励农民通过流转土地经营权，提升土地适度规模经营水平。

党的十九大报告提出，保持土地承包关系稳定并长久不变，第二轮土地承包到期后再延长 30 年。

2019 年

5月5日，中共中央、国务院发布《关于建立健全城乡融合发展体制机制和政策体系的意见》。作为现阶段推进城乡融合发展顶层设计的文件，《意见》着眼当前城乡融合发展中诸如城乡要素流动不顺畅、公共资源配置不合理等突出矛盾和问题，着力破解影响城乡融合发展的体制机制障碍，明确提出了建立健全城乡融合发展体制机制和政策体系的"三步走"路线图。

8月26日，十三届全国人大常委会第十二次会议表决通过《中华人民共和国土地管理法》修正案，自 2020 年 1 月 1 日起施行。新《土地管理法》坚持最严格的耕地保护制度和最严格的节约集约用地制度，将基本农田提升为永久基本农田；破除了集体经营性建设用地进入市场的法律障碍，删除了原《土地管理法》第四十三条"任何单位或个人需要使用土地的必须使用国有土地"的规定，增加规定农村集体建设用地在符合规划、依法登记，并经三分之二以上集体经济组织成员同意的情况下，可以通过出让、出租等方式交由农村集体经济组织以外的单位或个人直接使用，同时使用者在取得农村集体建设用地之后还可以通过转让、互换、抵押的方式进行再次转让。

11月26日，按照党的十九大提出的"保持土地承包关系稳定并长久不变，第二轮土地承包到期后再延长30年"的要求，为充分保障农民土地承包权益，进一步完善农村土地承包经营制度，推进实施乡村振兴战略，中央授权新华社发布了《中共中央国务院关于保持土地承包关系稳定并长久不变的意见》。

2020年

1月1日，正式实施新《土地管理法》，其中明确规定，国家允许进城落户的农村村民依法自愿有偿退出宅基地，鼓励农村集体经济组织及其成员盘活利用闲置宅基地和闲置住宅。

3月12日，国务院印发《关于授权和委托用地审批权的决定》，指出为贯彻落实党的十九届四中全会和中央经济工作会议精神，根据《中华人民共和国土地管理法》相关规定，要在严格保护耕地、节约集约用地的前提下，进一步深化"放管服"改革，改革土地管理制度，赋予省级人民政府更大的用地自主权。

二、城市土地

1980年

10月30日，国家城市建设总局发布《关于转发北京市、辽宁省落实私房政策两个文件的通知》。此后，中央有关机关部委连续发文，要求解决"文革产"遗留问题，落实中国共产党的正确的城市私房政策，标志着改革开放后注重保护人民私有财产的权利。

1991年

上海市借鉴新加坡的中央公积金制度，在全国率先试行住房公积金制度，并很快在全国推开。1994年4月，国务院颁布了《住房公积金管理条例》。

2002年3月，国务院又发布了《国务院关于修改〈住房公积金管理条例〉的决定》，并自公布之日起施行。

1992年

12月，国务院发布了《国务院关于发展房地产业若干问题的通知》，其中第六条明确规定：加强对划拨土地使用权的管理。凡通过划拨方式取得的土地使用权，政府不收取地价补偿费，不得自行转让、出租和抵押；需要对土地使用权进行转让、出租、抵押和连同建筑物资产一起进行交易者，应到县级以上人民政府有关部门办理出让和过户手续，补交或者以转让、出租、抵押所获收益抵交土地使用权出让金。这标志着城市土地转让开启了缴纳出让金的时代。

2003年

8月，国务院明确将房地产行业作为国民经济的支柱产业，并出台了《关于促进房地产市场持续健康发展的通知》，将房地产行业定位为拉动国民经济发展的支柱产业之一，明确提出要保持房地产业的持续健康发展，要求充分认识房地产。

2005年

3月，"国八条"出台，调控上升到政治高度。国务院出台八点意见稳定房价：一是高度重视稳定住房价格；二是将稳定房价提高到政治高度，建立政府负责制；三是大力调整住房供应结构，调整用地供应结构，增加普通商品房和经济住房的土地供应，并督促建设；四是严格控制被动型住房需求，主要是控制拆迁数量；五是正确引导居民合理消费需求；六是全面监测房地产市场运行；七是积极贯彻调控住房供求的各项政策措施；八是认真组织对稳定住房价格工作的督促检查。

2006年

9月7日，在经济适用房改革中提出共有产权制度，运用现代产权法则、建立"政府与受助个人按份共有产权的经济适用房制度"（简称"共有产权制度"），实现住房保障制度创新的设想。江苏省正在加紧研究制定"经济适用房共有产权制度"改革的试点方案。2007年8月，淮安市开始试验。

2007年

12月3日，国土资源部、财政部、中国人民银行联合颁布《土地储备管理办法》，进一步加强和完善了土地管理，这对于加大打击开发商的囤地行为有了更强的法律支撑，可以进一步释放闲置土地，增加商品房的供应。标志着中央政府开始联合调控城市土地囤积炒作行为。

3月16日，第十届全国人民代表大会第五次会议闭幕，会议表决通过了《中华人民共和国物权法草案》，人们翘首以盼的新《物权法》终于出台，将于2007年10月1日起施行。它是民法的重要组成部分，是在中国特色社会主义法律体系中起支架作用的重要法律，是国家调整财产归属和利用关系的基本法律。《物权法》能够进一步明确物的归属，充分发挥物的效用，保护权利人的物权。

2010年

4月，国务院出台"国十条"，对房地产市场进行史上最严厉的宏观调控，如限制异地购房、二套房贷款标准大幅提高等具体可执行性的措施一下子将高温的房地产市场打入冰窖，各地房地产市场交易规模严重萎缩。

2013年

11月15日，《中共中央关于全面深化改革若干重大问题的决定》发布，其中指出要建立城乡统一的建设用地市场。这标志着在符合规划和用途管制的前提下，允许农村集体经营性建设用地出让、租赁、入股，实行与国有土地同等入市、同权同价。

2016年

6月，国务院发布《关于加快培育和发展住房租赁市场的若干意见》，这是国务院强力推动建立租售并举住房长效机制的指导性文件,标志着我国开始探索发展"租售并举"的房住不炒的时代。

2017 年

4 月 1 日,中共中央、国务院决定设立国家级新区。设立河北雄安新区,是以习近平同志为核心的党中央做出的一项重大的历史性战略选择,是继深圳经济特区和上海浦东新区之后又一具有全国意义的新区,是千年大计、国家大事。

2018 年

5 月 19 日,住房城乡建设部出台《关于进一步做好房地产市场调研工作有关问题的通知》,重申坚持房地产调控目标不动摇、力度不放松,并对进一步做好房地产调控工作提出明确要求:一是加快制定实施住房发展规划;二是抓紧调整住房和用地供应结构;三是切实加强资金管控;四是大力整顿规范市场秩序;五是加强舆论引导和预期管理;六是进一步落实地方调控主体责任。

2019 年

7 月 30 日,中共中央政治局召开会议,首次提出"不将房地产作为短期刺激经济的手段"。

2020 年

5 月 28 日,十三届全国人大三次会议表决通过了《中华人民共和国民法典》,明确住宅土地使用权"自动续期",新增"居住权"制度,没有房产证也可约定永久居住。

参考文献

专业书籍类

［1］吴次芳，靳相木．中国土地制度改革30年［M］．北京：科学出版社，2009．

［2］刘孝斌．论我国的土地管理制度改革［M］．北京：中国社会出版社，2010．

［3］胡存智．城乡土地管理制度改革新论［M］．北京：中国大地出版社，2009．

［4］上海社会科学院房地产业研究中心．改革开放三十年的中国房地产业（中国房地产研究丛书2008年第3卷）［M］．上海：上海社会科学院出版社，2008．

［5］邹力行．县域经济与社会——土地改革论［M］．北京：中国金融出版社，2014．

［6］林善浪．中国农村土地制度与效率研究［M］．北京：经济科学出版社，1999．

［7］华生．中国改革：做对的和没做的［M］．北京：东方出版社，2012．

［8］邹东涛，欧阳日辉．中共90年：经济建设之路与大国治理之道（1921—2011）［M］．北京：社会科学文献出版社，2011．

［9］高建伟．中国集体所有土地征收研究［M］．天津：南开大学出版社，2015．

［10］杜争辉．中国土地发展权研究［M］．北京：中国人民大学出版社，2004．

［11］中国社会科学院老专家协会．我在现场：亲历改革开放30年［M］．北京：社会科学文献出版社，2009．

［12］贺勇．北京市大兴区：村民收入稳，产业步正道［N］．人民日报，2017－09－24．

［13］邢力．历史回顾篇：公积金制度的前世今生［J］．理财周刊，2014（10）：30－31．

新闻故事类

［1］玉环政策扶持农家乐休闲旅游业发展［EB/OL］．新华网，（2016－12－06）．

［2］合肥旅游发红榜：12家农家乐挂星［EB/OL］．合肥新闻资讯，（2016－12－13）．

［3］西安重拳砸向小产权房　取缔沣东新城8个售楼部［EB/OL］．腾讯网，（2013－11－30）．

［4］北京大兴提出集体经营性建设用地入市"镇级统筹"［EB/OL］．北京市大兴区人民政府，（2017－09－24）．

［5］叶剑英拍板在广州建中国第一个商品房小区［EB/OL］．搜狐网，（2016－12－22）．

［6］温州炒房团［EB/OL］．百度百科，（2016－12－13）．

［7］十年保障房故事：廉租房让我们从此有了家［EB/OL］．中国网，（2012－11－07）．

［8］津保障房开建及竣工目标完成　已累计建设58万套［EB/OL］．搜狐焦点，（2012－12－21）．

［9］广州推千套经适房人气火爆异常　市民偏爱小面积［EB/OL］．搜狐网，（2009－11－03）．

［10］共同继承的房屋分割案件［EB/OL］．华律网，（2014－09－19）．

［11］淮安共有产权房欲解经适房之困［EB/OL］．搜狐网，（2009－07－09）．

［12］雄安现在的样子，就是明天中国的样子！［EB/OL］．搜狐网，（2018－04－03）．

[13] 习近平黑龙江考察：农业合作社是发展方向 [EB/OL]. 中国共产党新闻网, (2016-05-25).

[14] 90后美女乡村信贷员的一天 [EB/OL]. 新华网, (2016-06-21).

[15] 美丽乡村建设十大模式和典型案例 [EB/OL]. 搜狐网, (2017-10-21).

[16] 我们打理的是"农家乐+"——几位乡村旅游创业者的故事 [EB/OL]. 新华网, (2015-08-30).

[17] 王小鲁. 乡镇企业异军突起的秘密 [J]. 财经, 2008 (13): 146-147.

[18] 深圳10大最富城中村 [EB/OL]. 搜狐网, (2016-10-20).

[19] "手中有证，心里有底"——宁夏农村集体经营性建设用地入市试点见闻 [EB/OL]. 新华网, (2017-06-01).

[20] 【回家过年】家家户户盖新房 挂上喜庆的红灯笼 [EB/OL]. 湖南频道, (2017-02-07).

[21] 乡企异军突起的秘密 [EB/OL]. 财新网, (2008-06-20).

[22] 西安取缔8个小产权房售楼部 近期还将摸底排查 [EB/OL]. 新浪网, (2013-11-30).

[23] 2016年九个城市"卖地"收入超千亿 二线城市领跑 [EB/OL]. 腾讯网, (2017-10-15).

[24] 广州推千套经适房人气火爆异常 市民偏爱小面积 [EB/OL]. 搜狐网, (2009-11-03).

[25] 房地产被指成生产富豪流水线 房价没有最高只有更高 [EB/OL]. 搜狐网, (2012-09-04).

[26] 经适房存废引争议 江苏淮安推共有产权试解困局 [EB/OL]. 搜狐网, (2009-07-09).

[27] 雄安一周年在即：这座城正在发生什么样的变化 [EB/OL]. 虎嗅网, (2018-03-30).

[28] "我参建了雷神山医院"——如皋90后小伙8天见证"中国奇迹" [EB/OL]. 中国江苏网, (2020-02-18).

[29] 武汉14座方舱医院全部休舱，方舱里发生的这些故事令人难忘 [EB/OL]. 北晚在线, (2020-03-10).

致　　谢

2018年，时值改革开放40周年，一个偶然的机会，我开始写作《"地的故事"》一书，以此纪念我们改革开放40周年的辉煌成就。

我是一个地地道道从农村走出来的村里娃，虽然通过教育改变了世代种田的命运，但儿时的耕种场面让我历历在目，我依然想念我故土的邻里乡亲、我儿时的玩伴、我放牛的水塘、我捉鱼的小溪、我插秧的水田、我看瓜的瓜棚、我捉知了的老树，等等。这些场景是多么的美好和熟悉呀！平常忙于工作，很少回家乡看看，最近的一次是2016年的夏天，看到乡村里绿油油的水稻田、整齐排一的农家洋楼、四通八达的水泥路、清澈的自来水，等等，不禁让我感慨，中国的农村的确越来越好了。吃水不忘挖井人，朴实的父老乡亲们用朴实的语言向我表达了他们对党和政府的感恩，作为农家人的孩子，我也更加热爱这片土地、这片土地上的人和发生的事，并深感有责任写一本纪念我们土地改革的书。

在《"地的故事"》成书之际，我在此由衷地表达出我的四个感谢。

一是感谢党和政府。中国共产党领导中国人民取得了新民主主义革命的胜利，建立了新中国，经过几代人的努力，夯实了中国社会主义初级阶段的物质基础，在改革开放的引领下，逐步提升我国生产力发展水平，使得中国逐步走近世界舞台中央。中国共产党始终坚持马克思主义理论指导，践行"以人民为中心"的政治理念，让我们取得了全面脱贫的伟大人类奇迹，并将带领中国人民昂首阔步迈进实现"第二个百年"目标的历史征途。国家的富强让人民感受到了幸福，我们的日子一天比一天好，我们每一个中华儿女都应该感谢我们的党和政府。

二是感谢人民群众。我是一个坚定而笃行的马克思主义学者，我深谙马克思的群众史观。马克思认为人民群众是历史的创造者，是推动历史前进的重要力量。新时代，人民群众将会大有作为，将会推动中华民族的伟大复兴，将会在中国共产党的带领下把中国特色社会主义推向更高阶段。我很庆幸，生活在中国，此前新冠肺炎疫情暴发期间，中国人民展现出伟大的民族坚韧性与强大凝聚力，我们用自己的实际行动证实了中国人民好样的，并为世界人民抗击疫情做出了巨大的努力。

三是感谢农大马院。2018 年，博士毕业后能顺利进入农大马院工作，将是我一生中的闪光记忆，永不消弭。因为我博士期间主要研究"三农"问题，再加上我用的是马克思主义政治经济学的研究方法，农大马院对我来说是再好不过的研究平台了。我感谢中国农业大学给我提供的就业机会、感谢农大马院对本书出版的资助，是你们让《"地的故事"》一书问世。回想过去，此书稿放在我电脑的硬盘里已近两年，在 2020 年 4 月份得知学院资助此书出版后，我既欣喜又惶恐，担心此书质量不过关会给学院带来不好影响。后来在李明教授的鼓励下，我还是完成修改，也算是我对农大马院的一点点恩报吧。

四是感谢我的学生。在书稿整理过程中，我邀请农大马院的廖敏伶、张阳萍两位硕士研究生参与校正，其中廖敏伶同学还参与本书第 30 个故事的撰写与书中部分图表的制作，在此深表感谢！这两位学生是我协助李明教授指导的硕士研究生，他们学习非常勤奋、专心科研、成果颇丰，他们是中国农业大学培育出来的好学生。从他们那里，我也学到很多，这也印证了"教学相长"那个理儿。后续，在我科研的道路上，我会邀请更多的学生提早融入科研，走出校园的象牙塔，把论文写在祖国的大地上，为国为民提出一些真知灼见。

此外，我还感谢此书所引用和参考的资料的作者们，我只是在他们的研究的基础上做的一点工作，没有他们的付出就没有此书的问世。最后，我坦言，此书还不尽完美，望请各位读者多提宝贵建议，我后续将会逐步完善。谢谢！

罗玉辉

2021 年 8 月 8 日于西丽湖沁园